U0447166

近代巴西的
劳动力问题与移民政策

杜 娟 著

中国社会科学出版社

图书在版编目（CIP）数据

近代巴西的劳动力问题与移民政策/杜娟著.—北京：中国社会科学出版社，2022.3

ISBN 978-7-5203-9528-1

Ⅰ.①近… Ⅱ.①杜… Ⅲ.①劳动力转移—研究—巴西—近代②移民—政策—研究—巴西—近代 Ⅳ.①F249.777.1②D777.738

中国版本图书馆CIP数据核字（2022）第019988号

出 版 人	赵剑英
责任编辑	安　芳
责任校对	张爱华
责任印制	李寡寡

出　　版	中国社会科学出版社
社　　址	北京鼓楼西大街甲158号
邮　　编	100720
网　　址	http://www.csspw.cn
发 行 部	010-84083685
门 市 部	010-84029450
经　　销	新华书店及其他书店
印　　刷	北京明恒达印务有限公司
装　　订	廊坊市广阳区广增装订厂
版　　次	2022年3月第1版
印　　次	2022年3月第1次印刷
开　　本	710×1000 1/16
印　　张	13.75
插　　页	2
字　　数	239千字
定　　价	78.00元

凡购买中国社会科学出版社图书，如有质量问题请与本社营销中心联系调换
电话：010-84083683
版权所有　侵权必究

目　　录

绪　论 …………………………………………………………………（1）

第一章　近代巴西的经济发展和劳动力问题 ……………………（20）
　　第一节　单一产品制经济与奴隶劳动 …………………………（20）
　　第二节　独立后奴隶制的存续 …………………………………（26）
　　第三节　漫长艰难的废奴历程 …………………………………（28）

第二章　巴西引进华工的尝试和争论 ……………………………（34）
　　第一节　禁奴前后引进华工的数次尝试 ………………………（35）
　　第二节　1881年巴中建交与招工愿望的落空 …………………（39）
　　第三节　巴西国内关于引进华工的争论 ………………………（44）

第三章　"白化"思想与欧洲移民的引进 …………………………（52）
　　第一节　"白化"思想与鼓励欧洲移民政策的形成 ……………（52）
　　第二节　意大利农业移民及其生活状况 ………………………（62）
　　第三节　葡萄牙移民链条及其城市境遇 ………………………（68）
　　第四节　西班牙农业移民及其再迁移活动 ……………………（71）
　　第五节　南欧移民存在的问题 …………………………………（75）

第四章　巴西东亚移民政策的转变 ………………………………（79）
　　第一节　1893年中巴劳工协议的"搁浅" ………………………（79）

第二节　近代日本移民政策的转变 …………………………（86）
　第三节　1895年巴日建交与《移民契约》的签订 …………（100）
　第四节　拉美的早期日本移民及经验教训 …………………（111）

第五章　巴西早期日本移民活动及特征 …………………（130）
　第一节　早期契约移民的到来 ………………………………（131）
　第二节　试验性拓殖地的开辟 ………………………………（144）
　第三节　一战末日巴移民计划的重启 ………………………（154）
　第四节　日本早期移民活动的特征 …………………………（163）

结　语 ……………………………………………………………（188）

参考文献 ………………………………………………………（196）

绪　　论

一　研究内容和意义

拉丁美洲曾是世界上最大的人口移入地之一，也是近代人口流动最为频繁的地区之一，可谓典型的"种族大熔炉"。15世纪末以来，拉丁美洲出现过四波大规模的国际移民潮。第一波为西班牙、葡萄牙在拉美的殖民扩张时期，移民主体为欧洲大陆的白种人；第二波为16—19世纪初的奴隶贸易时期，移民主体为非洲黑人；第三波为19世纪中后期至20世纪中期的"大移民"时期，移民主体为南欧的自由移民和少部分亚洲移民；第四波为20世纪70年代以来的向外移民时期，出现了"重返欧洲"或"重返亚洲"等"回流"现象。①

劳动力和移民问题不是一个简单、无序的人口流动问题。在国际层面上，它是世界政治经济格局发生重大变动的风向标。在国家层面上，它能够反映出移民输入国和输出国在经济、政治、社会以及文化水平等方面的差距。移民在居住国被同化的同时，又对母国和居住国的发展进程产生了深刻影响。可以说，外来移民对拉美的影响是全方位的。在政治方面，第一波以西班牙和葡萄牙为主的欧洲白人移民，在拉美进行了长约三个世纪的殖民统治，建立了中央集权的君主专制、大地产制、种族制度、宗教制度等一系列殖民制度，对拉丁美洲的发展产生了深远的影响。而后，土生白人中的精英分子领导拉美独立运动取得胜利，基本奠定了现代拉美的政治版图。在经济方面，非洲黑奴和"大移民"时期

---

① 丘立本：《拉丁美洲与加勒比地区的国际移民——兼论中国移民的生存发展空间》，《华人华侨历史研究》2007年第1期。

的欧亚移民对拉美的种植园经济和单一产品制经济的繁荣作出了巨大的贡献，为拉美国家的早期工业化和城市化提供了劳动力、资金和基础设施等必要条件。在社会方面，不同族裔间的长期融合形成了拉美复杂的民族—种族结构和社会等级制度，洲际人口迁移状况和种族融合程度决定了拉美国家的人口构成。比如，历史上吸收黑人奴隶较多的海地、牙买加等加勒比岛国，现今的居民以黑人为主；以欧洲移民为主要人口来源的阿根廷、乌拉圭和哥斯达黎加，其居民以白人为主；作为美洲印第安文明中心的秘鲁和玻利维亚，印第安人占居民多数；墨西哥和中美洲国家则以混血种人为主。殖民时期奠定的社会等级制度作为一种隐性的社会基因当今仍然发挥着作用。在文化方面，具有不同传统文化和风俗习惯的外来移民铸造出来的拉美文化是一种混合文化，其不仅在音乐、文学、美学、饮食等方面展现出绚丽缤纷的多元性，同时也在宗教信仰和语言方面表现出高度认同的一致性。此外，移民在母国和居住国之间的文化交流方面也扮演着"桥梁"的角色。因此，探讨拉美国家的劳动力和外来移民问题既有学术价值，也具现实意义。

作为拉美地区最大的国家，巴西境内拥有来自世界70多个国家的移民。外来移民对巴西的经济发展、现代文明建设与社会结构、文化多元化等方面作出了不可磨灭的贡献。葡萄牙300多年的殖民统治对巴西造成了深远的影响，单一产品制、大地产制和奴隶制度构成了巴西社会经济生活的主要内容。殖民地时期，巴西曾先后经历了红木、蔗糖、矿业3个经济周期。黑奴劳动是促成巴西单一产品制出口经济持续繁荣的主要因素之一。巴西是西半球最早引进黑奴劳动的地方之一，却是这一地区最后一个废除奴隶制度的国家。1850年巴西宣布禁止奴隶贸易，但其奴隶制度一直维持到1888年。巴西禁止奴隶贸易后，劳动力短缺的情况日益凸显。

为了解决这一重大发展难题，巴西国内不同群体围绕劳动力来源问题展开了激烈的争论。其中，针对引进华工和欧洲移民这两个群体的讨论最为激烈。这场争论反映出19世纪中后期巴西人的种族观念，是新旧两种社会力量之间的较量，直接影响了巴西外来移民政策的走向及此后巴西的人口结构。最终，种族主义者、激进废奴派和知识精英们的观点占据上风。他们持有强烈的种族偏见，鼓吹"黄祸论"，主张引进欧洲移民，以填补巨大的劳动力缺口，传播先进的生产技术和思想文化，"改良"巴西的人口结构，帮助巴西摆脱"野蛮"迈向"文明"。在此背景下，巴西政府陆续推出一系列移民新政，以吸引欧洲移民。数百万欧洲移民踏上这片南美热土，汇聚成19世纪末巴西的移民潮。意大利、葡萄牙和西班牙这三个南欧国家的移民成为19世纪末20世纪初巴西最大的外来移民群体。大批南欧移民的到来，促进了巴西咖啡经济的繁荣，助力该国的早期工业化，但他们也存在定居率低、与本土劳工矛盾丛生、罢工起义频发等问题。在这种情况下，巴西国内主张引进华工的声浪再度高涨，其再度把目光投向东亚地区。

巴西曾试图从中国大规模引进华工，但不管是官方还是私下的途径，无论是直接还是间接的渠道，几乎所有尝试都以失败而告终。这也在客观上为巴西和日本签署移民协定提供了历史机遇。1895年巴西和日本建交，从而使巴西引进日本劳工拥有了合法性。20世纪初，美国和加拿大相继出台了禁止或限制日本移民的政策，迫使日本劳工另寻出路；欧洲主要移民来源国纷纷颁布法令，禁止向巴西输出补贴劳工移民，巴西欲寻求劳动力来源多元化；此外，巴西的咖啡经济在政府的干预下逐渐复苏，增加了对劳动力的需求。在此情况下，巴日两国于1907年签订《移民契约》。不可否认，一系列历史偶然性因素在一定程度上阻碍了中巴劳工协议的达成。但是，19世纪末20世纪初中日两国国力对比及国际地位的变化，中日海外移民政策的不同走向以及巴日两国在建设现代民族国家过程中都追随欧洲文明，才是推动近代巴西东亚移民政策发生"弃中取日"转变的深层次原因。

1908年，首批781名日本移民搭乘"笠户丸"抵达巴西。他们中的绝大多数是契约农工，被分配在咖啡种植园中劳作。然而，初到巴西的日本移民在种植园的生活并不理想，他们面临生活条件差、饮食不习惯、遭受虐待、工资水平低等困境。反抗和逃离成为日本劳工表达不满的主要方式。对此，日本政府一方面安抚侨民，通过重置让他们在巴西定居下来；另一方面完善和规范移民公司的业务，继续推动向外移民。与此同时，日本国内的移民公司进入改革和整合期，日本通往巴西的移民航线也逐渐固定。在日本早期向巴西输送移民的活动中，巴西政府提供了移民活动的主要资金；以家庭为单位的契约农工构成了日本移民的主体；日本移民高度聚居在圣保罗州的农村地区；日本移民的定居率非常高；但在移民规模方面，巴西还不是日本移民的主要目的国，而日本也仅是巴西的一个移民来源小国。总之，日本向巴西移民初期，其移民活动遵循的是"大公司、小政府"的运行模式。尽管如此，随着传统移民目的地北美地区愈演愈烈的"排日风潮"，日本移民公司的业务重心逐渐由北美转向了拉丁美洲，巴西逐渐成为日本人移民海外的首选目的国。

本书以马克思主义唯物史观为指导，借鉴人口学、经济学、社会学等跨学科研究方法，剖析巴西主要利益群体有关外来劳动力争论的焦点，揭示其背后折射出来的经济、社会和文化理念，以及推动巴西东亚移民政策发生"弃中取日"转变的深层次原因。同时，运用比较分析的研究方法和移民"推拉理论"，考察19世纪末南欧移民和20世纪初日本人移民巴西的历史进程，分析他们在移民构成、移民模式、地理分布、从事职业、生活境遇、移民规模等方面的特征。

二 国内外学界相关研究述评

对拉美移民问题的探讨，涉及面非常广。在横向研究上，包括两个层次：一是地理空间范围；二是移民母国和居住国的双向比较研究。其中，地理空间范围又分为三个层面：一是洲际层面的外来移民迁入拉美和拉美居民迁出问题；二是地区内部层面拉美国家之间的人口迁徙问题；三是拉美国家内部的人口流动问题。在纵向研究上，既有同一族裔群体在居住国的迁入和同化问题，也有同一国家在不同历史阶段吸收不同族裔外来移民的问题。

（一）有关拉美地区外来移民的整体史研究

英国曼彻斯特大学社会人类学教授彼得·韦德是拉美人种和性别学方面的知名学者，他撰写了《拉美的种族和民族》[①] 一书。该书运用马克

---

① Peter Wade, *Race and Ethnicity in Latin America*, New York: Pluto Press, 1997 (1st edition) and 2010 (2nd edition).

思主义和互动论研究方法，分析了殖民地时期与共和国时期拉美混合型社会的形成以及全球化背景下拉美民族国家的认同问题，着重对比了非洲裔群体和印第安人的不同境遇。该书 1997 年出版以来就受到学界的关注和好评，成为拉美移民史领域的必备读物。此后，韦德教授对此书不断修改并补充新材料和新方法，并于 2010 年再版发行。新版中添加了拉美的原住民运动及其与非洲裔群体之间关系的内容。霍华德大学荣誉教授文森特·佩雷索的专著《拉美历史上的种族与民族》① 更加强调殖民地时期的种族主义与当今拉美社会种族问题的联系。美国学者马拉·罗夫曼的新作《民族颜色：拉美的种族划分和国家》② 剖析了拉美国家为什么在早期人口普查中进行种族区分，但于 20 世纪中叶中止种族区分，继而又于 21 世纪初恢复了这种做法。作者指出，除了国内的政治斗争，国际上有关构建民族国家和促进国家发展的标准的改变也是导致这一系列变化的主要原因。2008 年，"拉丁美洲的种族和民族"项目（PERLA：the Project on Ethnicity and Race in Latin America）启动，项目组由墨西哥、巴西、哥伦比亚、秘鲁最出色的种族和人类学家组成，主要调查这 4 个在拉美地区人口最为稠密国家的种族关系现状和种族政策。经过 7 年的努力，专家学者获得了大量一手资料和数据，在此基础上最终形成了专著《白人统治的国家：拉丁美洲的种族、民族和肤色》。③ 书中总结认为，拉美的种族不平等和种族歧视是非常普遍的，肤色较浅的族群要比肤色较深的族群拥有更好的教育资源和更高的社会经济地位。《现代拉丁美洲的大量移民》④ 一书追溯了拉美外来移民产生的历史根源和移民对居住国的影响，既有宏观分析，也不乏微观的个体案例。不同于以往研究中偏重

---

① Vincent C. Peloso, *Race and Ethnicity in Latin American History*, New York: Routledge, 2014.
② Mara Loveman, *National Colors: Racial Classification and the State in Latin America*, New York: Oxford University Press, 2014.
③ Edward Telles, *Pigmentocracies: Ethnicity, Race, and Color in Latin America*, Chapel Hill: The University of North Carolina Press, 2014.
④ Samuel L. Baily and Eduardo José Miguez, *Mass Migration to Modern Latin America*, Wilmington, DE: Scholarly Resources, 2003.

探讨外来移民移居拉美的原因，《拉美的移民与国家认同》① 一书更注重这些外来移民是如何塑造墨西哥、阿根廷、巴西和加勒比地区的国家认同的。

相比于国外学界对拉美移民整体历史研究的丰硕成果，国内学界的关注则相对较少。根据目前笔者收集的资料，国内史学界鲜有专门探讨拉丁美洲移民史的通史性专著，但也有一些有益的尝试。国内移民史专家、中国社会科学院世界历史研究所丘立本研究员撰写了《拉丁美洲与加勒比地区的国际移民——兼论中国移民的生存发展空间》② 一文，梳理了拉美国际移民的历史、现状和特点，以及中国移民在这一地区的生存和发展空间。中国社会科学院拉丁美洲研究所张凡研究员的文章《略谈拉丁美洲的移民问题》③ 从不同层次考察拉美的移民问题，不仅关注迁入拉美地区的外部国际移民，还关注拉美地区内部移民以及当代迁往欧美国家的拉美裔移民，并总结了移民迁移的原因。

（二）有关拉美地区移民的国别史研究

国外学界围绕巴西的移民问题产出了比较丰富的研究成果。19世纪下半叶，巴西的移民入境人数占该国人口的比重一度比美国和加拿大还要高。杰弗瑞·莱塞的专著《1808年至今巴西的移民、种族和国家认同》④ 比较全面地梳理了19世纪以来巴西境内数以百万计的来自欧洲、亚洲和中东地区外来移民的迁徙和同化过程。他强调，研究巴西的移民问题不应与该国的种族关系相剥离。由于巴西境内的外来移民大多是在19世纪晚期废除奴隶制期间来此定居的，所以长期以来在奴隶制影响下形成的种族关系对这些外来移民的境遇影响颇深。此外，国外学者还对巴西不同族裔进行了专门探讨。成果最多的还是针对巴西历史上最大移

---

① Nicola Foote and Michael Goebel, *Immigration and National Identities in Latin America*, Gainsville, FL: University Press of Florida, 2014.

② 丘立本:《拉丁美洲与加勒比地区的国际移民——兼论中国移民的生存发展空间》，《华人华侨历史研究》2007年第1期。

③ 张凡:《略谈拉丁美洲的移民问题》，《拉丁美洲研究》1997年第6期。

④ Jeffrey Lesser, *Immigration, Ethnicity, and National Identity in Brazil, 1808 to the Present*, New York: Cambridge University Press, 2013.

民群体——黑人的研究，代表人物有巴西学者卡蒂亚和玛俐亚。前者追溯了整个巴西的黑人移民史，后者则选取了圣保罗这座典型的移民城市作为个案进行研究。① 牛津大学巴西研究中心的奥利弗·马歇尔则把目光投向了19世纪巴西的英格兰、爱尔兰和美籍爱尔兰裔移民群体。② 移民是一个双向适应的过程，一方面，外来移民需要主动适应移入国自然和社会环境；另一方面，移入国也在接纳或排斥移民及其所带来的新鲜事物。巴西裔学者罗萨那·巴博萨从微观视角考察了19世纪早期里约热内卢的葡萄牙移民以及他们所遭遇的排外现象。③

与巴西不同，阿根廷人口中97%以上均为白人，可以说是一个白人国家。19世纪中叶至20世纪30年代，在世界范围内掀起了从旧大陆向新大陆移民的高潮。阿根廷是这一时期拉美国家中接受外来移民最多的国家，约有400万西班牙移民拥入阿根廷，构成了该国的主要民族。美国加州大学洛杉矶分校的何塞·莫亚教授通过调查移民组织和进行民间走访，依托国家和地方档案，深入分析西班牙裔移民的来源、居住模式、文化认知等方面，最终完成了《堂兄弟和陌生人：1850—1930年布宜诺斯艾利斯的西班牙移民》④ 一书。唐纳德·卡斯特罗从阿根廷统治精英的立场着手，回顾了该国政府的移民政策以及围绕移民社会、政治和经济问题的辩论。⑤ 阿根廷学者德瓦托的专著《阿根廷移民史》⑥ 则是通史方面的代表作。

---

① Katia M. De Queiros Mattoso, *To Be a Slave in Brazil: 1550 – 1888*, trans. Arthur Goldhammer, New Brunswick, N. J.: Rutgers University Press, 1987; Maria Silvia C. Beozzo Bassanezi, *Atlas Da Imigracao Internacional Em Sao Paulo 1850 – 1950*, Universidade Estadual Paulista, 2008.

② Oliver Marshall, *English, Irish and Irish-American Pioneer Settlers in Nineteenth-Century Brazil*, Oxford: Centre for Brazilian Studies, University of Oxford, 2005.

③ Rosana Barbosa, *Immigration and Xenophobia: Portuguese Immigrants in Early 19th Century Rio de Janeiro*, Lanham, Maryland: UP of America, 2008.

④ Jose C. Moya, *Cousins and Strangers: Spanish Immigrants in Buenos Aires, 1850 – 1930*, Berkeley: University of California Press, 1998.

⑤ Donald Steven Castro, *The Development of Argentine Immigration Policy, 1852 – 1914*, Ann Arbor, Mich.: UMI, 1971.

⑥ Fernando Devoto, *Historia de la Inmigración en la Argentina*, Buenos Aires: Editorial Sudamericana, 2003.

墨西哥则是拉美地区另一种移民国家的典型，混血种人占国家总人口的绝大多数。狄埃特尔·柏宁格教授是比较资深的墨西哥移民史专家，他在20世纪70年代就出版了通史性著作，关注19世纪20年代至20世纪中叶墨西哥外来移民的发展脉络。① 在墨西哥，印欧混血种人约占总人口的60%，所以，墨西哥的多元文化更为显著。墨西哥国立自治大学的马丁内斯博士将自己博士论文的研究目标锁定在墨西哥的外来移民及其文化多样性。②

国内学者在拉美外来移民的国别史研究方面，成果主要集中在阿根廷一个国家。如中国社会科学院世界历史研究所郝名玮研究员在《欧洲移民与阿根廷》③ 一文中，探讨了欧洲人移民阿根廷的原因及其在该国经济结构调整、城市化进程和工商业发展中的作用。也有学者关注了19世纪中叶至20世纪初的欧洲移民潮，总结了此次移民潮的成因、特点和影响。④

（三）有关拉美地区移民的族群史研究

国外学界对欧洲裔和非洲裔移民群体的研究一直以来都占据着拉美外来移民族群史研究的主体地位。欧洲裔研究方面的代表作有《定义国家：早期现代西班牙和西班牙美洲的移民和公民》。⑤ 这本书探讨了在18世纪的西班牙和西班牙美洲，出现了一种特殊的西班牙社区概念。作者挑战了社区是语言或宗教等共同因素的自然结果，或人为想象的假设，重新审视了早期西班牙移民的认同和归属问题。非洲裔研究方面的代表

---

① Dieter George Berninger, *La Inmigración en México*, Ciudad de México: Sepsetentas, 1974.

② Luz Maria Montiel Martinez, *Inmigración Y Diversidad Cultural En Mexico*, Ciudad de México: Universidad Nacional Autunoma, 2005.

③ 郝名玮：《欧洲移民与阿根廷》，《世界历史》1980年第6期。

④ 贾东荣：《试论1857—1930年的阿根廷移民运动》，《山东师大学报》（社会科学版）1993年第1期；陈杰珍：《试析1820年至1930年阿根廷的欧洲移民运动》，硕士学位论文，河北大学，2012年。

⑤ Tamar Herzog, *Defining Nations: Immigrants and Citizens in Early Modern Spain and Spanish America*, New Haven: Yale University Press, 2003.

作有《非洲裔拉美人，1800—2000年》①和《拉美的黑人》。②前书回顾了过去300年间非洲裔是如何争取自由身份以及相应的政治、经济和文化地位的，侧重于非洲裔在新大陆艰难的融合过程；后书通过考察非洲裔在巴西、古巴、多米尼加、海地、墨西哥和秘鲁6个国家的经历，揭示非洲裔对拉美艺术、音乐、饮食、舞蹈、政治和宗教等方面的影响。《拉美的阿拉伯和犹太移民：幻象和现实》③一书收录10余篇专题论文，展现了阿拉伯人和犹太人移民拉美主要国家的原因和过程，以及这些国家主流社会对此的反应。

亚裔移民在拉美外来移民中只是少数群体，所以学界对他们的关注度并没有对欧洲裔和非洲裔移民群体那么高。巴西是现有日裔群体最多的国家，所以有关日裔的研究主要集中在巴西。代表作有日本学者铃木太一于1964年出版的专著《巴西的日本移民：叙事部分》④，书中有大量的数据和表格，全面展现了日本移民在家庭、分布、构成、职业、住房、语言、宗教、社团、婚姻等方面的情况，可谓研究日裔群体的必读书目。日本学界在此领域的代表作还有《巴西日本移民80年史》《船にみる日本人移民史：笠戸丸からクルーズ客船へ》和《ブラジル日本移民：百年の軌跡》⑤，这三本书对本书的写作也有重要的参考作用。葡萄牙学者丹妮拉·卡瓦略的专著《日本和巴西的移民与认同：日裔群体》⑥重点介绍了二战后日裔巴西人的情况和回流日裔的身份认同问题，在研究时段

---

① George Reid Andrew, *Afro-Latin America, 1800 – 2000*, Oxford; New York: Oxford University Press, 2004.
② Henry Louis Gates Jr., *Black in Latin America*, New York: New York University Press, 2012.
③ Iqnacio Klich and Jeffrey Lesser, eds., *Arab and Jewish Immigrants in Latin America: Images and Realities*, New York: Routledge, 1998.
④ Teiiti Suzuki, *The Japanese Immigrant in Brazil: Narrative Part*, Tokyo, Japan: University of Tokyo Press, 1964.
⑤ 日本移民八十年史編纂委員会：『ブラジル日本移民八十年史』，東京：ブラジル日本文化協会1991年版；山田廸生：『船にみる日本人移民史：笠戸丸からクルーズ客船へ』，東京：中央公論社1998年版；丸山浩明編著：『ブラジル日本移民：百年の軌跡』，東京：明石書店2010年版。
⑥ Daniela de Carvalho, *Migrants and Identity in Japan and Brazil: The Nikkeijin*, New York: Routledge, 2002.

上恰好与罗恩教授互补。此外,也有一些公开发表的论文论及巴西的日本移民。①

(四) 对拉美地区中国移民的研究

整体史研究方面。任职于特立尼达西印度大学历史系的著名华裔学者沃尔顿·卢克·赖(Walton Look Lai)与香港中文大学人类学系陈志明(Tan Chee-Beng)教授合编了《拉美和加勒比地区的中国人》② 一书。该书是拉美地区华人整体史研究的代表作。全书共分为三个部分:第一部分介绍了殖民地时期华人移居美洲的经历,第二部分回顾了19世纪中后期华人移民美洲的第一次浪潮,最后一部分剖析了20世纪秘鲁、苏里南和古巴的华人社会及其与当地社会发展的关系。美国路易克拉克大学历史系华裔副教授艾略特·杨(Elliott Young)另辟蹊径,打破了传统史学按照国别撰写移民史的体例,更加注重华人在西半球跨境活动的流动性和复杂性,其著作《异族:从苦力时代到二战时期美洲的中国移民》③ 是研究美洲华人跨国活动的开拓之作。

国内学界对华人华侨史的研究非常丰富,但对拉美地区华人华侨史的探讨比较有限。在整体史方面,美洲史研究的奠基人之一李春辉和杨生茂主编的《美洲华侨华人史》④ 于1990年出版,该书是国内第一部系

---

① Teiiti Suzuki, "Japanese Immigrants in Brazil," *Population Index*, Vol. 31, No. 2, Apr., 1965, pp. 117 – 138; Robert J. Smith, "The Ethnic Japanese in Brazil," *Journal of Japanese Studies*, Vol. 5, No. 1, Winter 1979, pp. 53 – 70; J. F. Normano, "Japanese Emigration to Brazil," *Pacific Affairs*, Vol. 7, No. 1, Mar., 1934, pp. 42 – 61; James Lawrence Tigner, "Shindō Remmei: Japanese Nationalism in Brazil," *The Hispanic American Historical Review*, Vol. 41, No. 4, Nov., 1961, pp. 515 – 532; Donald Hastings, "Japanese Emigration and Assimilation in Brazil," *International Migration Review*, Vol. 3, No. 2, Spring 1969, pp. 32 – 53; Christopher A. Reichl, "Stages in the Historical Process of Ethnicity: The Japanese in Brazil, 1908 – 1988," *Ethnohistory*, Vol. 42, No. 1, Winter 1995, pp. 31 – 62; Takashi Maeyama, "Ancestor, Emperor, and Immigrant: Religion and Group Identification of the Japanese in Rural Brazil (1908 – 1950)," *Journal of Interamerican Studies and World Affairs*, Vol. 14, No. 2, May 1972, pp. 151 – 182.

② Walton Look Lai and Tan Chee-Beng, eds., *The Chinese in Latin America and the Caribbean*, Leiden, The Netherlands; Boston: Brill, 2010.

③ Elliott Young, *Alien Nation: Chinese Migration in the Americas from the Coolie Era through World War II*, Chapel Hill: The University of North Carolina Press, 2014.

④ 李春辉、杨生茂主编:《美洲华侨华人史》,东方出版社1990年版。

统呈现中国人移民美洲情况的通史性著作。全书共有六编，其中第五编专门论述了拉丁美洲的华侨华人。该书学术视野开阔，强调"必须从世界范围内海外华工、华侨总的发展状况以及美洲内部各国华工华侨关系的演变进行全面系统的考察，才能正确阐明美洲华工、华侨产生和发展的进程"（第3页）。作者认为，美洲华侨华人史就是一部血泪史、创业史、斗争史和爱国爱乡的历史，它不仅向人们诉说早期华侨遭受的艰辛和不易，更向世人展示华侨克勤克俭、披荆斩棘和共同奋斗的优良品格，用大量事实驳斥西方学界的排华言论。具体到拉丁美洲的情况，暨南大学高伟浓教授的著作《拉丁美洲华侨华人移民史、社团与文化活动远眺（上、下册）》①弥补了这方面的空白。该书以国别（地区）为经，以华侨华人移民史、社团与文化活动为纬，囊括了拉丁美洲30多个国家和地区华侨的情况，给读者一个全景式的把握，不失为一本研究拉美华侨的入门之作。复旦大学历史学系刘文龙教授撰写的《近代拉丁美洲华人商业活动初探》一文考察了19世纪末20世纪初华人商业活动崛起的原因。作者认为，这是太平洋东西两岸社会经济发展的结果：一方面，中国东南沿海的经济发展为当地移民海外的华人提供了经商的理念；另一方面，拉美国家正处于现代化起步阶段，为华人提供了经商的时机。②此外，在一些关于中拉关系和拉丁美洲文明的研究著作中也涉及了部分华人华侨史的内容。③

国别史研究方面。国外学者的研究热点主要为墨西哥和加勒比地区华人华侨史，对南美洲的关注较少。有关墨西哥华侨史研究的代表作是美国学者罗伯特·罗梅罗（Robert Chao Romero）的专著《1882—1940年

---

① 高伟浓：《拉丁美洲华侨华人移民史、社团与文化活动远眺（上、下册）》，暨南大学出版社2012年版。
② 刘文龙：《近代拉丁美洲华人商业活动初探》，《拉丁美洲研究》1996年第5期。
③ 沙丁、杨典求、焦震衡、孙桂荣：《中国和拉丁美洲关系简史》，河南人民出版社1986年版；李明德主编：《拉丁美洲和中拉关系——现在与未来》，时事出版社2001年版；徐世澄：《拉丁美洲与华人》，炎林主编：《世界华人精英传略：南美洲与加拿大卷》，百花洲文艺出版社1995年版；郝名玮、徐世澄：《拉丁美洲文明》，中国社会科学出版社1999年版。

墨西哥的中国人》。① 罗梅罗供职于美国加州大学洛杉矶分校墨西哥裔美国人研究塞萨尔·查韦斯学院（the César E. Chávez Department of Chicana and Chicano Studies），长期从事墨西哥移民史研究，他在这部专著中将目光锁定在19世纪末20世纪初墨西哥的中国移民身上，勾勒出了这次中国移民大浪潮中属于墨西哥的篇章。据悉，这一时期约有6万名中国人移民墨西哥，成为当时墨西哥第二大外来移民群体。作者指出，1882年美国《排华法案》的颁布以及墨西哥经济本身的吸引力是推动此次浪潮形成的主要原因。除了传统的社会学研究方法，罗梅罗还运用了美国和墨西哥两国的档案，包括口述史、人口普查记录、领事报告和法律文件等，其中《排华法案》中的一些文件和1930年墨西哥人口普查手稿这两类档案是第一次被用到相关研究中，从而大大提高了该书的严谨度。

20世纪以来的头30多年内，墨西哥发生过几次排华运动，一些国外学者从不同角度对此进行剖析。菲利普·丹尼斯和查尔斯·坎伯兰关注了墨西哥革命期间发生在索诺拉州的排华运动。② 里奥·杰奎斯·达姆布尔日认为，华人在经济上的成就和当地的民族主义情绪是导致墨西哥排华运动的两大原因。③ 不同于此，美国康涅狄格大学亚洲研究中心的杰森研究员从政治学的角度，解读1880—1940年墨西哥的反华种族主义，认为当时的墨西哥政治精英利用反华势力对人民进行控制，以加强民族认同和国家建构。④ 20世纪末，又有几部关于墨西哥排华运动的档案集和

---

① Robert Chao Romero, *The Chinese in Mexico, 1882 – 1940*, Tucson: University of Arizona Press, 2010.

② Phillip A. Dennis, "The Anti-Chinese Campaigns in Sonora, Mexico," *Ethnohistory*, Vol. 26, No. 1, Winter 1979, pp. 65 – 80; Charles C. Cumberland, "The Sonora Chinese and the Mexican Revolution," *The Hispanic American Historical Review*, Vol. 40, No. 2, May 1960, pp. 191 – 211.

③ Leo M. D. Jaques Dambourges, "The Chinese Massacre in Torren (Coahuila) in 1911," *Arizona and the West*, Vol. 16, No. 3, Autumn 1974, pp. 233 – 246; Leo M. D. Jaques Dambourges, "Have Quick More Money than Mandarins: The Chinese in Sonora," *The Journal of Arizona History*, Vol. 17, No. 2, Summer 1976, pp. 201 – 218.

④ Jason Oliver Chang, *Chino: Anti-Chinese Racism in Mexico, 1880 – 1940*, Champaign-Urbana, Illinois: University of Illinois Press, 2017.

专著①问世，为后人研究提供了许多珍贵的史料。

在古巴华侨史学领域，也有不少成果陆续推出。美国罗格斯大学拉丁美洲和西属加勒比研究中心凯瑟琳·洛佩斯的专著《华裔古巴人：一部跨国史》②，从种族关系、国家认同和跨国移民等视角切入，探讨19世纪中叶移民古巴的中国人及其后裔在居住国的身份变化和心理同化过程。《1847年至今古巴的华人》③一书突出了华人在古巴独立运动和20世纪革命社会运动的贡献，以及他们对古巴音乐、绘画、饮食、运动和语言方面的影响。《古巴的华人：人种学笔记》④一书则运用民族人类学的研究方法对古巴的华人社会进行分析。有关加勒比地区的华人华侨史研究，沃尔顿·卢克·赖的著作《1806—1995年西印度群岛华人史料集》⑤运用了殖民地时期的政府档案、报纸杂志文章选段、受访者的叙述、当事人的日记和回忆录、船运公司的档案等史料，全面系统地阐述了加勒比地区华人移民的背景、契约的签订、种植园生活和劳作情景以及现代华人社区的发展状况，奠定了作者在这一领域的权威地位。

国内方面，近年来暨南大学推出了"世界华侨华人研究文库"。其中，《融入与疏离：华侨华人在古巴》一书为我们展现了1847—1970年华人移民古巴的历史。全书共分为四章，第一章为历史概览，第二章概述了契约华工从进入融入古巴的历程，第三章分析了20世纪新移民与古巴社会疏离的表现和原因，第四章考察了1959年古巴革命后华侨华人被整合进古巴社会的过程。《委内瑞拉华侨史略》则是高伟浓教授的又一力

---

① Humberto Monteón González, *Chinos y Antichino en Mexico: Documentos para su Estudio*, Gobierno de Jalisco, Secretaria General, Unidad Editorial, 1988; José Jorge Gómez Izquierdo, *El Movimiento Antichino en México 1871 – 1934: Problemas del Racismo y del Nacionalismo durante la Revolución Mexicana*, Instituto Nacional de Antropologia e Historia, 1991.

② Kathleen M. López, *Chinese Cubans: A Transnational History*, Chapel Hill: The University of North Carolina Press, 2013.

③ Mauro García Triana and Pedro Eng Herrera, *The Chinese in Cuba, 1847 – Now*, trans. Gregor Benton, Lanham: Lexington Books, 2009.

④ José Baltar Rodriguez, *Los Chinos de Cuba: Apuntes Etnográficos*, La Habana: Fundacion Fernado Ortiz, 1997.

⑤ Walton Look Lai, *The Chinese in the West Indies, 1806 – 1995: A Documentary History*, Kingston, Jamaica: University Press of the West Indies, 2000.

作。作者深入委内瑞拉侨胞及侨社进行采访，获取了大量原始资料。该书阐述了中国向委内瑞拉移民及华侨在当地生存与发展的历史，考察了华侨在委内瑞拉的经济活动、社会与文化活动情况，填补了国内委内瑞拉华侨史研究的空白，对学者和侨务工作者了解委内瑞拉华侨历史与现状均具有重要的参考价值。《19 世纪中国人移民巴西史》是前中国驻圣保罗总领馆领事陈太荣、刘正勤夫妇二人历时 16 年编写完成的，全书分为九章，通过大量的历史资料与实地考察的结合，还原了 19 世纪第一批到达巴西的中国先侨们的奋斗历程。[①]

此外，国内学者对巴西、秘鲁、墨西哥、阿根廷、智利和巴拿马的华侨华人史亦作出一些研究，发表了卓有见地的文章。巴西方面，既有研究多聚焦于近 20 年来巴西华人情况，体现了基础理论研究与应用对策研究的融合发展。有的学者分析了巴西华人社团的类型、特点和发展现状，有的学者关注了华侨华人对中国软实力在巴西的影响，还有的学者探讨了华侨华人社团在中国公共外交中的角色。[②] 秘鲁方面，学者们研究的重点主要是契约华工和华人的经济活动。[③] 墨西哥方面，现有成果还是以早期华人移民史和华侨社会的形成和发展为主。[④] 阿根廷方面，学者从阿根廷华人超市经济入手，探讨华人经济如何在全球化背景下实现本土

[①] 袁艳：《融入与疏离：华侨华人在古巴》，暨南大学出版社 2013 年版；高伟浓：《委内瑞拉华侨史略》，马来西亚学林书局 2011 年版；陈太荣、刘正勤：《19 世纪中国人移民巴西史》，中国华侨出版社 2017 年版。

[②] 高伟浓、徐珊珊：《巴西华人社团的类型及发展特色——以 20 世纪 80 年代之后成立的社团为主》，《八桂侨刊》2013 年第 2 期；程晶：《华侨华人与中国软实力在巴西的提升》，《湖北大学学报》（哲学社会科学版）2012 年第 6 期；程晶：《试析巴西华侨华人与中国武术的传播》，《八桂侨刊》2017 年第 2 期；徐文永、谢林森：《华侨华人社团与中国侨务公共外交——以巴西华人文化交流协会为例》，《八桂侨刊》2012 年第 3 期；杨宏云：《从巴西浙商谈华侨华人促进中国对巴西公共外交的优势与对策》，《西南科技大学学报》（哲学社会科学版）2018 年第 3 期；密素敏：《试析巴西华侨华人的社会融入特点与挑战》，《南洋问题研究》2015 年第 2 期。

[③] 杨安尧：《秘鲁华侨华人经济的变化与发展》，《八桂侨史》1994 年第 1 期；杨安尧：《华工与秘鲁华人社会》，《华侨华人历史研究》2000 年第 3 期；张华贞：《斗争与融合：契约华工与秘鲁华人社会的形成》，《西南科技大学学报》（哲学社会科学版）2014 年第 1 期。

[④] 萨那、张玉玲：《论墨西哥华侨社会的变迁》，《华人华侨历史研究》1989 年第 1 期；Dong Jingsheng（董经胜），"Chinese Emigration to Mexico and the Sino-Mexico Relations Before 1910," *Estudios Internacionales*，Año 38, No. 152, Número especial: Chile y China, ENERO – MARZO 2006, pp. 75 – 88。

化的问题。① 智利方面，学者们关注了华侨华人的职业和行业、源流变迁与历史贡献等问题，并对他们的生存现状进行分析。② 有关巴拿马华侨华人史，有学者也做出了尝试性研究。③

专题史研究方面。国内既有成果探讨最多的还是拉美的"契约华工"问题。早在20世纪60年代初，陈泽宪就曾在《历史研究》上发表了《十九世纪盛行的契约华工制》④一文。文章着重分析了19世纪中后期的契约劳工贸易，并根据中国海关历年贸易年册和外国政府公布的中国移民和契约工人入境数据，对1800—1925年间的出国契约华工人数做出综合统计，为后来的研究奠定了基础。陈翰笙等学者于20世纪80年代推出了《华工出国史料汇编》。⑤ 按照内容和地区，分别为中国官文书、英国议会文件、美国官方文件、关于华工出国的中外综合性著作、关于东南亚华工的私人著作、拉丁美洲华工、美国与加拿大华工、大洋洲华工、非洲华工和第一次世界大战期间赴欧华工。有关拉美华工的史料主要集中在《华工出国史料汇编》第一辑和第六辑中。这套丛书为后人研究提供了许多珍贵的档案文献，学术价值巨大。与此同时，学者们还探讨了拉丁美洲的"苦力贸易"、华工的遭遇和抗争、华工对拉美的历史贡献等。⑥

（五）对拉美移民史的比较研究

不同国家和地区的移民具有不同的历史背景、传统习惯、知识结构、经济地位和文化价值观，致使他们在移民动机、居住模式、经济活

---

① 汤锋旺：《全球化与本土化：阿根廷华人超市经济研究》，《阴山学刊》2012年第6期。
② 莫光木：《智利华侨华人历史与现状探析》，《华侨华人历史研究》2018年第1期；朱涛：《智利华人华侨的职业与行业研究》，《拉丁美洲研究》2019年第1期；贺喜、张振江：《智利华侨华人的源流变迁与历史贡献——〈智利智京中华会馆120年简史〉述评》，《世界民族》2020年第2期。
③ 管彦忠：《中国人移居巴拿马的历史进程》，《拉丁美洲研究》2002年第2期。
④ 陈泽宪：《十九世纪盛行的契约华工制》，《历史研究》1963年第1期。
⑤ 陈翰笙、卢文迪、陈泽宪、彭家礼编：《华工出国史料汇编》，中华书局1980—1985年版。
⑥ 罗荣渠：《十九世纪拉丁美洲的华工述略》，《世界历史》1980年第4期；李春辉：《近代拉丁美洲的华工问题》，《近代史研究》1981年第4期；张铠：《十九世纪华工与华人对拉丁美洲的历史贡献》，《近代史研究》1984年第6期。

动和政治取向等方面都存在较大的差异。此外，移民迁入国也有各自的历史传统、政治文化和治国理念，所以在对待移民问题上也会采取迥异的治理观念和政策措施。只有对拉美移民问题进行比较研究，从迁出国、移民本身和迁入国三个维度分析移民过程中的相似和不同之处，总结移民成功群体的经验，才能准确把握移民这一复杂问题的规律性和多样性。

对拉美移民史的比较研究大致有两种路径可循。一是对同一族裔在拉美不同国家或地区的比较研究。加拿大学者梅·布雷茨的著作《1890—1929 年巴西和阿根廷的移民和文化适应》①选取了布宜诺斯艾利斯、里约热内卢和圣保罗三座大城市，比较了这些城市里欧洲移民的生活状况。作者强调，不能空泛地讨论外来移民和他们的同化问题，而是要结合居住国的历史背景研究移民的认同和民族国家的形成。美国罗格斯大学历史学教授塞缪尔·贝利的研究更为细化，他从就业机会、技能水平、迁移速度、受到偏见的程度和社团的发展等方面，对居住在布宜诺斯艾利斯和纽约的意大利移民进行比较。贝利认为，布宜诺斯艾利斯能够为意大利移民提供更为广阔的发展空间，意大利移民也会将积蓄用于投资和再创造财富，从而能够更迅速地融入当地社会；相反，在纽约的意大利移民则多从事低技能劳动，并受到早期移民群体的排挤，所以他们更多地把积蓄寄回家乡，大大降低了他们对居住国的认同感。②美国东北大学学者亚当·麦基翁考察了秘鲁、美国芝加哥和夏威夷的华人移民网络，分析来自中国不同地域的华人是如何维系彼此间的文化和经济关系。③国内有学者比较了秘鲁和巴西日裔群体的不同。④

---

① May E. Bletz, *Immigration and Acculturation in Brazil and Argentina, 1890 – 1929*, New York: Palgrave Macmillan, 2010.

② Samuel L. Baily, *Immigrants in the Lands of Promise: Italians in Buenos Aires and New York City, 1870 – 1914*, Ithaca: Cornell University Press, 2004.

③ Adam Mc Keown, *Chinese Migrant Networks and Cultural Change: Peru, Chicago, and Hawaii 1900 – 1936*, Chicago: University of Chicago Press, 2001.

④ 刘兆华：《二战前拉美日裔同化与融合的制约因素——以二战前秘鲁和巴西的日裔群体为例》，硕士学位论文，苏州科技学院，2007 年；刘兆华、祝曙光：《二战前拉美日裔同化与融合的制约因素——以秘鲁和巴西为例》，《史学月刊》2008 年第 8 期。

二是对同一国家或地区内不同族裔群体之间的比较研究。沃尔顿·卢克·赖的专著《契约劳工与加勒比蔗糖：1838—1918年英属西印度群岛的中国移民和印度移民》。① 全书共有九章，以奴隶制瓦解后的世界劳工制度为大背景，深入比较了加勒比地区的中国劳工和印度劳工，并着重分析了以中印两国移民为代表的亚洲移民与当地殖民者之间的矛盾，以及亚洲移民与非亚洲移民之间的冲突。作者认为，对亚洲契约劳工的比较研究有两个层面的学术价值：在制度层面，分析契约劳工制度与当时其他半自由或不自由的劳工制度；在移民群体层面，探讨不同移民群体在居住国的命运和适应过程。

综上所述，国外学者对拉美移民整体史的研究比较丰富，分析了外来移民的迁徙原因、移民在居住国的同化过程，并围绕移民与居住国的种族关系以及国家认同问题展开了多视角讨论。但他们的成果单向研究多，双向研究少，即比较注重移民群体与居住国或母国的单向联系和影响，较少兼顾移民群体与居住国和母国之间的互动联系。在国别史研究方面，表现出重大国、轻小国的研究特点。与之相比，国内学者虽然在整体史方面做过一些探讨，但总体而言还很薄弱，不仅缺乏对拉美外来移民通盘考察的史学专著，也缺少对单个国家的移民史研究。具体到巴西的移民和族裔史研究，国外学界比较侧重于研究非洲裔和欧洲裔问题，对亚洲移民群体关注不足。

国外学界有关中国移民的研究呈现出两个特点：鉴于身份的特殊性，华裔学者仍然充当了研究该问题的主体；研究热点是墨西哥和加勒比地区，对中美洲和南美洲的考察不足。伴随着近年来移民研究的升温，国内学者在拉美的华侨华人问题研究上取得了长足的进步，陆续有几部专著出版和数十篇专题论文刊出，然而，在拉美华侨研究这一广阔的领域中，仍有大片学术处女地有待发掘。此外，国内学者基于一手档案和实

---

① Walton Look Lai, *Indentured Labor, Caribbean Sugar: Chinese and Indian Migrants to the British West Indies, 1838–1918*, Baltimore: Johns Hopkins University Press, 2004.

地调查资料基础上的研究尚显不足。① 有关巴西早期华人华侨史的研究，国内学者更加注重梳理19世纪巴西招募华工的历史过程，而对于招工失败的原因，以及巴西国内有关引进华工和欧洲移民的争论等问题大多语焉不详，亦未能阐明两者之间的因果关系。鉴于此，本书将在前人研究的基础上，以废奴前后巴西试图大规模引进华工遭遇失败为切入点，剖析巴西主要利益群体围绕外来劳动力争论的焦点，揭示其背后折射出来的经济、社会和文化理念，以及巴西东亚移民政策最终转向日本的深层次原因。此外，笔者认为，研究拉美的华人华侨史还需要注意以下三个方面。一要有全局意识。近代中国人向拉美移民是世界移民的一个重要组成部分。之所以在近代出现大规模移民的现象，从根本上说，是资本原始积累和资本主义生产方式从欧洲向全球扩展的产物。只有把华人华侨史放在世界移民史、世界近现代史、全球史中进行宏观和横向的研究，才会得出比较系统、完整的认识。所以，拉美华人华侨史不仅是中国移民史的一部分，也是中国历史和世界历史的一部分。二要有区别、动态地看待拉美的华侨华人史。拉丁美洲是五彩斑斓的，中国的地域文化也是绚丽多姿的。以往的研究比较突出"三史"（华工血泪史、华侨爱国史、友好创业史），但是，拉美国家的国情和移民政策不尽相同，中国不同地方的移民团体也各具特色，所以我们不能笼而统之，而要针对具体案例进行具体剖析。三要加强基于一手档案和实地调查资料基础上的研究。随着中拉人文交流的深入，这方面将来会有很大的改善。

总之，本书拟在全球史和跨国史视域下探讨近代巴西劳动力与经济发展、废奴运动和外来移民、种族主义与移民政策之间的关系问题，以期抛砖引玉，进一步丰富国内学界对拉美国家的外来移民史、国际关系史、社会史和现代化等领域的研究。事实上，在拉美外来移民史这一研究领域，仍有许多学术荒原有待学者们去开拓和耕耘。一是研究要有宏

---

① 根据北京大学李安山教授的统计，中国国家图书馆现保存的由拉丁美洲华人在当地发行的华文报纸共有9种，涉及4个国家，分别为：古巴的《开明公报》《民声日报》《光华报》和《华文商报》，秘鲁的《民醒日报》和《公言报》，牙买加的《中山报》和《华侨公报》，苏里南的《南风日报》（合订本封面错印为《中国日报》）。详见李安山《拉丁美洲华侨华人研究概述》，http://www.chinadaily.com.cn/gb/doc/2005-06/08/content_449651.htm，2015年7月15日。

大的历史视野，宏观着眼，微观入手，将移民个体的命运投放到国际地区局势变革的大背景中进行探讨，"以小见大"，且要避免研究陷入碎片化。二是在纵向研究方面，可以族裔、国家或地区为移民单位，对其移入拉美国家的历史进行梳理，比如秘鲁的华人华侨史、巴西的日本移民史、海地的黑人移民史、阿根廷的意大利移民史等；也可以国别为单位追溯拉美某国的外来移民史，既要重视大国研究，也要兼顾中小国家。三是在横向研究方面，加强对移民与母国和居住国之间互动影响的研究，也可对同一国家不同族裔移民群体或同一族裔在不同迁入国的比较研究。四是在研究对象方面，除了欧洲移民历史，还应加强对非洲和亚洲移民历史的探讨。五是在研究时段方面，不仅要关注早期移民，还要重视20世纪中后期的新移民以及"重返欧洲""重返亚洲"等移民"回流"现象产生的原因和影响，同时对比新旧移民的异同。六是在专题研究方面，外来移民与拉美国家的现代化、外来移民与多元文化、拉美国家的移民政策、外来移民的身份认同与国家建构等都是值得深入探讨的问题。鉴于外来移民对拉美具有重要的历史和现实意义，对于研究拉美问题的学者而言，无论从哪个角度、对哪个族裔或哪个国家进行研究，都会发掘出丰富的学术宝藏。相信经过学者同人的不断努力，"以点带线、以线促面"，一幅饱满的拉美外来移民的历史画卷会逐渐展现在世人眼前。

第 一 章

近代巴西的经济发展和劳动力问题

葡萄牙三百多年的殖民统治对巴西造成了深远的影响，单一产品制、大地产制和奴隶制度构成了巴西社会经济生活的主要内容。殖民地时期，巴西先后经历了红木、蔗糖、矿业三个经济周期。1822年9月7日，葡萄牙王子、巴西摄政王佩德罗宣布巴西独立。独立后的巴西虽然在政治上脱离了葡萄牙王室的直接统治，但是大地产制和单一产品制被原封不动地保留了下来，并未从根本上触动殖民地时期的社会经济结构，这种"路径依赖"导致了此后咖啡经济的畸形繁荣。黑奴劳动是促成巴西单一产品制出口经济持续繁荣的主要因素之一。他们遍布巴西经济和社会生活的各个领域，大多在帕拉伊巴、伯南布哥和巴伊亚的甘蔗种植园劳作，也有在米纳斯吉拉斯地区的钻石和金矿当矿工的，19世纪大部分黑奴被送至巴西东南部的咖啡种植园。作为西半球最早引进黑奴劳动的国家之一，巴西却是这一地区最后一个废除奴隶制度的国家。巴西虽然在1850年宣布禁止奴隶贸易，但从禁止奴隶贸易到废除奴隶制度，巴西又走过了漫长而艰难的38年。国外的持续压力再加上巴西国内价值观念、经济成分、社会结构等方面的巨大变化，诸多因素凝成一股强大的力量，最终促使巴西于1888年根除了奴隶制度这一历史顽疾。

第一节 单一产品制经济与奴隶劳动

葡萄牙三百多年的殖民统治对巴西的经济、政治、社会和文化产生了深远的影响，单一产品制和大地产制成为制约近代巴西经济发展的羁绊。在征服美洲时期，欧洲盛行重商主义经济理论。西方殖民者根据宗主国和国际市场的需要，在殖民地推行单一产品制，专门生产一种或几种初级产品，实行奖出限入的贸易保护和垄断政策，将殖民地变成宗主国的原料产地和商品市场。葡萄牙将单一产品制推广至巴西。依照出口产品的兴盛顺序，殖民地时期的巴西先后经历了红木、蔗糖、矿业三个经济周期。

红木经济始于16世纪初。作为当时制造红色染料的重要原料，红木非常稀有且价值不菲，被誉为"绿色金子"。商人们把南美这片土地称为"红木之地"（Terra de Brasil），1511年这个名字第一次出现在地图上，巴西的国名由此而来。在欧洲纺织业的刺激下，葡萄牙殖民者开始疯狂采伐红木，垄断红木贸易。到16世纪末，每年约有100条船满载红木从巴西前往葡萄牙。两个世纪的过度开采导致巴西红木资源几近枯竭。至18世纪，红木经济陷入衰败。

蔗糖经济周期大致从16世纪中叶到18世纪初。1502年，第一批甘蔗芽从葡属马德拉群岛引进巴西，16世纪中叶在东北部伯南布哥（Pernambuco）和巴伊亚（Bahia）一带开始大规模种植。大地产制为甘蔗的规模化种植提供了可能。葡萄牙国王若昂三世把葡属美洲划分为15个总督辖区，同时将这些辖区分配给12位受赠人。优良的海岸土地很快被划分为巨大的地产，受赠的大地产主要种植经济作物，经营服务于国际市场的出口经济。这些以大规模赠地为基础的种植园可以被视为欧洲中世纪庄园的残余。随后，巴西内陆地区也被分化成大地产，沿海地区的赠地面积一般在20—50平方英里，内陆地区的赠地面积则是沿海地区的10—20倍。① 随着甘蔗种植园的迅速扩张，16世纪中叶至17世纪中叶，巴西已经成为世界最大的蔗糖供应国，欧洲几乎所有的糖料都产自巴西。巴西的蔗糖已经超越亚洲香料成为英葡贸易的主角，巴西出口的商品已在欧洲家喻户晓。② 为了追逐高额利润，荷兰、法国和英国纷纷效仿葡萄

---

① ［美］E. 布拉德福德·伯恩斯：《巴西史》，王龙晓译，商务印书馆2013年版，第21—22页。
② ［美］维尔纳·贝尔：《巴西经济增长与发展》，罗飞飞译，石油工业出版社2014年版，第19页。

牙，在加勒比海岛建立甘蔗种植园，这对巴西的蔗糖经济造成极大冲击。18世纪初，巴西从糖料作物中获取的收益骤降了三分之二，蔗糖经济步入萧条。

随后，葡萄牙殖民者在米纳斯吉拉斯地区发现了黄金和钻石，一波新的经济增长随之启动，巴西经济迎来矿业周期，持续近一个世纪。18世纪，巴西开采的黄金约有200万磅，占全球黄金市场的80%，钻石总产量超过300万克拉。[1] 随着矿产品出口的繁盛，巴西的经济活动中心也由东北部地区转移到了中南部地区。18世纪后期，随着大部分矿山开采殆尽，巴西的矿业繁荣步入尾声。此时，"在（巴西的）北方，沿海——荒地——内陆一线已经衰败，脱离了对外贸易的联系，一个传统体制的内部几乎停滞不前的社会……在南方，围绕着黄金和钻石上演的大戏也已落幕。但在那里，留下了一个更加开放多元的社会，为下一轮发展埋下伏笔。舞台准备就绪，剧目即将上演，主角就是咖啡，演出的时间更长"[2]。

需要指出的是，从表面上看，初级产品出口促进了殖民地巴西的经济繁荣，也使宗主国葡萄牙变得更为富有。但实际上，出口所得的巨额利润，大部分都被葡萄牙人和外国中间商瓜分，大种植园主和糖厂主分得的利润基本用于购买进口商品，而非改进技术和改善基础设施。可以说，葡萄牙殖民者在大肆挥霍着巴西财富的同时，与工业革命失之交臂，对英国工业制成品的依赖日益加深，从殖民地掠夺来的财富转而流入他国之手。因此，红木、甘蔗和矿业三个经济周期带给巴西的只是虚假的繁荣。在葡萄牙三百多年殖民统治下，巴西经济从未出现多样化，从一开始就实行以出口为导向的单一产品制度。外部市场需求决定着产品的外销情况，继而影响和制约殖民地的发展状况。单一产品制、大地产制和奴隶制度成为殖民地时期巴西社会经济生活的主要特征，共同构成了畸形的经济发展模式。

---

[1] ［美］E. 布拉德福德·伯恩斯：《巴西史》，王龙晓译，商务印书馆2013年版，第54—56页。

[2] ［美］维尔纳·贝尔：《巴西经济增长与发展》，罗飞飞译，石油工业出版社2014年版，第22页。

在殖民统治期间，葡萄牙不仅奴役印第安人、黑人和混血种人，而且对巴西土生白人采取许多歧视性政策。政治方面，土生白人即使作为大地产主的继承者，也不允许担任政府高级官员；经济方面，殖民者垄断巴西进出口经济，不允许土生白人插手；此外，殖民者还以各种名目对土生白人苛收重税。土生白人的政治和经济权利不断受到挤压，他们当中的精英分子从欧洲启蒙运动中汲取养分，并受法国大革命和美国革命的激励，开始致力于切断与葡萄牙王室的政治纽带，试图打破宗主国的经济垄断，直接与其他国家进行贸易往来。

1820年，葡萄牙爆发革命，巴西与宗主国的矛盾日益加剧。1822年9月7日，葡萄牙王子、巴西摄政王佩德罗宣布巴西独立。在君主立宪派的拥护下，12月1日，他加冕为皇帝，称佩德罗一世。1825年，葡萄牙正式承认巴西独立。独立后的巴西虽然在政治上脱离了葡萄牙王室的直接统治，但是大地产制和单一产品制被原封不动地保留了下来。从这个意义上讲，巴西的独立更像是一场分离运动，是一场"没有社会革命的政治革命"，只是土生白人取代了"半岛人"的统治而已，并没有从根本上触动殖民时期的社会经济结构，这种"路径依赖"导致了此后咖啡经济的畸形繁荣。

表1.1　　1821—1900年巴西主要出口产品占总出口额的百分比　　（单位：%）

年代	咖啡	糖	棉花	橡胶	皮革
1821—1830	18.4	30.1	20.6	0.1	13.6
1831—1840	43.8	24.0	10.8	0.3	7.9
1841—1850	41.4	26.7	7.5	0.4	8.5
1851—1860	48.8	21.2	6.2	2.3	7.2
1861—1870	45.5	12.5	18.3	3.1	6.0
1871—1880	56.6	11.8	9.5	5.5	5.6
1881—1890	61.5	9.9	4.2	8.0	3.2
1891—1900	64.5	6.0	2.7	15.0	2.4

数据来源：[美] E. 布拉德福德·伯恩斯：《巴西史》，王龙晓译，商务印书馆2013年版，第132页。

巴西最早的咖啡出口是1731年从马拉尼昂出发到葡萄牙首都里斯本。此后，马拉尼昂和帕拉的咖啡源源不断地向葡萄牙运送。18世纪中后期，巴西的咖啡种植中心开始向里约热内卢地区转移。起初主要在沿海低地一带种植，而后逐渐扩展到帕拉伊巴（Paraiba）河谷地区南边的高梯田和低山坡，又延伸至北端。19世纪中叶，以帕拉伊巴河谷为中心的里约热内卢地区的咖啡种植业达到巅峰。在帕拉伊巴河谷最繁荣的时期，里约热内卢的港口控制着巴西咖啡出口量的88%。1821—1830年，巴西年均生产咖啡约31万袋，咖啡出口占巴西出口总值的18.4%（当时甘蔗依然是巴西最重要的作物，占出口总额的30.1%）。1831—1840年，巴西年均生产咖啡104万袋，咖啡出口占巴西出口总额的43.8%，咖啡超越蔗糖稳稳地坐上了巴西出口经济的第一把交椅。1841—1850年，巴西咖啡年均产量上升为183万袋。1851—1860年，增至273万袋。至此，巴西已经成为世界上最大的咖啡生产国。咖啡种植者采用古老粗放的刀耕火种的方法，对土地进行掠夺性开垦，为了扩大咖啡种植园的规模而不断砍伐森林，一旦某片土地露出疲态，种植者就放弃这片土地，把新的雨林夷为平地进行咖啡种植。到了19世纪70年代，里约热内卢地区几乎没有新土地可供开垦，咖啡经济重心开始转移至圣保罗，国家经济中心也随之转移到这一地区，并持续至今。1881—1890年，巴西咖啡的年均产量逾516万袋，圣保罗州的咖啡生产超过了里约热内卢州，咖啡占据了巴西出口总额的64.5%。[①] 整个帝国时期（1822—1889年），巴西咖啡销售的价值和整个殖民地时代所有出口品的价值相等，在19世纪在巴西所有重要的出口品中，也只有咖啡没有遇到激烈的国际竞争。从这个意义上讲，前三个经济周期不论在持续时间上，还是经济和社会影响等方面，都无法与咖啡周期相提并论。

促成巴西单一产品制出口经济持续繁荣的关键因素是黑奴劳动。非洲黑人解决了殖民地时期困扰巴西统治者的难题——劳动力匮乏，这主

---

① ［美］E. 布拉德福德·伯恩斯：《巴西史》，王龙晓译，商务印书馆2013年版，第127、132页；［美］维尔纳·贝尔：《巴西经济增长与发展》，罗飞飞译，石油工业出版社2014年版，第24页。

要由两方面因素所导致。一是葡萄牙殖民者人数有限。据巴西地理和统计研究院的数据显示，1500—1760年间，约有70万葡萄牙人被遣至巴西。这些葡萄牙人可分为三类群体：1. 传教士或行政长官，这部分人数较少；2. 士兵和被判流放的罪犯，这部分人群数量最多，充当着开拓边疆和维护统治秩序的角色；3. 极少数的妇女，另一些是被流放罪犯的配偶，一些是婚配给白人殖民者的孤儿。① 可以看出，大多数葡萄牙殖民者并不是作为劳动力移民到巴西的，所以起初葡萄牙统治者把印第安人视作发展殖民地经济的主要劳动力。二是印第安人口也无法支撑起庞大的种植园经济。16世纪初，在巴西居住的印第安人口为200万—400万。② 其实，无论倾向于哪种估算，这个数目本身对于这片广袤的土地而言都是非常稀少的。再加上战争、屠杀、外来传染病、强制迁移等欧洲殖民活动的侵扰，导致美洲印第安人数量锐减。据估计，1492年美洲大陆约有1200万印第安人，100年后，约90%的土著人口丧失。葡萄牙在巴西的殖民活动同样破坏了当地印第安人的社会结构和族群数量，亚马孙地区的印第安人群体几乎完全灭绝。③

种植园主认识到，印第安人并不能很好地解决劳工问题，而甘蔗种植的土壤地力消耗快，必须有稳定充足的劳动力不断施肥才能确保好收成，制糖业的现实发展亟须大量廉价劳工。在这种情况下，葡萄牙殖民者把目光移至非洲，并将这里视作巴西劳动力的主要来源地。1530—1540年间，第一批黑人奴隶从非洲被贩运到巴西。此后，通过大西洋的"黑三角贸易"，黑人被源源不断地输送至巴西。由于独立运动的不彻底性，巴西独立后在政治、经济和社会结构方面具有明显的连续性，大种植园主等既得利益集团仍然是统治阶级，区别只是不再受葡萄牙的束缚可以进行自由贸易而已，因此种植园经济的基石——奴隶制自然就被保

---

① Jeffrey Lesser, *Immigration, Ethnicity, and National Identity in Brazil, 1808 to the Present*, New York: Cambridge University Press, 2013, p. 10.

② [美] E. 布拉德福德·伯恩斯：《巴西史》，王龙晓译，商务印书馆2013年版，第13页。

③ Vincent C. Peloso, *Race and Ethnicity in Latin American History*, New York: Routledge, 2014, pp. 28–29.

留下来。据保守估计，1502—1860 年，共有约 950 万非洲黑人被掠卖至美洲，其中，巴西接收的黑奴人数最多。1550—1888 年，约有 350 万幸存的黑奴到达巴西：16 世纪，10 万人；17 世纪，60 万人；18 世纪，130 万人；19 世纪，160 万人。非洲黑奴主要为苏丹人、班图人（Bantus）、几内亚人、沃洛夫人（Wolofs）、曼丁戈人（Mandingos）、桑海人（Songhais）、莫西人（Mossis）、豪萨人（Hausas）等族群，他们遍布巴西经济和社会生活的各个领域，大多在帕拉伊巴、伯南布哥和巴伊亚的甘蔗种植园劳作，也有在米纳斯吉拉斯地区当矿工的，19 世纪大部分黑奴被送至巴西东南部的咖啡种植园。① 根据德国著名地理学家亚历山大·冯·洪堡（Alexander von Humbolt）的统计，截至 1825 年，巴西人口约为 404 万，其中黑人或有黑人血统的奴隶约有 196 万，印第安人和混血种人 112 万，白人仅有 96 万。② 一些比较大的种植园拥有数百名黑奴，中等规模的种植园也有 50—100 名奴隶。③ 非洲人为开发和保卫巴西作出了不可磨灭的巨大贡献，种植园主的每一分所得都沾染着黑奴的血和汗。可以说，黑人用体力支撑起了殖民地时期的巴西文明。

第二节　独立后奴隶制的存续

巴西是西半球最早引进黑奴劳动的地方之一，却是这一地区最后一个废除奴隶制的国家。19 世纪初独立运动取得胜利后，绝大多数拉美国家相继颁布了废除或限制奴隶制度的法令，巴西虽然在 1850 年宣布禁止奴隶贸易，但其奴隶制度一直维持到 1888 年。

独立之初，传统的封建保守势力太过强大、新兴资本主义力量比较

---

① Katia M. De Queiros Mattos, *To Be a Slave in Brazil, 1500–1888*, trans. Arthur Goldhammer, Rutgers University Press, 1987, pp. 10, 12；[美] E. 布拉德福德·伯恩斯：《巴西史》，王龙晓译，商务印书馆 2013 年版，第 35 页。

② Jeffrey Lesser, *Immigration, Ethnicity, and National Identity in Brazil, 1808 to the Present*, New York: Cambridge University Press, 2013, p. 22.

③ Vincent C. Peloso, *Race and Ethnicity in Latin American History*, New York: Routledge, 2014, p. 53.

孱弱是巴西奴隶制度得以延续的根本原因。第一，在政治体制方面，脱离西班牙统治而独立的拉美国家纷纷建立了共和制的政体，而巴西依然保留了封建君主制，布拉干萨王朝的体制和葡萄牙贵族势力原封未动。以王室为代表的封建领主，既是政治统治者，也是大地产者，甚至他们本身就是大庄园的奴隶主。奴隶制是统治阶级维持其权威合法性的基础，帝国政府自然不会触动自己的统治根基，从而成为奴隶制最有力的维护者。1824年巴西颁布的第一部宪法明确承认了主人和奴隶的契约，声称政府将保护契约的履行。所以，在独立后的二十年内，巴西并不存在废奴的政治氛围。第二，在经济制度方面，独立后巴西仍然奉行出口导向型的单一产品制经济，大地产制的土地所有制度也未改变，这一点与其他拉美国家的路径并无二样，但显然巴西更加依赖奴隶劳动。被贩卖至美洲的黑奴中1/3以上来到巴西，其境内的奴隶数量远远多于所有西属美洲国家输入奴隶的总和，独立时巴西人口中近一半是黑奴及其后裔，足以见得奴隶对巴西经济和社会生活的重要性。大种植园的奴隶主需要帝国政府的政治保护，同时王室也需要种植园主的经济支持，这种利益关系已经捆绑了近三百年，非常牢固且难以撼动。第三，在社会势力方面，天主教会也持维护奴隶制度的立场。18世纪和19世纪初，与西属美洲国家政教争权不同，巴西的教会和王权关系一直比较和谐。大部分神职人员都拥戴佩德罗一世（1822—1831）的统治。作为回报，1824年的巴西宪法确立天主教是巴西的国教，并保留教会人员的特权。此外，天主教会不仅不反对奴隶劳动，还和种植园主勾结在一起，强迫黑奴劳役，甚至有些教会本身就是大奴隶主。为了支持帝国的统治和自身的特权地位，巴西天主教会竭力维护奴隶制。

与传统的保守势力强大相比较，代表现代的资本主义政治和经济力量微弱。由于过度依赖比较优势农业、秉持自由贸易原则，巴西独立后长期实行低关税政策，阻碍了本国工业的发展。1828年，巴西的进口关税税率为15%，开启了最自由的贸易时期。直至1844年，为了增加财政收入，巴西的进口关税才调升至30%—60%，这在客观上刺激了巴西民族工业的发展，也催生出像毛阿子爵（Visconde de Mauá）①那样的工业化先驱。1852年，巴西有64家工厂，主要集中在纺织业，也涉及服装、制皂、啤酒、冶炼、玻璃和皮革行业。②这些企业数量少、规模小，对巴西经济的总体影响微不足道，更不用说能发挥政治和社会影响力了。有学者认为，"直至19世纪中叶之前，巴西尚不存在现代意义的工业发展"③。需要指出的是，巴西资本主义经济发展缓慢与种植园奴隶制是互为因果的关系。只有待巴西资本主义经济发展到一定高度，工业资产阶级对自由劳动力、市场和资金的渴望非常迫切的时候，才有理由和能力冲破奴隶制的障碍。而在巴西独立初期，这些条件显然都不具备。此外，黑奴虽然坚决反对奴隶制，并不断发动起义，但都被强大的统治阶级镇压下去。黑奴最多的巴伊亚州的反抗最为激烈。1816—1835年，这里发生了5次奴隶起义。但由于起义队伍不够团结、力量分散且政府军反应迅速，这些起义都以失败而告终。④

由此可见，独立初期，在内部社会结构、经济力量尚未发生大的变化，现代因素仍在萌生，且缺少外部刺激的情况下，巴西的奴隶制是不可能自取灭亡的。

第三节 漫长艰难的废奴历程

与拉美其他国家相比，巴西的废奴历程更加漫长曲折，同时又呈现出较为温和的特征。那么，究竟有哪些因素最终推动着巴西废除了奴隶制呢？

---

① 毛阿子爵（1813—1889）原名Irineu Evangelista de Sousa，巴西著名的工业家、商业家和金融家。19世纪40年代中期，他开始为巨大的经济帝国奠定基础，企业涉及船坞、铁路建设和银行投资领域。他的一生与巴西发展和改革的每一阶段都相联系，人们将19世纪五六十年代以兴建工厂、建设基础设施的时期称为"毛阿时代"。

② [美]维尔纳·贝尔：《巴西经济增长与发展》，罗飞飞译，石油工业出版社2014年版，第33页。

③ 张宝宇：《巴西现代化研究》，世界知识出版社2002年版，第38页。

④ Katia M. De Queiros Mattos, *To Be a Slave in Brazil, 1500–1888*, trans. Arthur Goldhammer, Rutgers University Press, 1987, pp. 143–144.

国际大环境的变迁推倒了巴西废奴历程的第一张多米诺骨牌。1807年，出于商业利益和人道的考量①，英国通过了禁止奴隶贸易的法令。此后，美国（1808）、瑞典（1813）、荷兰（1814）、葡萄牙（1815）、西班牙（1817）和法国（1818）等欧美国家相继颁布禁令。1826年，为了回报英国对其独立地位的承认，巴西被迫同英国缔结了友好通商航海条约，同意在条约被批准后的3年内终止奴隶贸易。然而，条约缔结后，巴西的贩奴数量不减反增。在1845—1850年奴隶贸易最为猖獗的年份，巴西每年约从非洲贩运5.5万名黑人②，六年间共掠来342741名黑奴。③ 为了进一步打击贩奴活动，1845年8月8日，英国通过了《阿伯丁法案》（Aberdeen Bill），规定对一切可疑的贩奴船只进行调查和扣押，并在海事法院进行审判。此法公布后，英国军舰无须将反奴隶贸易的军事行动局限在公海上，它们可以进入巴西领海，甚至可以在桑托斯（Santos）和卡布弗里乌（Cabo Frio）等港口进行巡捕。④ 在国际舆论的压力下，1850年9月4日，巴西政府颁布第581号法令（《奎罗斯法案》）⑤，宣布禁止奴隶贸易。

然而，从禁止奴隶贸易到废除奴隶制度，巴西又走了漫长的38年。与大多数拉美国家不同，巴西走的是"温和废奴"的路线。由于奴隶人数之多、对经济社会生活影响之大，所以巴西国内几乎没有人提倡立即

---

① 不可否认，启蒙运动中关于"自由、平等、民主、人权"的思想对英国废止奴隶贸易具有一定的推动作用，但追逐更大的商业利益才是英国反对奴隶贸易尤其是巴西奴隶贸易的初衷。巴西与英属西印度群岛在制糖业方面的竞争非常激烈。1834年，牙买加等英属殖民地废除了奴隶制，劳动力成本上升导致当地蔗糖价格上涨，竞争力下降。为了打制巴西在生产热带经济作物方面的优势，英国开始敦促巴西解放奴隶。英国甚至借废奴之名行贩奴之实，有的英国舰船并未将在海上截获的黑奴送回非洲，而是送往英属殖民地的甘蔗种植园。参见周世秀《巴西奴隶制长期延续和最终废除的原因》，《拉丁美洲丛刊》1984年第6期，第50页。

② George Reid Andrews, *Blacks and Whites in São Paulo Brazil, 1888-1988*, Madison, Wis.: University of Wisconsin Press, 1991, p. 32.

③ 数据来自"跨大西洋奴隶贸易数据库"（The Trans-Atlantic Slave Trade Database）：http://slavevoyages.org/assessment/estimates，2018年3月6日。

④ Christopher Schmidt-Nowara, "Empires against Emancipation: Spain, Brazil, and the Abolition of Slavery," *Review (Fernand Braudel Center)*, Vol. 31, No. 2, 2008, p. 107.

⑤ 因为该法令是巴西司法大臣欧塞比奥·德·奎罗斯（Eusébio de Queirós）提出的，所以又名《奎罗斯法案》。

废除奴隶制，巴西经济不能承受如此彻底的打击，社会也无法承担大量黑人离弃种植园带来的动荡。逐步解放奴隶的温和方案成为巴西统治阶级的共识。1867年5月，佩德罗二世（1831—1889）在立法会议上首次公开表达了解放奴隶的意愿。1869年，巴西政府颁布法律，禁止把丈夫、妻子和未成年子女分开出售。1871年9月28日，国民大会颁布《新生儿自由法》（Rio Branco Law 或 the Law of Free Birth），宣布所有奴生子女皆为自由民，该法律还解放了所有属于国家和王室的奴隶，并创立了一个用于奴隶解放的基金。这标志着废奴运动进入实质性阶段。同年出台的另一部法律规定，奴隶可以按照市场价格赎身，奴隶主对此必须接受。1885年9月28日，巴西议会又制定了《六十岁黑奴自由法》（Saraiva-Cotegipe Law 或 the Law of Sexagenarians），解放了所有60岁以上的黑人奴隶。1888年5月13日，佩德罗二世的女儿伊莎贝拉公主（Dona Isabel, Princess Imperial of Brazil）签署《黄金法案》（Golden Law），结束了巴西三个半世纪的奴隶制度。

1850—1888年间，巴西的国内外形势究竟发生了哪些变化，才将这一根深蒂固的旧制度铲除？

从外部环境来说，英国的持续压力、美国的示范作用和巴拉圭战争[①]都在一定程度上推动着巴西的废奴运动。1850年巴西禁止奴隶贸易后，英国一直旁敲侧击推动其废奴。[②] 1862年，英国驻巴西大使威廉·D.克里斯蒂（William D. Christie）致信本国外长约翰·罗素勋爵（Lord John Russel），信中写道："鉴于您的身份地位，我认为您应在各种场合说服巴西政府废除奴隶制，同时减轻它的罪恶。"[③] 1865年，美国正式废除奴隶制。对于美国在独立后尤其是内战结束后取得的巨大经济发展成就，巴

---

① 1864—1870年，由巴拉圭军事强人弗朗西斯科·索拉诺·洛佩斯·卡里略（Francisco Solano López Carrillo）对巴西、阿根廷、乌拉圭三国同盟的战争。战争爆发的原因是边界问题与内河的航行权纠纷。结果是三国同盟获胜，巴拉圭割让了5.5万平方公里的领土，损失了30万兵力，并向巴西和阿根廷支付了巨额赔款。

② 英国外交部有关巴西废奴的档案，详见"Correspondence Respecting the Slave Trade of Brazil, 1850-1851", Foreign Office Files: Confidential Print: Latin America, FO 420/11, CINFO 数据库。

③ Richard Graham, "Causes for the Abolition of Negro Slavery in Brazil: An Interpretive Essay," The Hispanic American Historical Review, Vol. 46, No. 2, May 1966, p. 130.

西人非常仰慕，在他们眼中美国代表了新世界的进步势力，并表明了获取这种进步的方式。而此时，西半球只有古巴和巴西仍然容许奴隶制的存在。国外日益增多的批评声是迫使佩德罗二世公开表态废奴的诱因之一。1864—1870年的巴拉圭战争促进了巴西奴隶制的进一步瓦解。为了补充军力，巴西政府规定战争期间自愿服兵役的奴隶可以获得自由，大约有6000名奴隶通过这一方式获得自由。[①] 1870年，西班牙解放了古巴所有新生和年迈的奴隶，巴西成为美洲唯一保有奴隶制的国家，沦为废奴派的众矢之的。

从内部形势来看。第一，在思想层面上，19世纪中后期欧洲启蒙思想和实证主义哲学的传播，为巴西摒弃"野蛮"的传统、追随"文明"的现代社会营造了良好的文化氛围。巴西的知识精英们以欧洲的发展观念作为判断"文明"的标准，他们对欧洲和美国的思想、风尚、技术和生活方式非常羡慕，渴望在巴西复制出欧洲文明，主张发展资本主义、工业化、普及教育、提高技术水平等。而落后野蛮的奴隶制显然与"文明和进步"的巴西理想格格不入，亟须剔除。

第二，在经济层面上，东南部咖啡经济的迅速兴起带动了巴西资本主义工业的初步发展，亟须打破奴隶制的束缚。咖啡经济刺激了铁路、轻工业和消费品行业的发展，并带动了城市化。1889年，巴西工厂数量增至636家，其中纺织厂从1865年的9家增至100家；铁路由1854年的16公里延长至1889年的9656公里。[②] 咖啡业的发展还促进了城市化，使国内市场迅速扩大。需要指出的是，尽管都从事以出口为导向的种植园经济，但巴西东北部的甘蔗种植园主和东南部的咖啡种植园主在经济链条中的角色、居住地点和经营追求等方面还是存在很大的差别。蔗糖经济在鼎盛时期，商业完全被葡萄牙人垄断，甘蔗种植园主只负责生产，与商贸活动是割裂的，所以他们没有发展成外向的企业家。而咖啡种植园主不仅负责生产，还直接参与贸易活动，他们与世界经济的联系更加

---

① ［美］E. 布拉德福德·伯恩斯：《巴西史》，王龙晓译，商务印书馆2013年版，第180页。

② ［美］E. 布拉德福德·伯恩斯：《巴西史》，王龙晓译，商务印书馆2013年版，第135、137页。

紧密。甘蔗种植园主的宗法色彩非常浓厚，大都居住在种植园内；咖啡种植园主则一般居住在首都或附近地区，更加关注提高生产效率、降低生产成本和扩大市场。奴隶制生产效率低下，而且奴隶不能赚取工资，不利于释放消费需求，无法刺激国内市场。这与咖啡种植园主的利益相悖，他们呼唤新型的生产关系，即货币支付的雇佣劳动。

第三，在生产成本上，奴隶贸易被禁后，奴隶价格及其后期费用不断攀升，迫使种植园主放弃奴隶制转向工资劳动力。19世纪70年代，在一些地区，奴隶价格和蓄奴费用上涨的比自由劳工的成本还高。由于自由劳工不需要资本固定化，所以他们比奴隶劳工更具吸引力。1877—1879年的旱灾使北部许多种植园主卖掉奴隶。① 奴隶制丧失了存在的基础，尽管还有奴隶制们为这一制度辩解，但他们更多的是希望政府给予数量可观的赔偿金，而非阻挡废奴的潮流。

第四，在社会结构上，中间阶层不断壮大，他们是坚定的废奴主义者。从独立时代到解放奴隶时代，巴西的社会结构发生了巨大变化。独立之初，巴西社会基本由上层的种植园主和下层的奴隶构成，奴隶占国家人口近半数；而到了1888年《黄金法案》签署时，最后的75万奴隶获得自由，当时巴西约有1400万人，奴隶身份的人口仅为1/20，位于社会上层的种植园主约为30万，可见绝大部分人口是处于两极之间的中间阶层。这一群体分为传统中间阶层和新中间阶层，前者包括手工业者、农村独立小生产者和小商人，后者包含知识分子、工业家、军官、国家工作人员、教师、技术人员和自由职业者。新中间阶层主要生活在城市，他们是实证主义的追随者，推崇工业化与共和主义，崇尚自由，热衷改革，希望根除国家生活的殖民痕迹。而工业化的前提条件是自由劳动。巴伊亚一位工业家曾说，与高关税政策相比，政府能给工业的最好支持是废除奴隶制。一位船舶企业的创始人安德烈·品托·雷博萨斯（André Pinto Rebouças）坚称："没有自由就没有工业化。自由是母亲，是所有工

---

① ［美］E. 布拉德福德·伯恩斯：《巴西史》，王龙晓译，商务印书馆2013年版，第188页；［英］莱斯利·贝瑟尔主编：《剑桥拉丁美洲史》第五卷，社会科学文献出版社1992年版，第777页。

业的保护神。"① 接受良好教育的年轻军官们也越来越关注国家发展问题，他们不满于帝国时期的从属地位，公开表示支持废奴和建立共和制，是中间阶层中最有组织和权力影响巴西未来变革的群体。可以说，庞大的中间群体带来了19世纪巴西精神的转变。

总之，国外的持续压力再加上巴西国内价值观念、经济成分、社会结构等方面的巨大变化，诸多因素凝成一股强大的力量，最终根除了奴隶制度这一历史顽疾。奴隶制的废除是巴西从传统社会迈向现代社会的一个重要步骤，它既是资本主义发展的前提条件，也是工业勃兴的必然结果。废奴历程可被视为巴西向现代社会转型的缩影，它打破了国家和过去的纽带，预示着一个新巴西的诞生。正如古巴奴隶制的结束预示着西班牙统治的终结，巴西奴隶制的废除同样加速了君主制的衰落。失去了统治基础的巴西帝国宛若釜底抽薪，往日的支持者军队和教会也不再垂怜君主政体，帝国大厦崩然倒塌。在奴隶制废除的第二年（1889年），巴西军官曼努埃尔·德奥多罗·达·丰塞卡（Manuel Deodoro da Fonseca）发动军事政变，推翻了帝国政府，建立共和制，并担任共和国首任总统。

值得注意的是，废奴不仅反映了19世纪中后期巴西在生产方式和生产关系上的转变，也预示着国家经济中心和政治中心从东北向东南的转移，咖啡寡头取代蔗糖寡头成为新的统治阶级。第一共和国时期（1889—1930），巴西总统几乎全部来自东南部的圣保罗和米纳斯吉拉斯州这一咖啡产区，形成了寡头政治。

---

① Richard Graham, "Causes for the Abolition of Negro Slavery in Brazil: An Interpretive Essay," *The Hispanic American Historical Review*, Vol. 46, No. 2, May 1966, p. 128.

第 二 章

巴西引进华工的尝试和争论

奴隶制废除后,寻找新的劳动力来源成为巴西经济发展的头等大事。事实上,1850年巴西禁止奴隶贸易后,劳动力短缺的情况就日益凸显。具体表现在:首先,随着奴隶贸易在世界范围内被禁止,没有后继奴隶的输入。其次,奴隶劳动本身的再生产能力低。由于长期遭受非人的待遇和恶劣的劳动条件,再加上男女奴隶比例严重失衡,就造成巴西奴隶的高死亡率和低繁殖率。最后,巴西国内奴隶贸易的兴起向咖啡产业转移了一批劳动力,但总体数量有限。巴西东北部蔗糖业的衰落促使奴隶向东南部兴旺发达的咖啡种植园迁移。1864—1874年,东北部蔗糖生产区的奴隶人数从774000人(占巴西奴隶人口的45%)降到435687人(占28%),而咖啡种植区的奴隶人口从645000人(占43%)增至809575人(占56%)。其中,仅圣保罗一个州的奴隶数量就增长了一倍多,从80000人增加到174622人。[1] 不过,即便东北部的奴隶全部南下,也仍然不能满足咖啡经济发展所需的巨大劳动力。

与此同时,围绕劳动力来源问题,巴西国内不同群体展开了激烈的争论。印第安人、国内贫农、亚洲移民和欧洲移民等均在他们考虑的范围内。[2] 19世纪中后期,巴西曾试图用多种渠道从中国引进大批华工,但

---

[1] [英] 莱斯利·贝瑟尔主编:《剑桥拉丁美洲史》第三卷,社会科学文献出版社1994年版,第790页。

[2] Robert Conrad, "The Planter Class and the Debate over Chinese Immigration to Brazil, 1850 – 1893," *International Migration Review*, Vol. 9, No. 1, Spring 1975, pp. 41 – 55.

始终未能如愿。个中缘由主要有三个方面：首先，在国际方面，19 世纪中后期，臭名昭著的"苦力贸易"引起了世界主要国家的抵制。其次，在移民来源国方面，晚清政府改变了之前对海外移民排斥、冷漠的态度，开始尝试控制和保护本国移民。最后，在移民目的国方面，与支持华工的势力相比，巴西国内反对引进华工的声音和力量更为强大。

第一节　禁奴前后引进华工的数次尝试

早在殖民地时期，巴西就对引进华工表现出兴趣，并付诸行动。1807 年英国通过禁止奴隶贸易的法令后，葡萄牙王室和殖民地巴西的官员就曾预设补充劳动力的备选方案。巴伊亚州经济学家、首府萨尔瓦多高级法院法官若昂·罗德里格斯·德布里托（João Rodrigues de Brito）在《关于巴伊亚农业与商业经济政策之函》中，提议输入中国和印度劳工，因为"这两国劳工不仅勤奋能干，且是艺术和农业方面的能工巧匠"①。葡萄牙战争与外交大臣利尼亚雷斯伯爵（Conde dos Linhares）甚至设想引进 200 万名华工到巴西，后因其于 1812 年病逝，该计划不了了之。1808 年，为了躲避拿破仑的入侵，葡萄牙王储、摄政王若昂六世率王室成员迁至殖民地巴西。若昂六世试图在巴西种植茶树，以争夺向欧洲出口茶叶的市场。1810 年前后，澳门民政长官阿里亚加（Miguel José de Arriaga Brum da Silveira）分批安排数百名中国茶农乘坐葡萄牙军舰前往巴西里约热内卢，这是中国人第一次有组织、有计划地移民巴西。② 此后，巴

---

① João Rodrigues de Brito, *Cartas Economico-Políticas sobre a Agricultura, e Commercio da Bahia*, Imprensa Nacional, 1821, p. 35, cited in Jeffrey Lesser, *Immigration, Ethnicity, and National Identity in Brazil, 1808 to the Present*, New York: Cambridge University Press, 2013, p. 20.

② 关于 19 世纪初澳门向巴西输送茶农的时间和人数，国内外学界的说法不一。有关第一批茶农的抵达时间，有的学者认为是 1808 年，代表作有巴西汉学家若泽·罗伯特·特谢拉·莱特（José Roberto Teixeira Leite）的专著《中国在巴西：中国对巴西社会和艺术的影响、标志、反响和余留》（*A China no Brasil: Influências, Marcas, Ecos e Sobrevivências Chinesas na Sociedade e na Arte Brasileiras*, Universidade Estadual de Campinas, 1999）、郝名玮、徐世澄的专著《拉丁美洲文明》（中国社会科学出版社 1999 年版）、国务院侨办侨务干部学校编著的《华侨华人概述》（九州出版社 2005 年版）；有的学者认为是 1810 年，代表作有美国学者杰弗瑞·莱瑟的专著《1808 年

伊亚州萨尔瓦多地区和南部地区也曾招募少量中国茶农试种茶。然而，由于气候和土壤条件不适宜，茶树在巴西始终没有获得大面积种植，再加上生活条件恶劣，茶农心怀不满，纷纷逃离茶园，移居城市，经营饭店或贩卖小商品。根据德国旅行家约翰·莫里兹·鲁根达斯（Johann Moritz Rugendas）的统计，1835 年仅有约 300 名茶农在庄园劳作。①最终，茶树并没有变成单一产品制经济的另一株摇钱树，葡萄牙人希图把茶叶发展成大宗出口产品的愿景化为泡影。

值得注意的是，第一批到来的数百名茶农与之后到巴西的华工在目的和性质上是截然不同的。前者是由葡萄牙引进、意在开辟新的出口产品，身份是独立的农民；后者是由独立后的巴西政府招募、意在补充种植园经济的劳动力，身份是契约劳工。

在巴西禁奴前后，英国和巴西分别提出了引进华工的计划。1843 年，为了说服巴西终止从非洲贩卖黑奴，英国外交大臣乔治·汉密尔顿·戈登（George Hamilton-Gordon）②提议巴西可以输入 6 万名中国劳工，但遭到巴西众议院的拒绝。

（接上注）至今巴西的移民、种族和国家认同》（Jeffrey Lesser, *Immigration, Ethnicity, and National Identity in Brazil, 1808 to the Present*），元邦建、袁桂秀编著的《澳门史略》（香港：中流出版社 1988 年版）、林广志的专著《澳门之魂：晚清澳门华商与华人社会研究》（广东人民出版社 2017 年版）、罗荣渠的专著《美洲史论》（商务印书馆 2009 年版），李春辉、杨生茂编著的《美洲华侨华人史》（东方出版社 1990 年版），由巴西《美洲华报》编印的《巴西华人耕耘录》（1998 年版）；沙丁、杨典求、焦震衡、孙桂荣合著的《中国和拉丁美洲关系简史》（河南人民出版社 1986 年版）；根据清朝兵部郎中傅云龙 1888 年考察巴西后写的《游历巴西图经·农务》和《游历巴西图经余记》，"即如种茶一事，自嘉庆十七年（1812）中国湖北人至彼创植以来，已寝旺"；根据里约热内卢植物园编年史认为，1812 年澳门市政厅官员阿尔梅达（Raphael Bottado de Almeida）将茶树苗带到巴西，两年后 1814 年首批中国茶农才来，参见巴西侨网 http://www.bxqw.com/userlist/hbpd/newshow-18571.html, 2018 年 1 月 5 日；也有学者采取模糊处理，比如陈翰笙主编的《华工出国史料汇编》（第六辑：拉丁美洲华工）和陈太荣、刘正勤的专著《19 世纪中国人移民巴西史》。此外，有关 1810 年前后来到巴西的中国茶农人数，国内外学术界持 300—800 人不等的观点。

① Jeffrey Lesser, *Negotiating National Identity: Immigrants, Minorities, and the Struggle for Ethnicity in Brazil*, Durham [N.C.]: Duke University Press, 1999, p. 17.

②乔治·汉密尔顿·戈登即第四代阿伯丁伯爵（4th Earl of Aberdeen）。

在奴隶贸易被禁止后，1854 年底巴西国会再度讨论招募华工问题，并于 12 月 19 日形成《巴西帝国政府关于招聘中国垦农合同条款的指令》。主要内容如下：1. 招聘的中国人应是生在与住在各省的人，如厦门、上海、宁波和舟山，像新月村（Cunsingmoon）、纳莫亚（Namoa）等小村镇的人始终优先，他们应有教养、热爱务农、会种甘蔗。2. 垦民应是农民，身体健康，有教养，不吸鸦片，年龄在 12—35 岁。3. 对已婚垦民，如愿带妻子和 12 岁以下子女，可允许；单身垦民愿结婚并带妻子来，将支付旅费，标准同前面。4. 在登船之前，同中国垦民应根据下列条件签署一式两份合同：（1）合同期限不低于 5 年，希望增至 8 年；（2）除提供饮食、衣服、住所、药品以外，每月发工资 4—5 比索，或提供一块足够的土地种植维持生活的农作物，每月再发 6—7 比索工资；（3）合同应转给政府安排的巴西庄园主和土地所有者一份；（4）合同应确定：A. 每日劳动时间不少于 9 小时；B. 服装与质量；C. 如可能，写明饭菜的数量和质量；D. 对肯农的处罚和罚款，原则上应写罚钱，只在严重情况下，坐牢或取消合同，坐牢时间不计算在合同期限内；E. 每月连续旷工 15 天不发当月工资；F. 对任何预支款项，垦农每月要付 1 比索利息钱。5. 运送垦民的船只应具备下列条件：（1）具备使垦民舒适的必需品；（2）补足他们的食品、淡水、劈柴和药，使他们在船上不受苦；（3）带一些中国人使用的耕具，每 50—70 名垦民配 1 名医生和 1 名讲葡萄牙语的翻译，这些翻译可在澳门招聘，但不可在垦民中挑选；（4）船的吨位有限制，运输中国人的船不要超载。6. 对在（巴西）帝国港口下船的每个中国人，如发现在预付款（准备旅行、妇女船票费）中未包括 15—20 英镑，帝国政府有责任付给他们这笔钱。7. 根据每名垦民费和工资数，招聘垦民的数量最少 600 人，最多 6000 人。不管招聘到多少人，自合同签署之日起 2 年内应运回。8. 船到巴西港口后，1 名帝国政府官员将登船检查。如合同条件已履行，将在 2 天内从船上接走垦民，10 天内支付船上的款项。9. 合同期满后，如中国人愿意留在帝国，可免费在边境地区获得一块 12.5 万平方英寻（1 英寻 = 1.828 米）的土地，或半价购买任何闲置的同样大小的土地。1855 年 1 月 19 日，巴西政府公共土地总管（Repartiçao Geral das Terras Públicas）路易斯·佩德雷拉·杜科托·费拉斯（Luíz Pedreira do Coutto Ferraz）致函巴西驻英国公使塞尔西奥·特谢拉·德马塞多（Sérgio Teixeira de Macedo），要求他同英国商业公司商谈招募中国垦农到巴西的事宜，并随函附上《巴西帝国政府关于招聘中国垦农合同条款的指令》。① 但是，由于英国公司开价太高，双方并未谈妥，巴西"招募6000华工计划"遂搁浅。

此后，巴西转向美国公司引进华工。1854年，巴西商人马诺埃尔·德阿尔梅达·卡多佐（Manoel de Almeida Cardoso）同美国波士顿的"桑普森—塔潘"（Sampson and Tappan）公司接洽，欲在新加坡招募华工。1855年2月9日，美国公司的"埃莉萨·安娜号"（Elisa Annah）搭载303名华工抵达里约热内卢萨普卡亚港（Sapucaia）。这批劳工合同期限为两年，被安排在皇家海军造船厂干活，由于不能胜任造船工作，不久便被遣散，其中的40人于同年7月被聘至马拉尼昂州金矿做矿工。6月25日，巴西同"桑普森—塔潘"公司签署合同，拟在18个月内输入2000名华工。1856年3月19日，368名华工分乘美国"萨拉号"（Sarah）和巴西"帕拉瓜苏号"军舰（Fragata Paraguaçu）抵达里约热内卢。这批劳工被分散到甘蔗园和植物园等地劳作，但不久后大部分人成了乞丐，许多人都进过"皇城劳教所"（Casa de Correção）。1856年4月17日，"桑普森—塔潘"公司致函巴方，通知美国驻中国公使要求今后不得使用美国轮船运送中国"苦力"去巴西，故无法继续履行合同。费拉斯感叹道："（巴西）引进华工的试验引发了可怕的后果……现在我们无法得到不被任何国家所接受的这些人。"② 1862年2月19日，林肯总统签署美国国会通过的一项法案，禁止美国公民利用美国船只从事"苦力贸易"③。至此，巴西借助美国公司招募华工的路也被堵死。

在这种情况下，巴西人开始亲自招募和运输华工。1859年和1866

---

① 陈太荣、刘正勤：《19世纪中国人移民巴西史》，中国华侨出版社2017年版，第17—19页。

② Jeffrey Lesser, *Negotiating National Identity: Immigrants, Minorities, and the Struggle for Ethnicity in Brazil*, Durham [N. C.]: Duke University Press, 1999, pp. 19 – 20.

③ "An Act to Prohibit the 'Coolie Trade' by American Citizens in American Vessels," February 19, 1862, http://legisworks.org/sal/12/stats/STATUTE – 12 – Pg340.pdf, 2018年1月6日。

年,马诺埃尔·德阿尔梅达·卡多佐公司的轮船分两批共将612名华工运至巴西,这些华工大多是从新加坡招募的。① 1870年7月9日,巴西政府颁布第4547号法令,授权马诺埃尔·若泽·达科斯塔·利马·维亚纳（Manoel José da Costa Lima Viana）和若昂·安东尼奥·德米兰达—席尔瓦（João Antonio de Miranda e Silva）及其所组公司"巴西亚洲劳工引进社团基金会"（Fundão da Sociedade Importadora de Trabalhadores Asiáticos）,负责输入务农的亚洲劳工,规定从第一批劳工抵达巴西港口之日起十年有效,在此期间,不允许任何公司从同一地点输入用于相同目的的劳工。② 1872年10月2日,该法令有效期延长至1874年11月11日。该法名为输入亚洲劳工,实际意在为种植园征召长期合同的华工。"巴西亚洲劳工引进社团基金会"随后在香港、澳门和广州开展招募工作。尽管当时全世界都在声讨苦力贸易,1874年初"巴西亚洲劳工引进社团基金会"还是从广州贩运约1000名华工到米纳斯吉拉斯州,在英资"圣约翰·德尔雷伊矿业公司"（Saint John del Rey Mining Company）属下的"老山矿"（Mina de Morro Velho,位于今新利马市）开采黄金。③ 1875年,该公司又试图从广东和加利福尼亚招募华工,但被清政府和美国拒绝。无奈之下,1877年,"巴西亚洲劳工引进社团基金会"敦促巴西政府尽快与清政府签署商贸协定,以便直接从中国引进华工。

第二节 1881年巴中建交与招工愿望的落空

1879年,受巴西政府总理若昂·林斯·维埃拉·坎桑桑·德·锡宁布（João Lins Vieira Cansancã de Sinimbu）之托,巴西驻英国公使主动约

---

① Robert Conrad, "The Planter Class and the Debate over Chinese Immigration to Brazil, 1850 – 1893," *International Migration Review*, Vol. 9, No. 1, Spring 1975, p. 43.

② Decree 4547, 9 July 1870, clause 6, in Brazil, Colleção das leis do império do Brasil de 1870, Vol. 30, Part 1, Rio de Janerio: Typ. Nacional, 1870, pp. 382 – 387, cited in Jeffrey Lesser, *Negotiating National Identity: Immigrants, Minorities, and the Struggle for Ethnicity in Brazil*, Durham [N. C.]: Duke University Press, 1999, p. 21.

③ 陈太荣、刘正勤:《19世纪中国人移民巴西史》,中国华侨出版社2017年版,第21—24页。

见清政府驻英法公使曾纪泽，表达巴西与中国建交、通商、招募华工的愿望。曾纪泽遂将此消息通报给总理衙门和北洋大臣李鸿章。在《曾纪泽遗集》己卯十二月初五日《巴黎致总署总办论事三条》中记载："顷接李相来函，言巴西之能否善待华工，固未可知，要以不与立约最为省事，若必缠扰不休，亦维坚拒招工，庶议约之时，或稍就我范围云云。……愚意则以为'招工'二字宜毅然拒之，'议约'二字宜慨然许之。"① 按照李鸿章的指示，曾纪泽明确表示立约可谈、招工事宜不可谈的立场。1880年7月8日，巴西驻巴拉圭公使爱德华多·喀拉多（Eduardo Callado）和驻欧洲海军武官亚瑟·西尔维拉·达穆达（Arthur Silveira da Motta）被委任特命全权公使率团抵达天津，与清政府全权代表李鸿章进行会谈。在谈及招工事宜时，李鸿章提出，两国之间的移民往来（包括招工在内）必须出于双方人民的自愿，绝不得使用勉强或利诱的手段；其在给总理衙门的呈文中称："招工一节，应自坚拒。将来果若提及，必为设法杜绝。"1880年9月5日，两国签署《中国巴和好通商航海条约》（以下简称《草约》），共16款。但巴西政府对条约中治外法权等条款持有异议，佩德罗二世未予以批准。而后双方继续谈判，并于1881年10月3日正式签署《中巴和好通商条约》（以下简称《天津条约》），共17款。翌年，双方代表在上海换约生效，宣布建交。② 需要指出的是，无论是1880年拟定的旧版条约，还是1881年达成的新修条款，均未涉及在华招工的内容。《草约》中，"嗣以秘鲁条约为底本，删去招工各条，并参用别国一条，定为十六（七）款"；而《天津条约》仅第一款规定："嗣后大清国与大巴西国暨厥人民永存和好，永敦睦谊，彼此皆可前往侨居，须由本人自愿，各获保护身家财产，并一律与相待最优之国民人，同获恩施利益。""是时华民在巴西者，据（巴西使臣）喀拉多告李文忠，言有二千余名，文忠恐其续行广招，比如秘鲁、古巴种种流弊，先与此款补由

---

① 《巴黎致总署总办论事三条》，曾纪泽：《曾纪泽遗集》，岳麓书社1983年版，第168页。
② 伍杰主编：《中外旧约辞典》，青岛出版社1992年版，第50—51页。

本人自愿一语，以杜其渐。"① 巴西企图通过与清政府建交大量引进华工的愿望再次落空。

在全权代表与清政府谈判的同时，巴西国内的利益相关方也在为招募华工积极游说奔走，但效果甚微。1880 年 3 月，圣保罗州议会讨论征召 1000 名华工的经费预算议案。会上，锡宁布以"（华工）聪明……迄今为止没有（劳动力）竞争对手，绝不是霍屯督人（hotentote）、祖鲁人（zulu）等非洲种族可以相比的"为由进行施压。但议案最终并未获得通过。1881 年年初，圣保罗的一些咖啡种植园主试图绕过清政府，派曾在美国纽约州锡拉丘兹大学（Syracuse Uiversity）留学的若泽·库斯托迪奥·阿尔维斯·德利马博士（José Custódio Alves de Lima）赴美招募 3000 名华工，结果一无所获。

此外，巴西还试图同中国民间海运企业——轮船招商局建立航线运送华工，但同样以失败而告终。1880 年 7 月抵达天津授命与清政府商谈建交事宜的巴西专使喀拉多，身上还肩负着开辟中巴航线的使命。在会谈期间，他多次前往上海同轮船招商局总办唐廷枢的助理巴特勒（G. C. Butler）进行接触，希望中国商船能够为巴西输送华工，并在返航时装载巴西的咖啡、烟草和木材等出口商品。后经巴特勒引荐，喀拉多与唐廷枢直接会面。巴西为何选择轮船招商局？除了它是晚清第一家官督商办的民用企业、中国第一家近代轮船航运公司，海运业务比较成熟，还有一个重要原因是总办唐廷枢的个人背景。唐廷枢是广东香山县人，唐家是洋行买办世家，家族与葡萄牙商人往来频繁，控制着澳门的虾酱业。当时，担任轮船招商局总办的唐廷枢正在筹划增资扩充营业，"现在各口生意既可自立，极应开拓外洋生意"②，所以面对大洋彼岸抛来的橄

---

① 《总理衙门奏巴西立约可由南北洋大臣请旨办理折》，光绪六年二月十四日；《北洋大臣李鸿章咨总理衙门呈送巴西喀使晤谈节略》，光绪六年六月初六日；《北洋大臣李鸿章奏报巴西使臣抵津折》，光绪六年六月初八日；《北洋大臣李鸿章奏报已与巴西草签条约十七条折》，光绪六年八月初六日；《中巴和好条约（十七款）》，光绪七年八月十一日，载陈翰笙主编《华工出国史料汇编》[第一辑（三）：中国官文书选辑]，中华书局 1985 年版，第 1199—1201 页。

② 《字林沪报》1882 年 10 月 14 日，转引自汪敬虞《唐廷枢研究》，中国社会科学出版社 1983 年版，第 204 页。

榄枝，他愿意抱着谨慎的态度进行尝试。在唐廷枢眼中，巴西是一个"遥远而陌生的国家"；而有关招募华工，他指出只有体面的工资才能吸引好工人，绝不接受在南美洲和古巴那样以恶毒契约为基础的损害华工利益的移民企图，所有契约必须明确保证"同其他最惠国一样平等对待中国移民"。在此基础上，1882年年中，轮船招商局拟定了招工草约。主要内容包含：给予3年每年10万墨西哥鹰洋（Mexican dollar）的补贴；招商局享有同英国皇家邮政公司（English Royal Mail Company）一样的特权；每年6个来回，每次运送1000—1200人；华工享有免费的住宿和餐食，工资按月付；为了避免出现旧（契约）体制的延续，旅费应直接付给轮船招商局而非巴西政府或雇主。① 喀拉多表示同意，并回国积极运作。

1883年2月，在巴西政府的支持下，"中国贸易与移民公司"（Companhia de Comércio e Imigração Chinesa，CCIC）在里约热内卢成立，拟在3年内引进2.1万名华工。7月，该公司与唐廷枢达成合同文本，待他来巴西访问时再正式签署。1883年10月，唐廷枢和巴特勒到达巴西。此行他有三个目的，考察巴西的种植园经济、觐见巴西帝国皇帝、签署招工合同。他先同圣保罗州、米纳斯吉拉斯州和里约热内卢州的种植园主进行会谈，并在其下榻的圣保罗大酒店宣布将与巴西签署一个5年的招工合同。而后10月13日，他朝见了佩德罗二世。但此次会晤后，唐廷枢和巴特勒突然离开巴西前往英国，中巴航线无疾而终。"中国贸易与移民公司"的计划破产了，该公司也于1883年11月解散。

究竟在巴西考察的两个月间发生了什么，让唐廷枢毅然决然地放弃开航南美的计划呢？我们或许可以从《沪报》1885年12月1日的报道中看出些蛛丝马迹。"溯查巴西一国，自从前与中国订立通商和约以来，因贾公使屡请本局放船到彼国通商，希冀鼓舞华工，前往彼国，自愿津贴

---

① "Letter of Callado to G. C. Butler", 21 January 1881; "Tong King-sing to Callado", 21 November 1881; "Tong King-sing to Callado", 28 December 1881; Missão Especial ao Celeste Imperio China, 1893–1894 – Barão do Ladario, Manuscript Collection – Colecção Afro-Asiática, 20, 2, 5, BN-R, cited in Jeffrey Lesser, *Negotiating National Identity: Immigrants, Minorities, and the Struggle for Ethnicity in Brazil*, Durham [N.C.]: Duke University Press, 1999, pp. 30–31.

巨款。廷枢因念南洋生意，历年未能得手，极欲将致远、图南、美富等船，改走西洋。故定出洋游历之行，特践贾公使之约。于（光绪）九年三月间亲诣该国，面谈商务，连住两月，明察暗访，知彼国黑奴之例未删，疑待华人，不甚周妥，不敢承揽。"① 由此不难发现，导致这一计划泡汤的第一个原因是唐廷枢发现奴隶制在巴西仍然存在，这有悖于当时国际社会废止苦力贸易的大环境，以及清政府保护华工权益的政策立场。第二个原因是巴西政府拒绝向轮船招商局支付每年10万美元的补贴，改由种植园主承担这笔费用。唐廷枢对此非常不满，认为这将在实际上构成雇主和华工之间的（苦力）契约关系，华工势必会债务缠身，再次沦为奴隶。他当即就向佩德罗二世亮明立场："此事不必再谈下去，我不参与运送中国人到此，除非以自由移民引进。"② 第三个原因是考察期间唐廷枢感受到巴西社会对华人的种族歧视。曾作为遣华专使团成员的恩里克·卡洛斯·里贝罗·利斯博阿（Henrique Carlos Ribeiro Lisboa）也参与了佩德罗二世接见唐廷枢的工作。根据他的记述，巴西皇帝告知唐廷枢，巴西存在普遍的反华情绪。接见完，佩德罗二世还说，"我确信这些人的种族影响将进一步加剧我国国民的不纯洁性"。《德意志报纸》（*Deutsche Zeitung*）的主编卡尔·冯·科塞里茨（Karl von Koseritz）曾嘲讽唐廷枢是贩卖"蒙古人肉"的商人。经过明察暗访之后，唐廷枢在给"中国贸易与移民公司"的信中写道："（我）对贵国政府的偏见和知识精英对华工的排斥感到惊愕。"③

从以上梳理不难发现，19世纪中后期，巴西经过多次、多方努力试

---

① 《光绪十年轮船招商局第十一年办理情形节略》，《沪报》1885年12月1日，转引自汪敬虞《唐廷枢研究》，中国社会科学出版社1983年版，第197页。

② "Letter of Charles H. Allen（secretary of the British Anti-Slavery Society）" to the Earl Granville, Principal Secretary of State for Foreign Affairs, December 6, 1883, cited in Jeffrey Lesser, *Immigration, Ethnicity, and National Identity in Brazil, 1808 to the Present*, New York: Cambridge University Press, 2013, p. 50.

③ "Tong King-sing to the Society for the Promotion of Commerce and Immigration from China", October 28, 1883, Missão Especial ao Celeste Imperio China, 1893 – 1894 – Barão do Ladario, Manuscript Collection-Colecção Afro-Asiática, 20, 2, 5, BN-R, cited in Jeffrey Lesser, *Negotiating National Identity: Immigrants, Minorities, and the Struggle for Ethnicity in Brazil*, Durham [N. C.]: Duke University Press, 1999, pp. 32 – 33.

图从中国引进大批华工，但无论是官方交涉还是私下招募，不管是直接引进还是间接输入，几乎所有尝试都陷于失败。由于巴西帝国政府始终未与清政府达成任何招工协议，所以这一时期华工的招募和输入都是以曲线方式秘密进行的，不论是美国公司运送的还是巴西公司承运的华工，在本质上都不具有合法性。

第三节　巴西国内关于引进华工的争论

那么，为什么19世纪华工从未被大量引入巴西？概括起来，大致有如下三个方面的原因：

首先，在国际方面，19世纪中后期，臭名昭著的"苦力贸易"引起了世界主要国家的抵制。1855年，英国政府颁布《中国乘客法案》，此为"防止从香港出口的苦力船上发生同样（死难）性质的事件而施行的法令规章"，并以此照会葡萄牙外交大臣督促"澳门总督采取必要而有效的措施，以使澳门方面不再出现足以为人道造成耻辱的移民出洋办法"[①]；1862年，美国政府颁布禁止从事"苦力贸易"的法令；1873年，葡萄牙"正式宣布禁止经过澳门港口和市内移送中国契约移民出洋"[②]。而这一时期，巴西大规模输入华工有借自由移民之名行苦力贸易之实的嫌疑。

其次，在移民来源国方面，晚清政府改变了之前对海外移民排斥、冷漠的态度，开始尝试控制和保护本国移民。在苦力贸易存在的三十年间，清政府的政策经历了两个不同阶段：1845—1859年，坚持严禁海外移民的传统政策，且拒绝正视移民在目的国产生的问题；1860—1874年，承认国民向外移民的权利，护侨意识开始萌生，区分苦力贸易和自由移民，试图管理并禁止苦力贸易。《总理衙门致英法两国公使的照会》和1866年的《北京章程》的签订标志着清政府首次视保护海外移民为其对

[①] 陈翰笙主编：《华工出国史料汇编》（第二辑：英国议会文件选译），中华书局1980年版，第400页。

[②] 陈翰笙主编：《华工出国史料汇编》（第二辑：英国议会文件选译），中华书局1980年版，第489页。

臣民的应尽职责。① 随着秘鲁和古巴虐待华工的传闻愈演愈烈、苦力船上的噩耗频频传来，清政府再也不能坐视不管。1874年，清政府查禁苦力贸易，只允许与缔结商贸协定的国家输送自由移民。此外，清政府还派遣调查团赴古巴和秘鲁，并在此后的谈判中为华工力争权益。这些都展示了清政府保护海外移民的决心。在这种情况下，清政府在与巴西建交的谈判中坚决拒绝对方招工的要求，官督商办背景的轮船招商局也断不敢为了逐利而损害民族大义。

最后，在移民目的国方面，与支持华工的势力相比，巴西国内反对引进华工的声音和力量更为强大。

支持方大多为巴西的种植园主、政府官员和温和的废奴派。他们主要基于以下一些因素力主输入华工。一是华工相对较为廉价。帝国政府中的挺华派代表人物是总理锡宁布。他曾多次在不同场合表示华工价格要比欧洲劳工更为低廉，他们很温和，能够接受较低的薪水，从而为雇主创造更多的利润，"我们需要廉价劳工，而这正是中国人的优势"。1879年，锡宁布要求巴西驻纽约总领事萨尔瓦多·德门东萨（Salvador de Mendonça）提供一份关于华工的报告。后来，门东萨出版了《亚洲劳工》一书。他在书中写道："华工像奴隶一样便宜，却更熟练和聪明……（引进华工）是帮助我们度过当下危机的唯一办法。"他对招募华工持乐观态度，理由是中国的人口稠密、经济困难，且华工习惯于比世界其他地方都低的工资。巴西外交部部长莫雷拉·德巴罗斯（Moreira de Barros）也称，中国人生活最简朴、很聪颖，能适应各种变化的环境，但最重要的是，他们的要求很少。从政府官员的角度讲，降低劳动力成本显然有助于提高巴西农业在世界市场中的竞争力。"巴西亚洲劳工引进社团基金会"的高层声称，中国人勤劳能干、生活简朴、天生就极具耐心。1878年南部各州举行了农业大会，专门讨论农业发展和劳工问题，大多数种植园主表示，"廉价、稳重和听话的"劳工才适宜于大地产农业劳作，这

---

① 有关晚清政府移民政策的转变，可参见[澳]颜清湟《出国华工与清朝官员：晚清时期中国对海外华人的保护（1851—1911年）》，粟明鲜、贺跃夫译，中国友谊出版公司1990年版，第81、102—120页。

种劳工只能在中国找到。一些种植园主更为精打细算，他们认为华工不挑食，能够很快适应豆类和风干牛肉条等当地饮食，这也可以为雇主节省开支。①

二是华工比较顺从。一位巴西众议院的议员坦言，"让我们更真诚一些"，"我们从祖辈那里受到的教育和我们叱令奴隶的习惯，让我们不习惯于跟自由劳工分享权利"。圣保罗州议会的一位官员称，"我们所需要的农业工人不是新的议会代言人，也非行使政治权力的人，而仅仅是工人，劳动工具而已"。种植园主们也不愿意看到政治精明的欧洲人与他们竞争政治经济权力，或者引进超前的新思想。② 1870 年巴西政府颁布第4547 号法令后，半官方组织——"国家工业辅助协会"（the Sociedade Auxiliadora da Indústria Nacional）积极响应，拓殖部（Colonization Section）成员加尔瓦奥（I. C. Galvão）、米格尔·高尔蒙·梅内塞斯·德马赛多（Miguel Galmon Menezes de Macedo）和托马斯·德尚·德蒙特莫伦西（Thomaz Deschamps de Montmorency）撰文支持"十年引进华工计划"。这些人坚称，中国人"没有野心成为地主……他们只有一个愿望——衣锦还乡"，他们安静地劳作，在履行完契约后就会离开巴西，所以中国人是理想的非欧洲移民。③ 与其说用华工替代黑奴在种植园中劳作的经济角色，不如说让华工填补废奴后社会底层的空缺，以供养和维系巴西传统的等级秩序。

三是其他国家输入华工促进经济繁荣的成功经验。1848 年出版的《务实的甘蔗种植园主》是巴西农业界的畅销书，也是"国家工业辅助

---

① Robert Conrad, "The Planter Class and the Debate over Chinese Immigration to Brazil, 1850 – 1893," *International Migration Review*, Vol. 9, No. 1, Spring 1975, p. 52; Jeffrey Lesser, *Immigration, Ethnicity, and National Identity in Brazil, 1808 to the Present*, New York: Cambridge University Press, 2013, p. 48.

② Robert Conrad, "The Planter Class and the Debate over Chinese Immigration to Brazil, 1850 – 1893," *International Migration Review*, Vol. 9, No. 1, Spring 1975, p. 53.

③ I. C. Galvão, Miguel Galmon Menezes de Macedo and Thomaz Deschamps de Montmorency, Parecer da Secçã de Colonização e Estatística sobre a Questão "Se Convirá ao Brasil a Importaçã de Colonos Chins," Rio de Janeiro: Typ. Universal de Laemmert, 1870, p. 3, cited in Jeffrey Lesser, *Negotiating National Identity: Immigrants, Minorities, and the Struggle for Ethnicity in Brazil*, Durham [N. C.]: Duke University Press, 1999, p. 22.

协会"成员的必读手册。作者伦纳德·雷（Leonard Wray）本人就是种植园主，曾在牙买加、印度和东南亚地区经营了 16 年的甘蔗种植园，对不同地区的甘蔗种植业和劳动力情况了如指掌。他在书中指出，华工"聪明、勤奋、有进取心"，"是天底下最理想的移民群体"。① 1877 年，佩德罗·迪亚斯·戈蒂略·佩斯·莱米（Pedro Dias Gordilho Paes Leme）写了一封致巴西政治家和种植园主的公开信，名为《我们的农业》。他在信中强调，凭借其在美国加州、古巴、加勒比的马提尼克岛（Martinique）的实地考察，引进华工是可行的。② 废奴派联邦代表奥雷利亚诺·坎迪多·塔瓦雷斯·巴斯图斯（Aureliano Candido Tavares Bastos）非常推崇美国和英属加勒比地区引进华工致使经济增长的经验，认为中国人"勤俭节约、不屈不挠并有商业天赋"；他的废奴思想比较温和，支持种族融合，主张不同种族间的交融可以产生一个"精力充沛、机智聪明和能力出众"的新民族。作为 1878 年农业大会的召集人，锡宁布在致开幕词中说，欧洲移民对成为地主而非雇佣工人更感兴趣，英国、法国和西班牙殖民地都因使用华工而大获成功，所以应借鉴这些地方的劳动模式。③

　　反对方主要有巴西的种族主义者、激进的废奴派和知识精英。他们基于以下理由反对输入华工。一是"黄祸论"的种族偏见。19 世纪中后期，受社会达尔文主义的影响，巴西的精英阶层对中国人大多持有种族偏见，他们在巴西每一次欲引进华工的关键时间节点都会发出强烈的反对声。1854 年巴西国会《巴西帝国政府关于招聘中国垦农合同条款

---

① Leonard Wray, *The Practical Sugar Planter: A Complete Account of the Cultivation and Manufacture of the Sugar-Cane, according to the Latest and Most Improved Processes, Describing and Comparing the Different Systems Pursued in the East and West Indies and the Straits of Malacca, and the Relative Expenses and Advantages Attendant upon Each: Being the Result of Sixteen Years' Experience as a Sugar Planter in Those Countries*, London: Smith, Elder, 1848, p. 86.

② Pedro D. G. Paes Leme, "A Nossa Lavoura," 17 October 1877, repre. in Diário Official 17: 165 (11 July 1878), p. 6, cited in Jeffrey Lesser, *Negotiating National Identity: Immigrants, Minorities, and the Struggle for Ethnicity in Brazil*, Durham [N. C.]: Duke University Press, 1999, p. 25.

③ "Speech of Minister Sinimbú," July 8 1878, Congresso Agrícola, *Collecçã de Documentos*, Rio de Janerio: Typ. Nacional, 1878, pp. 128 – 128, cited in Jeffrey Lesser, *Immigration, Ethnicity, and National Identity in Brazil, 1808 to the Present*, New York: Cambridge University Press, 2013, pp. 47 – 48.

的指令》一下达，就立即遭到种族主义者的抨击。他们认为，华工"既不能为巴西的农业提供知识，也无助于提高我们的道德和文明"；中国人的体貌特征"天生就是退化的"，"清王朝把最肮脏的、最迟钝的、最愚昧的、最笨拙的、对于这个退化民族最没用的"的人口输出到国外，"中国人不像黑人那样强壮，也缺乏欧洲人的耐心和定力"。除了在人种和品性上污蔑中国人，种族主义者对大批华工的到来给巴西社会造成的负面影响更加担忧，"黄祸论"甚嚣尘上。1870 年 7 月 9 日，巴西政府授权"巴西亚洲劳工引进社团基金会"招募华工，再加上《新生儿自由法》颁布后，有关是否引进华工的争论进入白炽化阶段。1875 年，"国家工业辅助协会"农业部的尼克隆·若阿金·莫雷拉（Nicolāo Joaquim Moreira）坚称，巴西需要的是"有定居意愿的、品行端正的人口"，"进口华工或苦力，如果不比非洲奴隶更差的话，将有损于我们的公民和政治教育"。尽管巴西和美国精英对有色人种都有种族歧视，但与美国的种族隔离政策不同，巴西采取的是更为开放的种族融合政策。在 1878 年召开的农业大会上，巴伊亚州议会议员若阿金·达科斯塔·品托（Joaquim da Costa Pinto）抱怨道，中国人"身心俱残……他们不忠诚、傲慢自大、喜欢乞讨，仅有的优点就是有耐心"。札圭利贝·费吕（Jaguaribe Filho）以墨西哥为例，认为印第安人社会是令墨西哥精英最头疼的问题，而墨西哥贫弱的根源在于 1281 年一些中国水手偏离去往日本的航线来到了墨西哥，他们的基因污染了当地的种族。由此，他担心中国男人与巴西女人的结合会产生大量私生子，这些孩子体内含有低等的蒙古人种基因；相似地，孱弱、脆弱的中国女人也会摧残巴西文明。① 种族主义者设想，大批华工的到来会在巴西城市造成"种族飞地"（exotic enclaves），在那里充斥着地方病、鸦片、长辫子和外邦宗教。1879 年，巴西自由党人、废奴派代表若阿金·纳布柯（Joaquim Nabuco）在众议院宣称，中国人会带来种族冲突，并使巴西现有人口退化。他不认同"高等"种族总能在生存斗争中获胜的观

---

① Jeffrey Lesser, *Negotiating National Identity: Immigrants, Minorities, and the Struggle for Ethnicity in Brazil*, Durham [N. C.]: Duke University Press, 1999, pp. 18, 24, 28.

点，而是主张当更智慧的种族与"低等"种族接触时，他们有时会被征服甚至被取代；决定一个种族存亡的并不是智力水平和文明程度，而是生存和繁殖的能力。中国人即使被"高等"种族征服、统治和奴役，也会在任何允许他们定居的国家"泛滥成灾"；中国人在履行完契约后并不会返回家乡，相反他们会在巴西的城市聚居，以垄断工业和贸易，并与巴西工人竞争。①

二是担心华工会成为新的奴隶。在废奴派眼中，1870年"巴西亚洲劳工引进社团基金会"与华工实际签订的契约和第4547号法令提供的契约模板有很大出入，对工人非常不利，此为他们指证华工是新奴隶的最直接有力的证据。基金会契约规定，华工必须服从雇主或其代理人；雇主有权将工人的契约转让给其他雇主或将雇工租给其他雇主，这简直是脱胎于奴隶和奴隶主间的关系；华工的工作时间全由雇主说了算；华工因病误工8天就要停发薪水，直到能够复工；由于一个雇佣周期内无法还清雇主的债务，华工只能与雇主签订新的契约，否则就必须在两个月内自费离开巴西，很显然他们并没有足够的旅费。这无异于签了卖身契，华工只能永远充当廉价的农业劳动力。鲁伊·巴尔博扎（Rui Barbosa）谴责契约华工制度是"一种新的奴隶制度，如同非洲奴隶制那样是邪恶的、不道德的、灾难性的"。安德烈·雷博萨斯（André Rebouças）称，在巴西"工人"（braço）一词就意味着奴隶"或试图用介于奴隶和农奴中间的中国人取代他（奴隶）的企图"。若阿金·纳布柯直言，"苦力贸易"会成为"一种新的奴隶贸易"，"（黑奴）悲惨境遇将在华工身上重现，奴隶制将得以延续"。1880年，当巴西与清政府接洽商谈建交事宜时，巴西废奴主义者和实证主义者代表米格尔·莱莫斯（Miguel Lemos）致函曾纪泽，强调中国文明的重要性，抨击将华工视作廉价劳动力等轻蔑中国人的观点，揭露锡宁布政府遣华使团的使命是试图建立一种新的奴隶制度，以延长旧体制。《消息晚报》（Gazeta da Tarde）主编若泽·杜帕特罗西尼奥（José do Patrocínio）也是一名坚定的废奴派，他撰文称：

---

① Robert Conrad, "The Planter Class and the Debate over Chinese Immigration to Brazil, 1850 – 1893," *International Migration Review*, Vol. 9, No. 1, Spring 1975, p. 49.

"有关中国劳工,我们的种植园主达成了惊人的共识:没有必要去改变一件事情(奴隶制)。颈手枷取代鞭子和竹棍继续维持统治。甚至连食物都不用变换。"①

三是认为华人不易被同化。针对巴西政府颁布的第 4547 号法令,"国家工业辅助协会"成员尼克隆·若阿金·莫雷拉抱怨称,"中国人不会留在巴西,也不会与国人通婚",所以他们对于巴西的自我完善毫无裨益。对此,该协会第二副会长若阿金·安东尼奥·阿泽维多(Joaquim Antonio d'Azevedo)表示赞同。他认为,巴西所需要的外来移民是能够创建拓殖地,并有永久居留意愿的人。②

需要注意的是,有关输入华工的可行性,无论是以种植园主为代表的支持方,还是以废奴派为代表的反对方,都持有种族主义观点,双方并没有绝对清晰的界限。这一点在咖啡种植园主路易斯·佩肖托·德拉塞尔达·韦尔内克(Luiz Peixoto de Lacerda Werneck)身上体现得尤为明显。德拉塞尔达从罗马大学(University of Rome)获得法学博士学位,经常在里约热内卢的《商报》(*Jornal do Comércio*)上发表文章。他声称,"卑鄙的利己主义、狂妄自大,以及弃婴和斩首所反映出来的残暴愚昧……是中国的真实写照";"他们故步自封、停滞在所谓的'文明'之中,不思进取,因此必须被赋有使命、以福音和文明武装起来的欧美国家侵占和消灭";中国文化会使遭受印第安人和非洲人扭曲的巴西民众"蜕化",虽然正在形成的巴西民族还不够强大,但也能战胜数百万低等

---

① Robert Conrad, "The Planter Class and the Debate over Chinese Immigration to Brazil, 1850 – 1893," *International Migration Review*, Vol. 9, No. 1, Spring 1975, pp. 50 – 51.

② "Dr. Nicolão Moreira, discurso de 16 de agosto de 1870," cited in Sociedade Auxiliadora da Indústria Nacional, *Discurso Pronunciado pelo Dr. I. J. Galvão na sessão de 3 de outubro de 1870 (questão dos chins)*, Rio de Janeiro: Typ. Universal de Laemmert, 1870, p. 7; Sociedade Auxiliadora da Indústria Nacional, *Discurso Pronunciado por Joaquim Antonio d' Azevedo em sessão de 30 de dezembro de 1870 (questão dos chins)*, Rio de Janeiro: Typ. Universal de Laemmert, 1870, pp. 3, 5, 8, cited inJeffrey Lesser, *Negotiating National Identity: Immigrants, Minorities, and the Struggle for Ethnicity in Brazil*, Durham [N. C.]: Duke University Press, 1999, p. 22.

的亚洲人。① 然而，获取利益而非民族的进步和文明，才是种植园主们最为看重的。"廉价、温顺"的华工显然更符合种植园主的切身利益，能够降低他们的商品生产成本，从而帮助其实现利益最大化。正因如此，种植园主们才在引进华工问题上投出了支持票。从这个意义上讲，种植园主是典型的功利主义者。

在种族主义者和废奴主义者的强大压力下，1890年6月28日巴西共和国政府颁布第528号法令，宣布在没有国会特定批准的情况下禁止非洲人和亚洲人进入巴西，并建立港口警察对过往船只进行监察，对违反此法令的船长课以罚款。② 由此，巴西国内有关引进华工问题的大辩论暂时告一段落。

---

① Luiz Peixoto de Lacerda Werneck, Idéias sobre Colonização Precedidas de uma Succinta Exposição dos Princípios Geras que Regem a População, Rio de Janeiro: Eduardo e Henrique Laemmert, 1855, pp. 14, 28, 75 – 80, cited in Jeffrey Lesser, *Negotiating National Identity: Immigrants, Minorities, and the Struggle for Ethnicity in Brazil*, Durham [N. C.]: Duke University Press, 1999, p. 19; see also in Robert Conrad, "The Planter Class and the Debate over Chinese Immigration to Brazil, 1850 – 1893," *International Migration Review*, Vol. 9, No. 1, Spring 1975, p. 48；陈太荣、刘正勤：《19世纪中国人移民巴西史》，中国华侨出版社2017年版，第26—27页。

② Decree Law 528, 28 June 1890, cited in Jeffrey Lesser, *Negotiating National Identity: Immigrants, Minorities, and the Struggle for Ethnicity in Brazil*, Durham [N. C.]: Duke University Press, 1999, p. 33.

第三章

"白化"思想与欧洲移民的引进

  与反对华工的话语相对应的,是巴西社会精英们积极鼓励引进欧洲移民。近代生物学和人种学的发展、进化论的普及和拉丁美洲复杂的种族结构,激发了巴西人对种族和种族理论的极大兴趣。巴西社会精英们深受社会达尔文主义的影响,将欧洲文明视为自己的文化导师,并试图在南美大陆上复制出新的欧洲文明。然而,独立后巴西人口中近一半是黑人。在欧洲"导师"看来,这种人口构成使巴西人的思想中总是表现出太多的"野蛮"特征,与其所追求的"文明"形象相差甚远。1850年巴西废除奴隶贸易后对劳动力的迫切需求,让引进欧洲移民具有了更大的正当性和合理性,使其不仅具有生物学、种族主义等理论做支撑,还兼具经济层面的现实意义。在巴西精英看来,欧洲移民既能填补巨大的劳动力缺口,也能带来先进的生产技术和思想文化,还能"改良"巴西的人口结构,从而帮助巴西摆脱"野蛮"迈向"文明",可谓一举多得。在此背景下,巴西政府陆续推出一系列移民新政,以吸引欧洲移民。数百万欧洲移民踏上这片南美热土,汇聚成19世纪末巴西的移民潮。

第一节 "白化"思想与鼓励欧洲移民政策的形成

  德国著名的自然学家、人类学家、生理学家约翰·弗里德里希·布卢门巴赫(Johann Friedrich Blumenbach)在其1776年出版的《人类的自然类别》①中提出五分法，即人类有五个人种：蒙古人种（黄色人种）、埃塞俄比亚人种（黑色人种）、美洲人种（红色人种）、马来人种（棕色人种）和高加索人种（白色人种），并对人种的高低进行排序，最高级的是高加索人种，中间是蒙古人种，最低等的是埃塞俄比亚人种。在其后的几十年中，研究人员将美洲人种和马来人种归并于蒙古人种，由此便形成三大人种：黑种人、白种人和黄种人。而后，欧洲人用一系列重要的伪科学书籍来证明白种人的优等。其中，最著名的就是法国社会思想家约瑟夫·阿瑟·戈宾诺（Joseph Arthur Comte de Gobineau）及其代表作《人种不平等论（1853—1855）》。②戈宾诺认为，白种人比其他人种都要优越；种族的成分决定了一个文明的命运，雅利安人代表了人类文明的最高水平，因为雅利安人社会没有黄种人和黑种人的血缘；人种混杂会使一个文明的种族特征越来越模糊，容易失去生命力和创造力，并逐渐陷入腐败和道德败坏之中。

巴西的社会精英将欧洲视作自己的文化导师，并试图在南美大陆上复制出欧洲文明。他们将美国视为美洲的发展典范，并将美国的成功归因于两个因素：一是在种族构成上的欧洲人优势；二是在政治和经济上借用了欧洲人的思想体系。受欧洲种族主义影响，巴西精英们普遍认为肤色白皙的人漂亮、聪明、有能力，相反，肤色越黑的人就越不可能拥有这些优点。然而，巴西的人种构成让这些精英们非常尴尬。在独立初期，巴西404万人口中，约有一半（48.5%）是黑人，印第安人和混血种人约占27.7%，白人仅占23.8%。在智慧的"导师"看来，巴西人的思想中总是表现出太多"野蛮"的印第安人和非洲人的特点，这与其追求的"文明"形象相差甚远。

于是，巴西的政治家和知识分子决定做一场"白化"（whiteness）民族的大实验，他们把国家当成"种族实验室"，并将自己视为"社会化学家"（social chemists）。既然是做实验，就势必会用到各种试剂，而试剂

---

① Johann Friedrich Blumenbach, *On the Natural Varieties of Mankind*: *De Generis Humani Varietate Native*, Bergman Publishers [1776], 1969.

② Joseph Arthur Comte de Gobineau, *Essai sur l'inégalité des Races Humaines*, 1853–1855.

的注入或导出及其用量全凭这些精英说了算。他们一方面添加白色"试剂"（鼓吹引进欧洲移民）；另一方面不断搅拌（鼓励种族融合）。在这个过程中，原液中的黑色"试剂"的剂量越来减少，量杯最终呈现出来的巴西颜色由深变浅。巴西精英坚信，"种族融合可以避免'退化'，持续不断的'白化'可以产生更为强健的人口，这种强健既体现在文化上，也表现在体征上"①。可以说，巴西的政策制定者运用所谓的"优生学"理论，将引进外来移民和改变种族结构联系在一起。在统治者看来，输入欧洲移民是通过"白化"民族使巴西变得更为"文明"的一条捷径。

1823年5月30日，里约热内卢报纸《镜子》（O Espelho）刊登了一封署名为"慈善家"（Philanthropist）的长信。作者在信中指出，"奴隶制是侵蚀巴西的癌症"，对巴西造成了"不可估量的损害"，并使巴西人变得低效无用，"奴隶主习惯为所欲为，无视法律"，"他们凌驾于所有人之上"，对此，可以依靠引进移民的方式终结奴隶制，并开发边远地区，促进巴西的现代化。后来，经过巴西历史学家埃里奥·维安纳（Hélio Vianna）的考证，这篇文章的作者就是巴西帝国的皇帝佩德罗一世。② 可见，这位巴西帝国的最高统治者早就将引进外来移民纳入自己的治国方略。佩德罗一世的忠实拥趸、被誉为"巴西独立之父"的若泽·博尼法西奥·德·安德拉达·席尔瓦（José Bonifácio de Andrada e Silva）③ 认为，欧洲移民比奴隶效率更高，更为重要的是，他们能在确保巴西不发生经济剧变的前提下加速废除奴隶制。此外，他还道出了佩德罗一世引进移民的另一个重要原因——派移民驻扎和拓殖南部边境地区，防止阿根廷的扩张。1825—1828年，巴西和阿根廷为了争夺具有战略意义的拉普拉

---

① Thomas E. Skidmore, *Black into White: Race and Nationality in Brazilian Thought*, Durham: Duke University Press, 1993, p. 65.

② Jeffrey Lesser, *Immigration, Ethnicity, and National Identity in Brazil, 1808 to the Present*, New York: Cambridge University Press, 2013, p. 27.

③ 当佩德罗还是巴西摄政王的时候，若泽·博尼法西奥·德·安德拉达·席尔瓦担任他的顾问和首席大臣。后来，他力促佩德罗于1822年从葡萄牙独立出来，并在佩德罗登基为宪政皇帝后，出任内政兼外交大臣。1831—1833年，他还做了佩德罗二世的家庭教师。

塔河东岸地区而爆发了"第一次乌拉圭战争"①，最终以乌拉圭独立宣告结束。席尔瓦观察到，1829年阿根廷军事独裁者胡安·曼努埃尔·德罗萨斯（Juan Manuel de Rosas）在该地区附近安置了许多西班牙移民。对此，他提出巴西也应当引进移民开拓边疆，因为只有新来的人才愿意被安置在人烟稀少的地方。在他看来，中欧人是最合适的移民人选。与席尔瓦的看法一致，皇后玛丽亚·莱奥波尔迪娜（Maria Leopoldina）也支持引进中欧移民。莱奥波尔迪娜是神圣罗马帝国皇帝弗朗茨二世（Francis Ⅱ，1792—1806）的女儿，生长于奥地利，她坚信中欧人文化素养高、有精湛的农艺水平和民族自豪感，能够很快从移民身份转变为忠诚的巴西国民，从而促进巴西的发展。这种看法得到了许多巴西政府官员和知识分子的认同。

随后，巴西政府出台了针对德语国家的移民计划，包括征召数千名士兵充当外籍军团和招募独立小农，并承诺让每个农民租种一块狭长的土地"皮卡达"（picada），承担他们的旅费、立即入籍和十年免征税等优惠措施。1824年1月，第一批284名移民到达里约热内卢港。在随后的六年间，又有5350名中欧移民陆续来到巴西南部。他们大多被安置在南里奥格兰德州（Rio Grande do Sul）首府阿雷格里港（Porto Alegre）北部一个名叫圣莱奥波多（São Leopoldo）的地方。其中的许多人参加了第一次乌拉圭战争。②

由于独立后秉持低关税的自由贸易政策，致使巴西政府从关税和赋

---

① 乌拉圭战争是巴西和阿根廷为了争夺拉普拉塔河东岸，以及乌拉圭寻求国家独立的战争。1814年，乌拉圭在民族英雄何塞·格拉瓦西奥·阿特加斯（José Gervasio Artigas）的领导下，摆脱了西班牙的殖民统治。1821年，在巴西避难的葡萄牙国王若昂六世占领了这片土地，取名为"西斯普拉提纳省"（Cisplatina，意为拉普拉塔河东岸），允许它保留自己的法律、语言和部分地方自治权。1825年4月19日，乌拉圭"33人集团"发动起义，10月2日，宣布加入"拉普拉塔联合省"（阿根廷独立战争时期创立的国家组织形式）。12月10日，巴西向拉普拉塔联合省宣战。1828年8月28日，巴西、拉普拉塔联合省和乌拉圭三方面签署《里约热内卢条约》（Tratado do Rio de Janeiro），巴西宣布放弃对西斯普拉提纳省的一切权利，承认乌拉圭独立，乌拉圭承诺不加入拉普拉塔联合省。这是一场典型的拉美国家独立后因边界纠纷引发的战争，巴西人称这场战争为"西斯普拉提纳战争"，阿根廷人称其为"东拉普拉塔战争"。

② Jeffrey Lesser, *Immigration, Ethnicity, and National Identity in Brazil, 1808 to the Present*, New York: Cambridge University Press, 2013, pp. 27-30.

税中所获得的收益很少,糖价持续下跌,咖啡业尚未壮大,棉花效益更少,再加上与邻国长达四年的战争消耗了大量的财政经费,巴西的经济形势不断恶化。1830年,巴西政府宣布停止对移民的资助,要求移民自付费用方能取得入境许可。

在这种情况下,前往巴西的欧洲移民就更少了。当时,在欧洲人心目中,巴西存在以下劣势,这些因素阻挡了他们的步伐:其一,社会氛围不佳。当时巴西还未禁止奴隶贸易,社会上有一半是黑人,欧洲种族主义者不愿与大量黑奴并肩劳作,只要奴隶制仍然有活力,欧洲人就不会被吸引到巴西。其二,经济条件较差。当时,经济更为发达的美国、加拿大和阿根廷是欧洲移民比较青睐的国家。1815—1871年,德国移民中的85%去了美国和加拿大,只有5%—8%的移民去往巴西。① 其三,气候环境不宜。巴西位于低纬度地区,绝大部分国土地处热带,其气候特征与中高纬度的欧洲截然不同。其四,宗教信仰不同。1824年巴西宪法将天主教定为国教,这在一定程度上阻止了新教徒前往巴西。其五,缺乏垦殖土地。欧洲移民希望能够得到土地的所有权而不仅仅是使用权,但此时巴西政府给出的移民条件中并没有这一项。这也是最被欧洲移民所诟病的问题。

1850年巴西废除奴隶贸易后对劳动力的迫切需求,让引进欧洲移民具有了更大的正当性和合理性,使其不仅具有生物学、种族主义等理论做支撑,还兼具经济层面的现实意义。1867年佩德罗二世曾在御前演讲中表明,如果不考虑欧洲移民问题就不能讨论奴隶解放,二者密不可分。② 在巴西精英看来,欧洲移民既能填补巨大的劳动力缺口,也能带来先进的生产技术和思想文化,还能"改良"巴西的人口结构,从而帮助巴西摆脱"野蛮"迈向"文明",可谓一举多得。

不过,需要注意的是,尽管巴西精英对于欧洲移民所扮演的社会角色——"白化"民族的"试剂"能够达成共识,但在其文化角色和经济

---

① Ana-Isabel Aliaga-Buchenau, "German Immigrants in Blumenau, Brazil: National Identity in Gertrud Gross-Hering's Novels," *The Latin Americanist*, Vol. 50, No. 2, 2007, p. 5.

② [美] E. 布拉德福德·伯恩斯:《巴西史》,王龙晓译,商务印书馆2013年版,第181页。

角色上存在着较大的分歧。一方面，种植园主及其政治代理人认为，欧洲移民只是名义上奴隶的替代品，他们的经济贡献只在于为促进种植园经济的繁荣提供劳动力。另一方面，知识精英们和城市中产阶层则主张，欧洲移民能够带来先进的资本主义经济思想和生产关系，鼓励他们拓殖小农场，帮助巴西实现秩序和进步。双方矛盾的焦点就在于欧洲移民究竟应该做"里子"还是做"面子"？是否应该承担改变巴西经济结构、消除大地产制的使命？前者作为既得利益者，势必要竭力维护自己固有的地位和权力，所以只需要欧洲白人来装点门面；后者作为新生力量，自然希望借助欧洲移民对巴西进行全方位的改造，不能只徒有白色的"外表"。因此，19世纪中期以后，在引进欧洲移民方面，巴西出现了两种由不同群体主导的移民模式：在边远地区垦殖小农场和在大种植园实行佃农制。

第一种移民模式的代表分别是兴起于19世纪50年代的"私营拓殖协会"（Private Colonization Societies）和成立于1883年的"中央移民协会"（Sociedade Central de Imigração, SCI）。"私营拓殖协会"得到了地方政府的资助，主要活动是招募移民，帮助他们购买小块地产，并从中赚取差价获利。布卢梅瑙（Blumenau）拓殖地和圣洛伦索德苏尔（São Lourenço do Sul）拓殖地是私营拓殖协会中经营得比较成功的典范。两个拓殖地分别建立于1850年和1857年，居民主要以德语国家的移民为主。布卢梅瑙拓殖地位于巴西南部圣卡塔琳娜州，由德裔移民赫尔曼·布卢梅瑙（Hermann Blumenau）创办。在那里，德国移民们"清理原始森林，盖房子，建造教堂，尽管他们遭受了许多挫折，但从不气馁……更为重要的是，他们促进了文化机构的发展，比如学校、德语报纸、唱诗班和德国运动俱乐部（Turnvereine）等"[1]。圣洛伦索德苏尔拓殖地位于南里奥格兰德州，是由普鲁士人雅各布·莱茵甘茨（Jakob Rheingantz）一手创建的。在成立之初，就吸引了1400个波美拉尼亚（Pomerania）家庭。[2]

---

[1] Ana-Isabel Aliaga-Buchenau, "German Immigrants in Blumenau, Brazil: National Identity in Gertrud Gross-Hering's Novels," *The Latin Americanist*, Vol. 50, No. 2, 2007, p. 9.

[2] 波美拉尼亚位于中北欧波罗的海沿岸地区，现分属于波兰和德国，居民讲德语。

"中央移民协会"也是由三个德裔移民赫尔曼·布卢梅瑙、卡尔·冯（Karl von Koseritz）和雨果·格吕贝（Hugo Grüber）创办的，他们把欧洲白人移民视为改变巴西未来的"希望之种"，抨击大地产制，希望小农经济能打破大种植园主对农业的垄断，坚信小农场势必会取代种植园，并提倡现代薪资制度。"中央移民协会"的成员基本都是城市中产阶层，持有严重的种族偏见，特别排斥引进华工。他们还曾派代表团远赴欧洲进行游说，以阻止中国外交官与巴西达成招工协定。事实上，"中央移民协会"的许多建议都被地方或国家政府采纳，其中就包括1890年禁止亚非移民的法令。

第二种移民模式主要在巴西东南部咖啡产区运用。在寻找新劳动力来源时，并非所有的种植园主都顽固守旧，一些比较开明的种植园主开始尝试将契约制和佃农制相结合的劳作模式：由种植园主先垫付移民的旅费，并按照家庭规模给其一定数量的咖啡树苗；移民在咖啡收益中分取50%的净利润，并以较低的利率偿还旅费贷款。① 圣保罗州大咖啡种植园主、参议员尼古劳·德佩雷拉·德坎波斯·韦尔盖罗（Nicolau de Pereira de Campos Vergueiro）是敢于"吃螃蟹的第一人"。1847年，他说服了联邦政府和州政府给他无息贷款，他用这笔钱派出征募人员前往日耳曼地区和瑞士，这些地方当时正普遍遭受土豆饥荒。同年，第一批80个德国农户家庭被引进到德坎波斯的种植园。这些雇工住在泥巴墙的简陋棚屋里，在分成制的基础上栽种、培育和收获咖啡。② 相较于奴隶制，这种新型的生产关系更能激发劳动者的积极性，从而提高劳动生产率。此后，越来越多的种植园加入这一行列。19世纪50年代，圣保罗州共引进2000多名欧洲移民，他们主要来自德国和瑞士的联邦州。③ 为了抵抗"中央移民协会"带来的冲击，1886年，马丁荷·普拉达·儒尼奥尔

---

① Thomas Holloway, *Immigrants on the Land: Coffee and Society in São Paulo, 1886 – 1934*, Chapel Hill: University of North Carolina Press, 1980, p. 71.
② ［英］莱斯利·贝瑟尔主编：《剑桥拉丁美洲史》第三卷，社会科学文献出版社1994年版，第792页。
③ ［巴］塞尔索·富尔塔多：《巴西经济的形成》，徐亦行、张维琪译，社会科学文献出版社2002年版，第100页。

(Martinho Prado Júnior)成立了"移民促进协会"(Sociedade Promotora de Imigração, SPI),反对国家主导的移民,主张私营公司负责招募和安置移民的工作。该协会代表着咖啡种植园主的利益,成员都是权贵阶层。创始人儒尼奥尔的家族世代都是地主和奴隶主,他的哥哥安东尼奥·普拉达(Antonio Prade)是农业部长和铁路公司老板,另一个哥哥爱德华多(Eduardo)是一名君主主义者、记者和作家。儒尼奥尔充分利用家族资源开展在欧洲的宣传工作,他印了8万份光面油印的小册子散发在葡萄牙、德国和意大利的街头,印刷费用由巴西农业部赞助,广告词由爱德华多亲自撰写。宣传内容主要突出巴西地大物博,比美国和加拿大更适宜定居,到处都是未开垦的处女地等。他还在意大利北部城市热那亚设立分支机构,对报名的移民进行筛选。实际上,"移民促进协会"已经在扮演圣保罗州"移民局"的角色。从1886年年中到1888年年中,该协会招募的移民人数由6000人增至60000人。仅1888年一年就引进了60749位移民,其中意大利移民约有44000人,葡萄牙移民约有10000人,中欧国家移民约有3700人(主要为德国人和奥地利人),西班牙移民约有2800人。[1] 19世纪末,圣保罗州吸引了巴西的大部分外来移民(见表3.1)。

表3.1　1882—1899年巴西的外来移民人数及圣保罗州的占比情况

(单位:人)

年　份	巴西外来移民人数	圣保罗占比(%)
1882—1884	87178	14%
1885—1889	319541	53%
1890—1894	600735	70%
1895—1899	597592	69%

数据来源:Thomas W. Merrick and Douglas H. Graham, *Population and Economic Development in Brazil: 1800 to the Present*, Baltimore: Johns Hopkins University Press, 1979, p. 95。

---

[1] Jeffrey Lesser, *Immigration, Ethnicity, and National Identity in Brazil, 1808 to the Present*, New York: Cambridge University Press, 2013, pp. 69-70.

从表3.2中，我们可以清楚地发现从禁止奴隶贸易到废除奴隶制这38年间巴西移民输入的趋势和特征，也恰恰印证了外来移民与废奴之间的正相关性。1850年禁止奴隶贸易后，外来移民人数基本呈直线上升态势；1871年《新生儿自由法》颁布后，移民急剧增加，每年基本都在2万人以上（5个年份除外）；1888年废除奴隶制后，移民人数更是达到了这一时期的巅峰，当年就有13.3万名外来移民进入巴西。

表3.2　　　　1850—1888年巴西每年引进的移民人数　　　（单位：人）

年份	人数	年份	人数	年份	人数
1850	2072	1863	7642	1876	30747
1851	4425	1864	9578	1877	29468
1852	2731	1865	6452	1878	24456
1853	10935	1866	7699	1879	22788
1854	9189	1867	10902	1880	30355
1855	11798	1868	11315	1881	11548
1856	14008	1869	11527	1882	29589
1857	14244	1870	5158	1883	34015
1858	18529	1871	12431	1884	24890
1859	20114	1872	19219	1885	35440
1860	15774	1873	14742	1886	33486
1861	13003	1874	20332	1887	55965
1862	14295	1875	14590	1888	133253

数据来源：Instituto Histórico e Geográfico Brasileiro, *Diccionário Histórico, Geográphico, e Ethnográphico do Brasil*, Rio de Janeiro: Imprensa Nacional, 1922, pp.1, 295-296, 转引自［美］E.布拉德福德·伯恩斯《巴西史》，王龙晓译，商务印书馆2013年版，第183页。

表 3.3　　　　　1872—1972 年入境巴西的外来移民人数　　　　（单位：人）

年份	人数	年份	人数
1872—1879	176337	1930—1939	327768
1880—1889	448622	1940—1949	114085
1890—1899	1198327	1950—1959	583068
1900—1909	622407	1960—1969	197587
1910—1919	815453	1970—1972	15588
1920—1929	846647		

数据来源：Maria Stella Ferreira Levy, "O Papel da Migração Internacional na Evolução da População Brasileira（1872 a 1972）," *Revista de Saúde Pública*, supplement, Vol. 8, No. 3, 1974, pp. 71-73。

1889 年共和国成立后，巴西新政府陆续推出一系列移民新政，比如为移民提供补贴、允许宗教信仰自由等。1891 年，巴西联邦政府用在移民上的开支占全年预算的 11.5%。在招募移民方面，圣保罗州是最迫切的，所以它是地方政府中在移民事务上花费最多的。1892—1910 年间，圣保罗州有 7 年的移民开支超过全年预算的 10%。[①] 为了吸引更多的欧洲移民，巴西人在欧洲各大港口设立招募站，站点一般都选择在航运公司旁，以便于及时运送移民；宣传内容主要突出"共和国"这一巴西新形象。散发的小册子中印着这样的广告词："欢迎你带着家人来巴西筑梦。这是一片机遇之地，物产丰富。在巴西，你有能力拥有自己的城堡。政府会给所有来到这里的人提供土地和工具。"此外，19 世纪末科学技术水平的提高，大大缩短了跨洋航行的时间，欧洲到巴西的行程由 19 世纪初的 3 个月压缩至 20 世纪初的 2 个礼拜。[②] 医疗卫生条件的改善，降低了旅途中移民的死亡率。再加上欧洲的工业化和城市化进程催生出大批失业工人。正如表 3.3 和图 3.1 所示，在"推—拉"力的作用下，19 世纪 90 年代巴西的外来移民人数达到历史峰值，共有 1198327 人来到南美这

---

① Gloria La Cava, *Italians in Brazil: The Post-World War II Experience*, New York: Peter Lang, 1999, pp. 18-19.

② Jeffrey Lesser, *Immigration, Ethnicity, and National Identity in Brazil, 1808 to the Present*, New York: Cambridge University Press, 2013, pp. 62-64.

片土地。

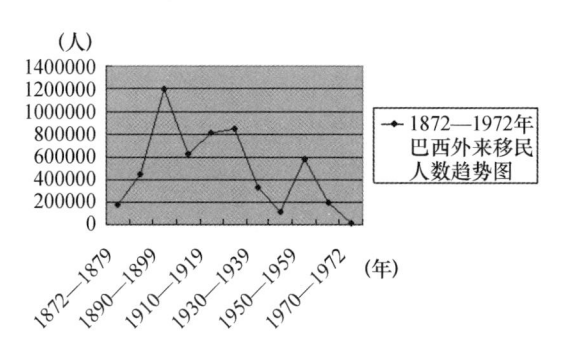

图 3.1　1872—1972 年巴西外来移民人数变化趋势

第二节　意大利农业移民及其生活状况

1872—1899 年，共有 1823286 名外国移民到达巴西（表 3.4）。他们主要从三个港口登陆：巴伊亚州东北部的萨尔瓦多港、里约热内卢港和圣保罗州的桑托斯港。如果按照地区进行划分，南欧地区（葡萄牙、意大利、西班牙）共有 1589777 人，约占同期巴西外来移民总数的 87.2%，以德国为代表的中欧国家移民并不多，共有 50310 人，占比仅为 2.7%。从不同时段看，南欧移民数量不断攀升，德国移民数量一直在低水平徘徊，占比也持续下降。1872—1879 年，来自南欧三国葡萄牙、意大利和西班牙的移民占同期巴西输入移民总数的 58.91%，1880—1889 年猛增至 91.8%，达到最高峰，虽然 19 世纪的最后十年占比略有小幅下降，但仍然高达 89.62%。1872—1879 年德国移民占比为 8.12%，十年后降至 4.21%，1890—1899 年只占 1.43%。就国别而言，19 世纪 70 年代排在前三位的移民国家依次为葡萄牙、意大利和德国；到了 80 年代，变为意大利、葡萄牙和西班牙，这种格局一直延续到 20 世纪初。意大利后来者居上，在 1877 年移民人数首次超越葡萄牙，成为巴西最大的移民来源国，德国则退出了前三名。从以上梳理不难发现，意大利、葡萄牙和西班牙这三个南欧国家的移民构成了 19 世纪末巴西移民潮的主力军，而非较早引进的中欧移民。这主要是因为 19 世纪 70 年代南欧国家的工业化进行比较缓慢，再加上国内的经济困难，导致出现大量剩余劳动力；而德国的工业化进展迅速，需要大批的劳动力，所以向外移民的人数自然较少。此外，巴西和南欧国家都信奉天主教，再加上巴西相对宽容的宗教信仰自由政策，会使南欧移民在心理层面产生更多的归属感，能够更快地融入目的国的生活，这也是南欧移民大量迁移至巴西的原因之一。

表 3.4　　　　1872—1889 年入境巴西的外来移民人数　　　　（单位：人）

年份	葡萄牙	意大利	西班牙	德国	其他地区	总数
1872	12918	1808	727	1103	2663	19219
1873	1310	—	—	1082	12350	14742
1874	6644	5	—	1435	12248	20332
1875	3692	1171	39	1308	8380	14590
1876	7421	6820	763	3530	12213	30747
1877	7965	13582	23	2310	5588	29468
1878	6236	11836	929	1535	3920	24456
1879	8841	10245	911	2022	764	22783
1872—1879	55027	45467	3392	14325	58126	176337
占比（%）	31.21	25.78	1.92	8.12	32.96	100
1880	12101	12936	1275	2385	1658	30355
1881	3144	2705	2677	1851	1171	11548
1882	10621	12428	3961	1804	775	29587
1883	12509	15724	2660	2348	774	34015
1884	8683	10502	710	1719	1960	23574
1885	7611	21765	952	2848	1548	34724
1886	6287	20430	1617	2114	2202	32650
1887	10205	40157	1766	1147	1657	54932
1888	18289	104353	4736	782	3910	132070
1889	15240	36124	9712	1903	2186	65165
1880—1889	104690	277124	30066	18901	17841	448622
占比（%）	23.34	61.77	6.7	4.21	3.98	100
1890	25174	31275	12008	4812	33550	106819

续表

年份	葡萄牙	意大利	西班牙	德国	其他地区	总数
1891	32349	122326	22146	5285	23133	215239
1892	17797	55049	10471	800	1789	85906
1893	28986	58552	38998	1368	4685	132589
1894	17041	34872	5986	790	1493	60182
1895	36055	97344	17641	973	12818	164831
1896	22299	96505	24154	1070	13395	157423
1897	13558	104510	19466	930	6402	144866
1898	15105	49086	8024	535	4112	76862
1899	10989	30846	5399	521	5855	53610
1890—1899	219353	690365	164293	17084	107232	1198327
占比（%）	18.3	57.61	13.71	1.43	8.95	100

数据来源：Maria Stella Ferreira Levy, "O Papel da Migração Internacional na Evolução da População Brasileira (1872 a 1972)," *Revista de Saúde Pública*, supplement, Vol. 8, No. 3, 1974, p. 71。

19世纪70年代后期，意大利经济出现危机。农业发展严重衰退，大块地产（Latifundia）的技术落后、生产率低下，小块地产面积太小只够一家人果腹，致使意大利农产品缺乏国际竞争力。再加上政府不当的财政政策，导致大批意大利农民离开故土，到海外谋求更好的生活。意大利移民主要流向美国、阿根廷和巴西。据统计，1876—1913年，意大利共向这三个国家输出了6897625位移民，其中3937743人去了美国（57%），1752332人奔赴阿根廷（25.5%），1207550人远渡巴西（17.5%）。①

巴西的意大利移民主要来自伦巴第（Lombards）、威内托（Veneto）、皮埃蒙特（Piemonte）和利古里亚（Ligurians）。其中，来自威内托大区的移民最多。1887—1898年，共有840153名意大利人入境巴西，其中

---

① Jorge Balán, *International Migration in the Southern Cone*, Buenos Aires: Centro de Estudios de Estado y Sociedad, 1985, p. 97, cited in Jeffrey Lesser, *Immigration, Ethnicity, and National Identity in Brazil, 1808 to the Present*, New York: Cambridge University Press, 2013, p. 92.

95.7%的移民（共804598人）目的地是圣保罗州的咖啡种植园。① 他们基本都是在"移民促进协会"的招募和圣保罗州政府的资助下来到巴西的，以家庭形式为主。为了吸引移民，圣保罗州政府给予每个年龄在12岁及以上的意大利移民75密尔雷斯（milreis，约合40美元）② 的补贴，12岁以下的移民补贴减半，这些钱主要用于支付从意大利到圣保罗咖啡种植园之间的旅费。为此，圣保罗州政府共花费了约4200万密尔雷斯（约合1400万美元）。③

然而，在巴西的日子远没有招募广告中宣传的那么好。一是种植园工作和生活条件差。移民们抱怨称，他们住的宿舍"面积小，质量差，地板肮脏，有的甚至被安排在废奴运动时腾出的奴隶营房（senzalas）里生活"；这里几乎没有市场、宗教场所和教育机构。虽然移民们能够种植蔬菜和饲养家畜，但那些满足日常需要以外的盈余产品并不能直接拿到外面的市场上出售，而要以远低于市场价的水平卖给种植园，经过简单的包装种植园再以高价卖到那些需要它们的移民手中。在这个过程中，移民们受到"低卖高买"的不平等对待，并常常因此负债。此外，移民生活缺少医生等基本的医疗保障，约5000名移民才配有1名医生。这使得医疗成本非常高昂，许多人生病了也没钱看医生。1895年，意大利人圣科多（Santo Codo）带着妻子和两个孩子移往巴西圣保罗的圣热尔特鲁迪斯（Santa Gertrudes）咖啡种植园。但不幸的是，由于没有条件就医，他的3岁儿子贾科莫（Giacomo）和2岁女儿朱塞平娜（Giuseppina）分别因支气管炎和肠道疾病于翌年1月和12月离世。这样的悲剧在咖啡种植园中经常上演。二是工资待遇低。这一点可以从意大利移民的侨汇得到印证。美国学者沃伦·迪安（Warren Dean）曾对1884—1914年巴西、阿根廷、乌拉圭和美国的意大利移民的侨汇进行比较，得出结论称

---

① Maria Stella Ferreira Levy, "O Papel da Migração Internacional na Evolução da População Brasileira (1872 a 1972)," *Revista de Saúde Pública*, supplement, Vol. 8, No. 3, 1974, p. 71; Robert F. Forester, *The Italian Immigration of Our Times*, New York: Arno Press, 1969, p. 287.

② "密尔雷斯"是1942年前巴西的货币单位。

③ Robert F. Forester, *The Italian Immigration of Our Times*, New York: Arno Press, 1969, p. 290.

1884—1899 年从巴西汇出的金额要远远少于美国。原因就在于巴西雇主给的工资很低，而移民的生活花销高，从而导致了低储蓄率。即便薪水很低，种植园主们仍不按时发工资。据意大利政府的一份报告，1902 年约有 60% 的巴西种植园主拖欠工人的工资。① 三是被种植园主像奴隶那样对待。移民们要按照严格的作息时间在种植园中劳作，一旦不服从就会受到严厉的惩罚。据移民圣科多说，劳工们每天早上 5 点就要起床，除了短暂的吃饭休息时间，要一直工作到晚上 6 点。甚至儿童也加入了劳作的队伍中，6 岁以后他们就要承担部分农活，帮助大人喂食牲畜、灌溉农田、采摘咖啡豆等，16 岁成年后他们将正式成为种植园的全职劳动力。② 那些因病旷工的劳工要被停发工资，在这种情况下，劳工们只能自求多福，尽量少生病。意大利移民在经济、身体和心灵上都备受种植园主的折磨，境遇并不比奴隶好到哪儿去。早期去巴西的意大利移民可谓"燃尽了希望，破碎了梦想"③。

为了表达内心的失望和不满，意大利移民要么反抗，要么逃离。反抗通常主要有三种形式：罢工、法律维权和暴力冲突。选择罢工的时间很重要，它会直接影响罢工效果。根据种植经验，移民劳工会在咖啡豆成熟的时节罢工，由于延迟采摘会导致咖啡豆腐烂，直接影响种植园的收益，所以这种罢工常常能在一定程度上实现提高待遇或改善工作条件的目标。有的移民劳工试图将劳资矛盾诉诸法律，但由于聘请律师打官司的费用太过高昂，最后大多不了了之，效果并不理想。而暴力冲突已经成为移民生活的常态。这些冲突有的是发生在移民劳工和种植园主之间，也有发生在移民与本地人尤其是黑人劳工或黑白混血种人（"穆拉托人"，mulato）之间的。1891 年，为了庆祝丰收，圣卡洛斯（São Carlos）

---

① Jeffrey Lesser, *Immigration, Ethnicity, and National Identity in Brazil, 1808 to the Present*, New York: Cambridge University Press, 2013, pp. 92, 94 – 95.

② Maria Silvia C. Beozzo Bassanezi, "Santo Codo (1861 – 1942), an Italian Immigrant on a Brazilian Coffee Plantation," in Samuel L. Baily and Eduardo José Miguez, eds., *Mass Migration to Modern Latin America*, Wilmington, DE: Scholarly Resources, 2003, pp. 222 – 223.

③ Robert F. Forester, *The Italian Immigration of Our Times*, New York: Arno Press, 1969, p. 299.

咖啡种植园主若泽·罗德里格斯·德桑帕约（José Rodrigues de Sampaio）举办了一场晚宴，餐后，劳工们跳起了谷仓舞。其间，为了争抢舞伴，意大利劳工安东尼奥·拉利亚戈（Antonio Lariago）和黑人劳工泽费里诺·费雷拉·利马（Zeferino Ferreira Lima）大打出手，泽费里诺甚至还受了枪伤。1906年，在圣卡洛斯镇举办的一个宗教节日上，穆拉托人埃托尔·罗德里格斯·达席尔瓦（Heitor Rodrigues da Silva）由于受到意大利人加斯帕尔·萨比努（Gaspar Sabino）的辱骂，而将后者刺伤。像这样黑白冲突的例子不胜枚举，其根源在于白人的种族主义思想，在种植园中"没有平等主义和'种族民主'"[1]。逃离也可分为两种：逃往城市和返回母国。尽管大多数意大利移民都选择留在种植园作契约佃农，但也有一部人离开种植园，到城市开辟新的生活。事实证明，这些逃往城市的意大利移民后来大都发展得比较成功，因为他们的侨汇要比留在种植园的移民多得多。他们有的经营商店，有的创办工厂，有的成为小农场主，壮大了巴西中产阶层的队伍。据统计，1905年圣保罗州14%的土地被意大利移民拥有。截至1920年，该州绝大部分工业都是外来移民及其后代创办的。其中最著名的意大利裔工业家就是弗朗西斯科·马塔拉佐（Francesco Matarazzo）。他是1881年来到巴西的，最开始他只是个小商贩，1910年开设工厂，一战期间他的公司已经涉足众多领域，从纺织业到原油产业，成为当地有名的大企业家。[2] 还有一部分意大利移民选择回国。根据桑托斯港的出境记录，1882—1908年，意大利移民的回国率高达46.5%。[3] 因此，许多巴西人把意大利移民看作"寄居客"（sojourners）。促成意大利移民高回国率的原因主要有两个方面。在客观上，巴西种植园艰辛的工作生活条件迫使他们放弃工作，重返家园。在主观上，

---

[1] Karl Monsma, "Symbolic Conflicts, Deadly Consequences: Fights between Italians and Blacks in Western São Paulo, 1888 – 1914," *Journal of Social History*, Vol. 39, No. 4, Summer 2006, pp. 1123 – 1124.

[2] Jeffrey Lesser, *Immigration, Ethnicity, and National Identity in Brazil, 1808 to the Present*, New York: Cambridge University Press, 2013, p. 97.

[3] Daniel M. Masterson, *The Japanese in Latin America*, Urbana: University of Illinois Press, 2004, p. 26.

许多意大利人视自己为季节劳工（seasonal labor）。他们利用南北半球季节相反的特征，不停地穿梭在巴西和欧洲的收获季节。此外，由于许多意大利移民都是携家带口来到巴西的，一旦决定返回母国，必然是全家出动，这种家庭移民模式也是一个不可忽视的因素。

第三节　葡萄牙移民链条及其城市境遇

19世纪八九十年代，由于葡萄根瘤蚜疫情大面积发作，导致葡萄园几乎绝收，作为国民经济支柱之一的葡萄酒出口行业遭受重挫，大量工人失业，劳动力严重过剩。此外，由于葡萄牙工业发展滞后，区域经济发展不平衡、经济重心高度集中在里斯本和波尔图两座城市，又缺乏统一的国家劳动力市场，致使无法消化剩余劳动力。一方面是葡萄牙劳动力供过于求；另一方面是美洲国家巨大的劳动力缺口，两者一拍即合，因此，19世纪末至20世纪初葡萄牙出现了海外移民潮。据统计，1855—1939年，共有约200万葡萄牙人远渡重洋，其中90%是在1880年之后移民的。[①]

与同一时期的意大利移民不同，葡萄牙移民的主要目的国是巴西，而后才是美国和阿根廷。由于葡萄牙与巴西在历史、种族、语言、宗教、文化和家庭纽带等方面的特殊关系，绝大多数葡萄牙人借助数百年来形成的庞大移民网络迁至巴西。1880—1909年，美洲国家共接收了636834名葡萄牙移民，其中巴西519529人（81.6%），美国106208人（16.7%），阿根廷11097人（1.7%）。[②] 葡萄牙移民主要来自该国人口稠密的大陆北部地区，如波尔图、维亚纳（Viana）、布拉加（Braga）、雷阿尔城（Vila Real）、布拉干萨（Bragança）、阿威罗（Aveiro）、科英布拉（Coimbra）和维塞乌（Viseu），此外，也有一小部分来自亚速尔（A-

---

[①] Maria Ioannis B. Baganha, "Portuguese Transatlantic Migration," in Samuel L. Baily and Eduardo José Miguez, eds., *Mass Migration to Modern Latin America*, Wilmington, DE: Scholarly Resources, 2003, p. 52.

[②] Jeffrey Lesser, *Immigration, Ethnicity, and National Identity in Brazil, 1808 to the Present*, New York: Cambridge University Press, 2013, p. 101.

zores）群岛和马德拉（Madeira）群岛。据统计，1897—1927年葡萄牙向海外移民约58.8万人，其中84%（约49.5万人）是大陆北方人，16%是亚速尔岛民和马德拉岛民。两者的迁移流向大不相同。大陆移民绝大部分（81%）去了巴西，亚速尔群岛移民绝大多数（84%）迁往美国。①

除了主要目的国不同，与意大利移民相比，巴西的葡萄牙移民还具有如下三个特征。第一，成分大多为农村年轻的单身成年男性，意大利则以家庭移民为主。葡萄牙移民可被划分为三类：第一类是年轻男性，他们来巴西是为了投靠亲友从事贸易，这部分人约占10%；第二类是年长的男性，他们有一定的财产或技能，可以很轻松地在巴西谋得职位，这部分人约占10%；第三类不熟练或缺乏技能的劳工，只能干一些底层工作，这部分人最多，约占80%。② 而且，这些移民基本都是大字不识的文盲。19世纪90年代，一位旅居巴西的葡萄牙观察家叹息道："葡萄牙移民不再像从前那样是为了探索和充实自己，他们只有一个目标——填饱肚子"，不过相对于葡萄牙糟糕的经济和低廉的工资，"巴西仍不失为一个充满机遇的地方"③。第二，主要分布在巴西的城市，意大利移民则主要在种植园劳作。直到20世纪初，葡萄牙人都是里约热内卢和桑托斯城最大的外来移民群体。1890年，里约热内卢人口为522651人，其中外来移民占29.7%（155202人），外来移民中68.6%（106461人）为葡萄牙人。换句话说，当时里约城内有1/5是葡萄牙移民。④ 第三，没有补贴，职业选择更自由，而意大利移民基本都是享受巴西政府补贴的契约工人。巴西的葡萄牙移民存在明显的阶级分化。一小部分人是家大业大

---

① Maria Ioannis B. Baganha, "Portuguese Transatlantic Migration," in Samuel L. Baily and Eduardo José Miguez, eds., *Mass Migration to Modern Latin America*, Wilmington, DE: Scholarly Resources, 2003, p. 57.

② Maria Ioannis B. Baganha, "Portuguese Transatlantic Migration," in Samuel L. Baily and Eduardo José Miguez, eds., *Mass Migration to Modern Latin America*, Wilmington, DE: Scholarly Resources, 2003, p. 65.

③ June E. Hahner, "Jacobinos versus Galegos: Urban Radicals versus Portuguese Immigrants in Rio de Janeiro in the 1890s," *Journal of Interamerican Studies and World Affairs*, Vol. 18, No. 2, May 1976, p. 127.

④ Jeffrey Lesser, *Immigration, Ethnicity, and National Identity in Brazil, 1808 to the Present*, New York: Cambridge University Press, 2013, p. 101.

的商人后代，不过大部分移民还是城市的中下层民众，比如小店主、职员、街头小贩、搬运工等，此外，也有少量移民成为巴西东北部的小农，或者南部和中南部的工厂工人。由于城市就业机会多且待遇普遍要高于种植园，而且单身男性生活开销较小，能攒下更多的钱，所以同一时期葡萄牙移民的侨汇要比意大利移民高。①

葡萄牙移民在里约热内卢的巨大影响力及其取得的经济成就遭到了巴西本土主义者"雅各宾人"（Jacobinos）的强烈反对。为了给工业化注入更多的资金，共和国政府大量发行纸币，并放松借贷。1888—1891年，巴西国内流通的货币量已经超过2倍，1894年不能兑换的纸币是1889年的3.7倍。② 从借贷困难到借贷容易的飞跃使经济活动变得异常狂热，投机变成常事。然而，巴西从疯狂的金融投机中获益甚少，外汇兑换率暴跌，巴西出现了空前的通货膨胀，物价上涨、货币贬值。经济不稳定对城市中间阶层的打击很大，他们迫切需要找到宣泄情绪的出口，而此后的"舰队叛乱"（Revolta da Armada）为他们提供了机会。1891年和1893年，巴西海军与南方加斯帕尔·达西尔维拉·马丁斯（Gaspar da Silveira Martins）领导的联邦主义者合作发动了两次"舰队叛乱"，试图推翻弗洛里亚诺总统的统治，主张举行公民投票来决定是建立共和国还是君主国。弗洛里亚诺总统巧妙地利用了巴西国民的"葡萄牙恐惧症"（Lusophobia）③ 将政治斗争的焦点转嫁到葡萄牙移民身上，他谴责叛乱者试图复辟帝制，将巴西打回葡萄牙殖民地的原形，并称这次叛乱得到了葡萄牙商人的资助（尽管并没有有力的证据来证明这一点）。由城市中产阶层④

---

① Rui Esteves and David Khoudour-Castéras, "A Fantastic Rain of Gold: European Migrants' Remittances and Balance of Payments Adjustment During the Gold Standard Period," *The Journal of Economic History*, Vol. 69, No. 4, December 2009, pp. 951–985.

② [美] E. 布拉德福德·伯恩斯：《巴西史》，王龙晓译，商务印书馆2013年版，第203—204页。

③ "葡萄牙恐惧症"意指巴西民众反对葡萄牙及其国民、语言和文化的情绪，在巴西独立前、帝国时期和共和国时期皆有表现，将巴西的所有问题都归结于葡萄牙造成的。19世纪，随着葡萄牙人在巴西城市经济影响力的提升，特别是在里约热内卢零售行业统治地位的加强，进一步激化了巴西国民的反葡萄牙情绪。

④ "雅各宾人"主要由小商人、政府公务员、个体户、教师、簿记员、学生、医生、药剂师、工程师和一些军人组成。

组成的"雅各宾人"持本土主义立场，反对外来移民尤其是葡萄牙移民。在构建反葡萄牙移民的话语方面，他们迅速加入了支持弗洛里亚诺总统的行列。他们"谴责葡萄牙人不仅（因控制零售业）抬高了巴西的物价，还将奴隶制引进巴西，反对巴西的独立，试图颠覆共和国政府……总之，葡萄牙人是巴西国家发展和繁荣的'最大障碍'"，主张"零售业国有化、消除葡萄牙在巴西的影响"①。不难发现，在这个过程中，弗洛里亚诺总统避重就轻，回避了叛乱发生的深层经济根源和政治分歧，把移民问题政治化，葡萄牙移民成为巴西社会矛盾的替罪羊。"雅各宾人"对葡萄牙移民的抨击也从一个侧面反映了共和国成立初期巴西民族主义思想的活跃程度，以及巴西人迈向现代社会过程中对传统因素的扬弃，只不过这种本土主义思想是狭隘的、激进的、排外的。

第四节　西班牙农业移民及其再迁移活动

西班牙是19世纪末20世纪初巴西的第三大移民来源国。但相对于意大利移民庞大的数量和葡萄牙移民深厚的经济影响力，西班牙移民的存在感比较低，却仍是不容忽视的群体。作为前宗主国，西班牙将其移民的主要目的地锁定在拉丁美洲，尽管美国的经济环境和工资待遇明显好于拉美国家，但在西班牙人看来，历史因素显然优先于经济考量。与意大利移民和葡萄牙移民不同的是，美国并不位列西班牙移民首选目的地的前三名。1882—1947年，共有约120万西班牙移民定居国外，其中60%在阿根廷，20%在古巴，剩余的15%则分布在巴西、墨西哥、美国、乌拉圭和其他国家。西班牙移民主要来自三个地区：坎塔布连山（Cantabrian）和大西洋沿岸从邻近法国的巴斯克（Basque）省到紧邻葡萄牙的加利西亚（Galicia）的地方；巴伦西亚（Valencia）和穆尔西亚（Murcia）的地中海沿岸；西南部的安达卢西亚（Andalusía）。此外，还有一小

---

① June E. Hahner, "Jacobinos versus Galegos: Urban Radicals versus Portuguese Immigrants in Rio de Janeiro in the 1890s," *Journal of Interamerican Studies and World Affairs*, Vol. 18, No. 2, May 1976, pp. 128, 131, 134–135.

部分来自加那利群岛。① 1871—1910 年,巴西引进了 307081 名西班牙移民。② 其中,大部分是马拉加(Málaga)人,这主要是因为巴西在该市设立了招工办公室。

西班牙移民在成分、移民模式、分布、职业等方面与意大利移民非常相似。

首先,两者基本都是贫困乡村的农民,且大多是以家庭为单位向外迁移的。西班牙移民的男女性别比例非常均衡,约为 112(男性):110(女性),比巴西当时国内的性别比 122:100 还要低,在外来移民群体中是最低的;与此同时,其携带的 14 岁以下儿童的比例是最高的,是前往阿根廷移民的两倍。③ 但是,西班牙移民的文盲率非常高,约为 65%,要高于意大利移民的 32% 和葡萄牙移民的 52%。④

其次,大多数移民都是享受巴西政府补贴的农业劳动力移民,几乎全在圣保罗的咖啡种植园劳作。1910—1915 年,有 102800 名西班牙移民通过圣保罗的移民接待中心(Hospedaria dos Imigrantes)去往咖啡庄园,其中 85% 的人是补贴移民,只有 15% 的人(15630 人)是自付旅费的。另据 1920 年巴西的人口普查,219142 名西班牙移民中有 78% 居住在圣保罗州,是所有欧洲移民中比例最高的(意大利为 71.4%,葡萄牙为 38.6%)。⑤

再次,在种植园的待遇都很差。与意大利工友一样,绝大多数西班牙移民都被巴西的补贴移民政策吸引,同时也被花哨的招工广告蛊惑,把巴西视为摆脱贫困和低下地位的希望之土。但种植园的生活着实给他

---

① R. A. Gomez, "Spanish Immigration to the United States," *The Americas*, Vol. 19, No. 1, July 1962, pp. 61 – 62.

② Maria Stella Ferreira Levy, "O Papel da Migração Internacional na Evolução da População Brasileira (1872 a 1972)," *Revista de Saúde Pública*, supplement, Vol. 8, No. 3, 1974, pp. 71 – 72.

③ Jeffrey Lesser, *Immigration, Ethnicity, and National Identity in Brazil, 1808 to the Present*, New York: Cambridge University Press, 2013, pp. 108 – 110.

④ Herbert S. Klein, "The Social and Economic Integration of Spanish Immigrants in Brazil," *Journal of Social History*, Vol. 25, No. 3, Spring, 1992, p. 509.

⑤ Herbert S. Klein, "The Social and Economic Integration of Spanish Immigrants in Brazil," *Journal of Social History*, Vol. 25, No. 3, Spring 1992, pp. 506, 508.

们的热情泼了一大盆冷水。有关种植园主虐待劳工的报道经常见诸报端，不久便传回了西班牙国内。1909 年，西班牙政府派遣专员甘博亚·纳瓦罗（Gamboa Navarro）到巴西调查实情。纳瓦罗与一支来自阿尔梅里亚（Almeria）的移民队伍结伴，从桑托斯港乘坐火车先到移民接待中心，而后探访了一些种植园。在他给政府撰写的调查报告中抱怨道，签订劳动合同只是个"假象"，因为这些劳工并没有受到雇主的尊重；他们住在狭小的房子里，直接睡在地板上，除非能够收集到足够多的玉米叶用来充当床垫；辱骂、虐待工人的事情更是司空见惯。①

最后，社会流动性强，大部分移民都有再迁移的行为。五年的契约期满后，西班牙移民有四种选择：一是在农村开辟新的土地，成为个体小农；二是去城市经商或当工厂工人；三是再移民至阿根廷；四是回国。土地对于农民来说是最重要的，毕竟获得土地是他们来巴西的主要动机。1905 年，在圣保罗 476 个咖啡种植园中，有 76% 位于核心产区（central coffee zone），西班牙移民拥有的农场面积占核心产区的 1.1%。② 一部分西班牙移民搬到了城市生活，加入工人阶级的队伍中，并经常带领当地的工人发动无政府工团主义运动（anarcho-syndicalist）。1908 年，西班牙人曼努埃尔·坎波斯（Manuel Campos）就因领导工人运动而被巴西政府驱逐出境。③ 还有很多西班牙人选择移民到阿根廷。根据 1911—1919 年桑托斯港口西班牙移民的出入境记录（表 3.5 和表 3.6），在这期间有 42856 名西班牙移民离开巴西，他们中有 52.4%（22457 人）目的地是阿根廷，47.4% 的人选择回到祖国。从桑托斯入境巴西的 100726 名西班牙移民中有 27% 来自阿根廷，72.8% 来自西班牙。这说明欧洲移民在拉美国家之间的跨国流动非常频繁，人数也较多，这同样是值得我们关注的问题。高迁出率也就意味着西班牙移民在巴西的低定居率。格里戈里

---

① Jeffrey Lesser, *Immigration, Ethnicity, and National Identity in Brazil, 1808 to the Present*, New York: Cambridge University Press, 2013, p. 110.

② Thomas Holloway, *Immigrants on the Land: Coffee and Society in São Paulo, 1886 – 1934*, Chapel Hill: University of North Carolina Press, 1980, pp. 148 – 151.

③ Sheldon L. Maram, "Labor and the Left in Brazil, 1890 – 1921: A Movement Aborted," *The Hispanic American Historical Review*, Vol. 57, No. 2, May 1977, p. 261.

奥·莫尔塔拉（Grigorio Mortara）称，西班牙移民的定居率为70%。玛利亚·费雷拉·莱维（Maria Ferreira Levy）经推算，主张只有64%。① 费尔南多·德沃托（Fernando J. Devoto）估算，1882—1925年到达巴西的西班牙移民中只有56%的人留了下来。② 杰弗瑞·莱瑟对1882—1947年全球范围内的西班牙移民进行宏观考察，认为500万移民中只有135万人定居在目的国，定居率仅为27%。③ 尽管学者们得出的数据不同，但都反映出留在巴西的西班牙移民不多的事实。

表 3.5　　　　1911—1919 年桑托斯港口西班牙移民的入境人数　　　　（单位：人）

年份	来自阿根廷	来自欧洲	来自北美	所有三等舱乘客人数
1911	2358	8162	4	10524
1912	2215	21158	6	23379
1913	3654	23500	30	27184
1914	3404	11527	4	14935
1915	1575	2492	0	4067
1916	4507	2122	0	6629
1917	7456	1747	0	9203
1918	994	650	0	1644
1919	1119	2009	33	3161
总数	27282	73367	77	100726

数据来源：Herbert S. Klein, "The Social and Economic Integration of Spanish Immigrants in Brazil," *Journal of Social History*, Vol. 25, No. 3, Spring 1992, p. 522。

---

① Maria Stella Ferreira Levy, "O Papel da Migração Internacional na Evolução da População Brasileira (1872 a 1972)," *Revista de Saúde Pública*, supplement, Vol. 8, No. 3 (1974), pp. 62 – 67; Herbert S. Klein, "The Social and Economic Integration of Spanish Immigrants in Brazil," *Journal of Social History*, Vol. 25, No. 3, Spring 1992, p. 521.

② Fernando J. Devoto, "A History of Spanish and Italian Migration to the South Atlantic Regions of the Americas," in Samuel L. Baily and Eduardo José Miguez, eds., *Mass Migration to Modern Latin America*, Wilmington, DE: Scholarly Resources, 2003, p. 35.

③ Jeffrey Lesser, *Immigration, Ethnicity, and National Identity in Brazil, 1808 to the Present*, New York: Cambridge University Press, 2013, p. 108.

表 3.6　　　1911—1919 年桑托斯港口西班牙移民的出境人数　　　（单位：人）

年份	去往阿根廷	去往欧洲	去往北美	所有三等舱乘客人数
1911	2278	1913	2	4193
1912	2893	2993	16	5902
1913	3985	3604	2	7591
1914	3366	4121	35	7522
1915	2330	2374	6	4710
1916	1589	1999	9	3597
1917	1940	1383	17	3340
1918	2072	226	0	2298
1919	2004	1697	2	3703
总数	22457	20310	89	42856

数据来源：Herbert S. Klein, "The Social and Economic Integration of Spanish Immigrants in Brazil," *Journal of Social History*, Vol. 25, No. 3, Spring 1992, p. 522。

第五节　南欧移民存在的问题

虽然大批南欧移民的到来，暂时缓解了巴西劳动力短缺的困局，在促进咖啡经济繁荣的同时，也助力巴西的早期工业化进程。但在巴西种植园主和政府管理者看来，欧洲移民也存在不少问题。

第一，尽管绝大多数意大利移民和西班牙移民是巴西政府和种植园主招募的补贴移民，也的确在移民初期投身种植园劳动，但他们似乎更愿意做小田地上的自耕农，而非在大种植园中做佃农。契约期满后，许多人用积蓄购买土地成为小农。葡萄牙移民则主要在城市定居，对农业生产意义不大。

第二，南欧移民高移入和高迁出并存，定居率低导致农业劳动力供应缺乏稳定性。在奴隶制时期，由于奴隶劳动具有终身性的特点，种植园主可以榨干奴隶身上的最后一滴血，大大延长他们的劳动时间。但契约劳动是有时效性的，很多欧洲劳工在履行完契约后就离开种植园，或到城市谋求更好的工作，或者买地，抑或回国，更不用说在种植园主虐待下还有不少提前逃离的劳工。虽然入境巴西的南欧移民的绝对数量很大，但从上文的梳理可以发现他们的定居率在50%左右，这也就意味着净移民率只有一半。这跟南欧移民的心理有关，有的移民只想在巴西获得土地成为独立农民，更多的移民则只希望在巴西短期逗留，干活挣钱，将存款带回国内置产购地。有研究者发现，去美洲的欧洲移民路径是循环的（circular），而非线性的（linear）。① 也就是说，同一个移民会多次往返欧洲（母国）和美洲（目的国）之间。这既是欧洲移民劳动力供应不稳定的原因，也是它的表现。

第三，白人移民与巴西本土劳工，以及欧洲移民之间时常发生冲突。欧洲移民大多持有种族偏见，主动与其一起劳动和生活的巴西黑人隔离开，文化与种族上的优越感使他们拒绝与黑人通婚②，并经常对黑人的人身和财产造成损害。根据圣保罗警察局和法院的数据，意大利移民和非洲裔巴西人的杀人指控率为0.19‰—0.25‰，明显高于巴西本土白人的0.08‰；黑人则是暴力犯罪的主要受害群体，他们的致死率高达0.33‰，意大利移民和巴西白人的致死率则分别为0.11‰和0.09‰。③ 巴西城市的市民把外来移民视作竞争对手，认为他们会把自己手中的饭碗抢走，因此心生愤恨。此外，来自欧洲不同国家、不同地区、不同出生地的移民群体之间也有矛盾。比如，在意大利人控制的劳动力市场，只有意大利语的招工广告和出版物。这在很大程度上排除了西班牙人和葡萄牙人职位竞争的可能性。

第四，欧洲移民为了提高待遇、争取权益，常在种植园中罢工、起义，或是在城市领导工人运动。虽然使用了新型的雇佣劳动和劳动力，但种植园主习惯了对待奴隶那种粗暴的管教方式，对欧洲劳工也不例外。

---

① Fernando J. Devoto, "A History of Spanish and Italian Migration to the South Atlantic Regions of the Americas," in Samuel L. Baily and Eduardo José Miguez, eds., *Mass Migration to Modern Latin America*, Wilmington, DE: Scholarly Resources, 2003, p. 35.

② 尤指意大利和西班牙移民，这两国基本都是家庭移民模式，所以异族通婚的概率小。而葡萄牙移民以单身男性为主，其与黑人的通婚现象比较常见。参见 Jeffrey Lesser, *Immigration, Ethnicity, and National Identity in Brazil, 1808 to the Present*, New York: Cambridge University Press, 2013, pp. 102 – 103。

③ Karl Monsma, "Symbolic Conflicts, Deadly Consequences: Fights between Italians and Blacks in Western São Paulo, 1888 – 1914," *Journal of Social History*, Vol. 39, No. 4, Summer 2006, p. 1129.

不过，与非洲黑奴不同，欧洲人的权利意识比较强，并不甘心屈从于被压榨和被虐待，他们奋起反抗。早在1856年，瑞士劳工的起义就已然把巴西种植园雇佣劳动的真面目昭告天下。在巴西权贵韦尔盖罗的种植园里，瑞士劳工遭受着奴隶般的纪律约束，他们的信件要被检查，外出受到限制，种植园主又在会计账目上搞鬼使他们债台高筑，在托马斯·达瓦茨（Thomas Davatz）的带领下，他们武装起来，并对韦尔盖罗欺骗工人的事情进行指控。随后，双方政府都介入此事。1857年1月，巴西政府还专门委派一名调查员与瑞士驻里约热内卢的领事一起进行为期三周的实地考察，尽管许多大多数移民的投诉都得到了证实，不过官员们对此也无能为力，因为工人们在合同中已经丧失了大部分权利。达瓦茨后来在回忆录中写道，种植园主仅是想让白人替代黑人劳动，"不服从任何规定或有违于种植园主意志的事情都要被罚钱。最温和的抱怨也要被罚钱。……一位妇女只是想向我征求一些家庭事务的建议，种植园老板却威胁要杀死她"①。最后事件处理的结果是，种植园经理被解雇，达瓦茨被免除债务，在领事馆的资助下回到瑞士。这起事件让种植园主认识到，"要用从奴隶船沿袭下来的那套办法来控制自由的欧洲人是多么困难"②。

后来，欧洲移民把权利观念、人生而平等的理念以及工人阶级需要团结的思想传递到巴西的城市中，并亲自领导和参与工人运动。可以说，"巴西早期的工人运动就是由欧洲移民主导的，尤其是意大利、葡萄牙和西班牙的移民。最初，圣保罗、桑托斯和里约热内卢的大多数工人阶级是由这些移民构成的。在这三座城市，工会的主要领袖也是外来移民"③。一项研究显示，1890—1920年，巴西工人运动领袖有65%以上是欧洲人

---

① Thomas Davatz, Memórias de um Colono no Brasil, São Paulo: Martins/Edusp, 1972, p. 45, cited in Jeffrey Lesser, *Immigration, Ethnicity, and National Identity in Brazil, 1808 to the Present*, New York: Cambridge University Press, 2013, p. 43.

② ［英］莱斯利·贝瑟尔主编：《剑桥拉丁美洲史》第三卷，社会科学文献出版社1994年版，第792页。

③ Sheldon L. Maram, "Labor and the Left in Brazil, 1890 – 1921: A Movement Aborted," *The Hispanic American Historical Review*, Vol. 57, No. 2, May 1977, p. 254.

及其后代，其中南欧三国的移民最多。① 一位圣保罗州议员抱怨道："来到巴西的意大利移民并没有被同化，他们是无政府主义劳工，是圣保罗州的害群之马。"②

事实上，所谓的罢工、起义和工人运动正是欧洲人散播"先进文明和理念"的一种方式，但是相对于工业化刚起步的巴西社会而言，工人阶级还比较弱小，这些思想和行动显然是超前的，损害了种植园主及其政府代理人的经济利益和政治权威，是他们不可接受的。种植园主们想要的是稳定的、温顺老实不惹事的、能忍耐恶劣工作条件的、能接受最低工资水平的廉价劳动力，而不是思想活跃、一心想要成为与他们竞争的小地产主或商人的移民群体。政府管理者最在意的则是稳定的统治秩序和繁荣的经济生产。在这种情况下，巴西国内主张引进华工的声浪再度高涨。

---

① Jeffrey Lesser, *Immigration, Ethnicity, and National Identity in Brazil, 1808 to the Present*, New York: Cambridge University Press, 2013, p. 78.

② Jeffrey Lesser, *Negotiating National Identity: Immigrants, Minorities, and the Struggle for Ethnicity in Brazil*, Durham [N. C.]: Duke University Press, 1999, p. 34.

第四章

巴西东亚移民政策的转变

在强大的压力下，巴西政府于1892年废除了实施不足两年的第528号法令。这为巴西引进东亚移民提供了条件。巴西国会特批经费，用于外交使团赴中国和日本商谈劳工协议。在1893年的巴黎会谈中，中巴双方已经就招工问题达成了初步协议。然而，此后发生的一系列偶发事件使前期中巴两国所做的良好沟通功亏一篑。拟任巴西驻华公使突然宣布放弃履新，巴西国内政局动荡导致新派驻华公使的人选难以出炉。与此同时，澳门发生非法招募华工去巴西的事件，导致中巴劳工协议最终流产，清政府遂下令禁止华工移民巴西。这也在客观上为巴西和日本签署移民协定提供了历史机遇。1895年11月5日，巴西与日本签订《巴日友好通商航海条约》，宣告两国建交，从而使巴西引进日本劳工拥有了合法性。20世纪初，美国和加拿大相继出台了禁止或限制日本移民的政策，迫使日本劳工另寻出路；欧洲主要移民来源国纷纷颁布法令，禁止向巴西输出补贴劳工移民，巴西欲寻求劳动力来源多元化；此外，巴西的咖啡经济在政府的干预下逐渐复苏，增加了对劳动力的需求。在此形势下，巴西和日本于1907年签订《移民契约》。

第一节　1893年中巴劳工协议的"搁浅"

种植园主们要想引进华工，当务之急是尽快说服巴西政府取消1890年第528号关于亚非移民的禁令。圣保罗州14个市政府联名要求联邦政府变更法律，以允许它们雇佣华工而非欧洲人。为了促进输入华工，米纳斯吉拉斯州茹伊斯迪福拉（Juiz de Fora）的种植园主们成立了一个委员会。针对"黄祸论"的质疑，种植园主们坚信华工势必会被"巴西化"，他们还在当地的报纸刊文称："如果中国人比我们低劣，我们将很快看到，他们会在第一时间被高等民族同化……如果我们比中国人高等，为什么我们不会赢呢？而如果我们是低劣的，我们又会失去什么呢？"他们主张适量地引进华工，规模最好控制在10万人以内。该州一位农业大臣大卫·莫尔兹索恩·坎姆皮斯塔（David Moretzsohn Campista）对64名市政和行政区官员以及种植园主进行调查，结果显示亚洲工人是不可或缺的，其中华工是这些人最渴望得到的。里约热内卢州参议院希望输入广东籍劳工，因为广东的气候和纬度与巴西相近，并称可以为这些劳工支付30%—50%的旅费。尽管在19世纪的大部分时间里，咖啡都是巴西经济的主角，但同时其他初级产品也在不断向国际市场输出，其中橡胶业的发展势头极为迅猛。亚马孙地区成为全球最大的橡胶原产地，当地的出口业在19世纪最后十年里欣欣向荣，年均出口量由70年代的6000吨增至90年代的21000吨。① 随着橡胶需求量迅速增长，价格水涨船高，促使巴西国内外的商业公司纷纷进入亚马孙圈地，这里亟须大量劳动力跟进。不少商业公司表示，"对亚洲人或非洲自由劳动力关闭我们的大门……是反人道主义的，它否定了这些文明的优点"，认定华工不会损害巴西社会，因为他们"无论生死最终都会回到中国"。②

巴西政府废除了第528号法令，10月5日又颁布了第97号法令，允许中国和日本身体健壮、适宜任何工种劳动的移民自由进入本共和国领土，但穷人、乞丐、海盗、在本国有犯罪前科的人除外。该法令中有关劳动合同的条款规定：即使劳工的工资低于其他自由劳工，他们也必须放弃对原定工资的抗议权；雇主有权将劳动合同转让他人，或在同样规定的条件下出租该劳工的服务；只有预付给雇主赔偿金后，才能废除原

---

① ［美］维尔纳·贝尔：《巴西经济增长与发展》，罗飞飞译，石油工业出版社2014年版，第26页。

② Jeffrey Lesser, *Negotiating National Identity: Immigrants, Minorities, and the Struggle for Ethnicity in Brazil*, Durham [N.C.]: Duke University Press, 1999, p. 34.

合同；劳工如想留下，需签新合同，否则必须自费离开巴西。① 不难发现，这种劳动合同明显偏向于雇主一方。与此同时，巴西国会还特批经费，用于外交使团赴中国和日本商谈招工协议。

虽然巴西帝国和清政府于1881年建立了外交关系，但此后两国并没有实质性的商贸往来，也未在对方境内设立使馆。为了给招工铺路，1889年新成立的巴西共和国决定向清政府遣使设馆。1892年10月25日，巴西驻法国公使加布里埃尔·德托雷多·毕萨·阿尔梅达（Gabriel de Toledo Piza e Almeida）照会清朝驻法国公使薛福成②，传达了巴西总统在北京设馆、遣使驻扎的愿望。薛福成将巴西欲在中国设立使馆一事上报给李鸿章。在与总理衙门商议后，李鸿章复电薛福成："巴西既遣专使，奉有国书，应照中国现行礼节一例接待。该使是否奉有该国准商招工之事？究何时能来？请将衔名查示云。尊处应将准遣使驻京一节答复，并询其来意，招工切勿先提。"③ 11月18日，清朝驻法国参赞庆常与毕萨举行会谈。关于巴西遣使的目的，毕萨谈道，首先在于两国的友好往来，其次是招工，而后是贸易。招工问题是双方的核心议题之一。毕萨介绍称，巴西幅员辽阔，物产丰腴，不过人烟稀少，尽管每年都有二三十万外来移民入境，但劳动力短缺的问题仍旧突出，如若中国人能前往，对彼此都是有益的。庆常对此回应称，由于此前出国华工屡受凌虐，所以朝廷恐怕不会轻易允许。2月22日，薛福成再次致电总理衙门，对巴西招工一事提出建议："巴西遣使驻京一事……实系专驻招工。……惟赴美国之华工，人人有自主之权，获利较丰，称为乐土。……今欲为吾民广濬利源……而保其自主之权，杜其驱逐之渐，则必待彼再三吁恳，与之议立专章，添设领事，方可操纵由我。……窃谓此事枢纽，在许华工自往，而不宜允其来招。华民适彼国者，苟获赡身家，蒙乐利，往返自如，出入无禁，则闻风者且源源而往，本无所用其来招。务使人人有自主之权，

---

① 陈太荣、刘正勤：《19世纪中国人移民巴西史》，中国华侨出版社2017年版，第37页。
② 薛福成是清政府驻英国公使，同时兼任驻法国、意大利、比利时公使。薛福成常驻英国伦敦，他命庆常为常驻法国巴黎的参赞，以"代理"的身份管理馆务。
③ 《寄伦敦薛使》，光绪十八年九月二十三日戌刻，顾廷龙、叶亚廉主编：《李鸿章全集·电稿二》，上海人民出版社1986年版，第502页。

去留久暂悉从其便,则田主非但不能虐待,而挟制扣留,转鬻诸弊,亦不禁自绝矣。"① 可以看出,薛福成主张美国式的自由移民,建议与巴西订立劳工条约、明确领事保护权之后,才允许华工出国。

1893年2月7日,毕萨照会薛福成,通报巴西总统委派巴驻奥地利公使若泽·古尔格尔·阿马拉尔·华兰德(José Gurgel do Amaral Valente)和海军部长辣达略男爵(Barão de Ladário)②为出使中国的全权大臣。按照计划,待朝觐等事完毕,华兰德留驻北京任巴西驻华公使,辣达略是招工谈判专使。不料,6月华兰德在奥地利病故。按照事先的安排,6月27日、28日,庆常和辣达略在巴黎进行了两次会谈,主题就是招募华工。辣达略坚称招工秉承自愿的原则;"并望中国亦在巴西设立使署,及在巴西各口设领事官","巴西领事,自当会同中国地方官办理,而中国领事,亦当会同巴西地方官办理,彼此方能融洽";并答应"华民到巴西,必照相待最优之国之民,一律相待"。在招工类型和资费方面,"大抵招用华工为耕种起见,开矿次之,杂役又次之。如有携眷者尤妙……有官工民工之分,凡官工处招用之人,一切川资工食,由官供给。其富户业主招用之人,皆为民工,由该富户业主发给川资工食。惟民工所立合同,仍须报官注册,由官稽查"。在华工待遇方面,"各口作杂役者,每日约得工钱五佛郎有奇(约合库平银一两),内地佣工者,每日可得工价六七佛郎(约合库平银一两二三钱)"。有关劳动关系和生产方式,"又内地耕种之人,有分利之法,不给工资,譬如所种嘎肥豆(咖啡豆)收获若干,与业主分取几成,以作工价,均在合同载明"。为了与古巴、秘鲁的"苦力"贩运相区别,辣达略特别声明"我国定法甚严,凡公司船载远工人,须有领事执照,本人当面画押,情愿来巴,方准入船。又定船舱格式,舱位额数,不许多载,并设医官药房,以防疾病。凡每年运送工人满万,照料周到,无苛待情事者,由官赏银十万佛郎。倘有一人

---

① 《使英薛福成为巴西招工事致总署文》,光绪十九年正月初六日,载陈翰笙主编《华工出国史料汇编》[第一辑(三):中国官文书选辑],中华书局1985年版,第1208页。
② 辣达略男爵原名为若泽·科斯塔·阿泽维多(José de Costa Azevedo)。

受屈，即不发给，有受凌虐者，照例惩办"①。两个月后，薛福成在给总理衙门的呈文中写道："因将招工要略，探询梗概，稍加驳诘，彼已剀切直陈，大端已具，不难议商。"②

由此可见，在1893年的巴黎会谈中，中巴双方已经就招工问题达成了初步协议。这也反映出清政府在招募华工问题的态度上发生了转变，不再持中巴建交时避而不谈的坚决态度，而是支持谨慎地、有条件地谈。7月29日，辣达略从巴黎启程赴中，等待补派的驻华公使到达后与清政府举行正式的招工谈判和签约。11月6日，辣达略及其眷属、随员抵达上海。但由于上海天气寒冷，且患喉症者多，辣达略一行三人于11月25日又奔赴香港待命。

然而，这期间发生的一系列偶发事件使前期中巴两国所做的良好沟通功亏一篑。一是拟任巴西驻华公使若阿金·弗朗西斯科·阿喜巴吉（Joaquim Francisco de Assis Brasil）宣布放弃履新。1893年8月18日，毕萨照会薛福成，告知巴西政府拟派驻阿根廷大使阿喜巴吉为驻京公使，随谈判使节辣达略一同进京。阿喜巴吉到达欧洲后，听闻上海暴发了流行病，便在欧洲等待。后来，他得悉自己当选为参议员，遂决定放弃驻华公使一职，不再去香港跟辣达略会合，而是直接从欧洲返回巴西就任参议员。至此，巴西拟定的两位驻华公使人选一位病故、一位弃职，巴西在中国遣使和设馆可谓一波三折。

二是巴西国内政局动荡导致新派驻华公使的人选难以出炉。1893年9月，第二次"舰队叛乱"爆发，弗洛里亚诺总统忙于解决内乱，稳定局势，无暇顾及仍在香港待命的辣达略，也未及时派遣新任驻华公使，议约事宜一拖再拖。1893年11月11日，总税务司赫德（Robert Hart）在给总理衙门的函件中建议："近时该国（巴西）复又叛乱不靖……适值巴西

---

① 《照录驻法参赞庆常与巴西国使臣辣达略问答节略》，光绪十九年五月十四、十五日，载陈翰笙主编《华工出国史料汇编》[第一辑（三）：中国官文书选辑]，中华书局1985年版，第1211—1215页。

② 《使英薛福成咨呈总署驻法参赞庆常与巴西公使为招工等事问答节略》，光绪十九年七月十一日，载陈翰笙主编《华工出国史料汇编》[第一辑（三）：中国官文书选辑]，中华书局1985年版，第1209页。

变乱，中国并无使臣在彼驻扎，莫若由中国自订暂时不准华人于通商口岸出口，前往巴西为是。"① 11月16日，总理衙门复函赫德，采纳了他的建议。②

三是澳门发生非法招募华工去巴西的事件，这也是致使中巴劳工协议流产的直接导火索。巴西商人儒里奥·贝纳维德斯（Júlio Benavides）成立了大都会公司（Companhia Metropolitania），他从巴西驻澳门领事处得到许可，用德国轮船"特塔尔托斯号"（Tetartos）运送华工。1893年6月中巴在巴黎就招工问题达成初步协议的消息不胫而走，并被移民公司曲解用来误导民众。香港《华字日报》刊文称："现葡京接有巴西国京都报道及中国已于西（公历）七月七号，批准允肯巴西国请华人前往该国耕种操工。此次请人，情真理确，非别处招摇者可比也。"7月，大都会公司就将招工广告张贴在澳门街头。"大巴西国京都大公司（大都会公司），特凑实本银八百万磅（镑），又买得膏腴之地二万余顷，特派卑拿威地士（贝纳维德斯）前来澳门，请人议定每人每月工银花旗金钱银十元。……本公司所买之地，水土最好，俱照和约相待，并无苛刻等事。凡勤力之人，做满五年合同，便能回唐。或买地方耕种，或作各样生意，俱可获厚利回家乡。若欲往者，自十八岁至四十岁强壮勤俭者，祈早日到澳门代理人处落名，然后即搭地打杜士（《特塔尔托斯号》）轮船前往可也。"③ 此后，大都会公司通过在澳门设立的两间工所"华利栈"和"万生栈"募得四百余名劳工，大半是新安县属客民。准备搭载华工的"特塔尔托斯号"先从新加坡出发前往泰国运米，而后在香港停靠补给，最后赴澳门装运华工出洋。广州前山海防同知魏恒、前山营都司黎中配

---

① 《总税务司赫德以巴国不靖宜由中国定章不准华人前往致总署函》，光绪十九年十月初四日，载陈翰笙主编《华工出国史料汇编》[第一辑（三）：中国官文书选辑]，中华书局1985年版，第1219页。

② 《总署复总税务司赫德函》，光绪十九年十月初九日，载陈翰笙主编《华工出国史料汇编》[第一辑（三）：中国官文书选辑]，中华书局1985年版，第1220页。

③ 《照录洋人招贴》，载陈翰笙主编《华工出国史料汇编》[第一辑（三）：中国官文书选辑]，中华书局1985年版，第1226页。

闻讯立即派人去澳门调查，9月30日将情况上报给两广总督李瀚章。① 10月10日，李瀚章照会澳门辅政司、护理总督阿尔弗雷多·罗护（Alfredo Lello），谴责"岂可私自召集华人，类于贩卖猪仔，不特与条约不符，并未万国公法所禁。……应请贵护理大臣，饬属即行查明严禁"②。李瀚章还要求拱北税务司阿尔佛雷德·爱德华·贺璧理（Alfred Edward Hippisley）扣留"特塔尔托斯号"的札谕，但后者并未执行。最终，10月16日"特塔尔托斯号"载着475名华工驶离澳门。

清政府对巴西公司在澳门私募华工的事件极为恼火，遂下令禁止华工移民巴西。毕竟在1893年6月的巴黎会谈时庆常已明确提出："未定约之前，中国厉禁綦严，绝不准私行招雇。"辣达略对此也表示同意，称："本大臣当奏请总统在官报声明，现在未定条约，不准私行招揽，一面告知该富户，一体遵照。"③ 二人协商刚毕，澳门就发生非法招工的事情，使巴西人的信用大打折扣。总理衙门甚至怀疑是身在香港的辣达略从中作梗，并要求李瀚章查明辣达略是否参与此事。但并没有证据支持这种揣测。1894年1月21日，总理衙门咨文两广总督、闽浙总督、南洋大臣和北洋大臣："查巴西招工章程，本衙门未与开议，该国不应遽往澳门招工，即各国轮船亦未便遽行装运华工前往巴西。除由本衙门知照各国驻京大臣转饬各口领事查照饬禁并咨行南北洋大臣闽浙总督，暨札行总税务司，转饬各口税司查照饬禁外，相应咨行贵督查照可也"；并照会法国、美国、西班牙、日本、比利时、意大利、俄国、丹麦、荷兰、奥匈帝国、葡萄牙公使："除由本衙门知照各国驻京大臣，转饬各口领事查

---

① 《照录前山同知前山营都司会禀》，光绪十九年八月二十一日到，载陈翰笙主编《华工出国史料汇编》[第一辑（三）：中国官文书选辑]，中华书局1985年版，第1224页。

② 《照录照会驻澳西洋罗护大臣稿》，光绪十九年九月初一日行，载陈翰笙主编《华工出国史料汇编》[第一辑（三）：中国官文书选辑]，中华书局1985年版，第1227页。

③ 《照录驻法参赞庆常与巴西国使臣辣达略问答节略》，光绪十九年五月十四日，载陈翰笙主编《华工出国史料汇编》[第一辑（三）：中国官文书选辑]，中华书局1985年版，第1211页。

禁外，相应咨行贵大臣，即希转饬各口关道，查照晓谕可也。"① 虽然后来康有为又提出"开巴西以存吾种"、在那里"开辟新国"的大规模拓殖移民的构想,② 但因为错过了最佳时机且财力条件有限，这种设想也只能沦为空想。

与此同时，辣达略对输入华工的热情逐渐消磨，对日本劳工的兴趣与日俱增。1893 年 11 月 28 日《香港每日电讯报》(Hong Kong Daily Telegraph) 曾刊文公开嘲讽辣达略的中国行，一些港英政府官员认为他在复活奴隶贸易。对此，辣达略表示，他此时并不急于同清政府缔结劳工条约，因为与日本劳工相比，华工"不受欢迎"且"很麻烦"③。因此，辣达略决定放弃与清政府谈判和签约，从香港直奔日本进行考察，事毕便回巴西了。此后，巴西政府也未再派使节来华商谈招工事宜。至此，19 世纪巴西试图通过官方渠道输入华工的所有努力宣告全部失败。这在客观上为此后巴西和日本签署移民协定提供了历史机遇。

第二节　近代日本移民政策的转变

近代日本在海外移民事务上同样经历了巨大的转变，从闭关锁国到开埠通航，从禁止海外移民到鼓励对外移民，而后的移民形式又经历了从"官约移民"到"私约移民"的转变，并将海外移民视作其殖民扩张战略和民族国家构建中的重要一环。1603 年，德川家康结束了日本长达一百多年的战国时代，统一了日本，创立了江户幕府。幕府统治初期，

---

①　《总署为禁澳门外轮载运华工出洋致粤督李翰章咨文》，光绪十九年十二月十五日；《总署为外轮欲在澳载华工去巴西已知照各使查禁请转饬关道晓谕事致北洋大臣李鸿章咨文》，光绪十九年十二月十五日，载陈翰笙主编《华工出国史料汇编》［第一辑（三）：中国官文书选辑］，中华书局 1985 年版，第 1232—1233 页。

②　有关康有为移民巴西计划的始末，参见茅海建《巴西招募华工与康有为移民巴西计划之初步考证》，《史林》2007 年第 5 期。

③　"Letter of José de Costa Azevedo to Felisbllo Firmma de Oliva Freire (Brazilian Minister of Foreign Affairs)", 1 July 1893; "Letter of José de Costa Azevedo to Cassiano de Nascimento", 2 April 1894; *Hong Kong Daily Telegraph*, 28 November 1893, cited in Jeffrey Lesser, *Negotiating National Identity: Immigrants, Minorities, and the Struggle for Ethnicity in Brazil*, Durham [N.C.]: Duke University Press, 1999, p. 36.

德川家康鼓励海外贸易。然而，随着商贸关系的繁盛，天主教传教活动不断扩张，西南大名实力急剧膨胀，威胁到了德川幕府的统治地位。1633—1639年，为了禁止基督教在日本的传播、遏制地方割据势力的发展、加强自身的统治，德川幕府先后5次发布锁国令。主要内容包括：取缔天主教的传教活动，告发和逮捕潜入日本的传教士，防止天主教在日本的蔓延；严密监视驶抵日本的外国船只，严格管制贸易活动，只保留长崎作为通商口岸，仅存与清朝、朝鲜、荷兰和琉球国的贸易联系，其他港口不准外国船只停靠；禁止日本船只出海贸易；禁止日本人与海外往来，偷渡者或已去外国并在外国构屋营居之日本人，若返抵日本均要被处以死刑等。闭关锁国政策的推行巩固了幕藩封建体制，缔造了江户时代的和平和繁荣，同时也拉大了日本与西方在经济、科技和人文等方面的差距，这"是封建统治做到了对自由思想的彻底压迫，进而也开辟了国粹主义压制国际主义的道路"①。

经历了工业革命的洗礼后，英、法、美等西方新兴资本主义国家为了追寻原料和市场，相继叩开了沉睡的东方国家的大门。在清朝鸦片战争战败后，荷兰政府于1844年派特使到日本，向幕府将军递交荷兰国王威廉二世的亲笔信。来信警告道："由于日本阻碍了欧洲由工业革命和人口增长所创造的商业野心的扩张，这可能使日本遭受中国已然遭受的命运：地球上各个国家间的交往正变得日益密切。一股不可抗拒的力量正把她们凝聚在一起。汽船的发明使得相互之间的距离变得更小。在这一关系迅速发展的时期，倾向于保持孤立的国家将不可避免地与许多其他国家为敌"，日本若不想重蹈清朝的覆辙，最明智的办法就是尽早开国。对于这种半威胁、半劝导的方式，德川幕府只是回应道："既然祖先的法律已经被制定，子孙后代必须遵守。"因此锁国令不可能被抛弃，遂拒绝与荷兰立约。② 1846年，美国海军准将詹姆斯·比德尔（James Biddle）奉波尔克（James Knox Polk）总统的命令，率三艘军舰来到江户湾浦贺交

---

① ［日］坂本太郎：《日本史》，汪向荣、武寅、韩铁英译，中国社会科学出版社2014年版，第288页。

② ［美］马里乌斯·B. 詹森主编：《剑桥日本史》第5卷，王翔译，浙江大学出版社2014年版，第264页。

涉通商事宜，遭到了幕府的拒绝，不得不悻悻归国。1848 年，美墨战争结束，美国占领了加利福尼亚，领土扩展至太平洋沿岸，成为两洋国家，扩张的触手开始伸向太平洋，试图与彼岸的国家建立商贸关系。与此同时，为了促进美国在北太平洋和日本近海捕鲸业的发展，美国迫切需要日本开国，将其作为储煤和淡水的补给基地和避难所。1851 年 11 月，美国代理国务卿康拉德发布训令给海军准将马修·培里（Matthew Calbraith Perry），其中提到，日本和美国已经成为太平洋两岸的邻邦，至于两国是否应为友好的邻邦，其抉择在于日本，"总统甚愿和皇帝和平友好相处"，但是，"除非日本改变它视美国人民为仇敌的政策，则两国之间自无友谊可言"①。翌年，美国总统米勒德·菲尔莫尔（Millard Fillmore）任命佩里为东印度舰队司令，派他前往日本进行交涉。1853 年 6 月，培里率领四艘军舰"密西西比号""萨斯奎哈纳号""萨拉托加号"和"普利茅斯号"携带 63 门大炮，驶入浦贺鸭居冲。由于这些舰船的船体被涂成黑色，故而这起事件被日本人称为"黑船来航"。突如其来的四艘黑船震动了日本朝野，幕府告以美国军舰改航至外轮停泊地长崎进行谈判，以求片刻苟安。但是，佩里断然拒绝，并以武力相逼要求幕府接受美国总统的国书。幕府被迫在久里滨接受了美国国书，约以明年答复。

1854 年 2 月，佩里如约率领七艘军舰开赴日本，舰队一直深入江户湾内。在美国的武力威胁下，一个月后（3 月 31 日），德川幕府在横滨同美国签订了《神奈川条约》（亦称《日美和亲条约》），规定日本开放下田和函馆作为美国船只的中途港以获得煤和其他供应；对遭遇海难的船员给予合理对待；在下田任命一个美国领事；美国获得在开放港口购买货物的权利和最惠国待遇等。② 这标志着封闭了 200 多年的日本国门被打开。1858 年 6 月，幕府签订了《日美友好通商条约》，依约日本增开神奈川、长崎、新潟、兵库等四港及江户、大阪两市，美国享有领事裁判权。这是日本缔结的第一个承认自由贸易和通商开国的条约。此后，西方国

---

① ［美］泰勒·丹涅特：《美国人在东亚》，姚曾廙译，商务印书馆 1962 年版，第 227—229 页。

② ［美］马里乌斯·B. 詹森主编：《剑桥日本史》第 5 卷，王翔译，浙江大学出版社 2014 年版，第 270 页。

家凭借"利益均沾"原则,纷纷与日本缔约。7月29日至10月9日,幕府与荷兰、俄国、英国、法国缔结《日本荷兰修好通商航海条约》《日本国鲁西亚国修好通商条约》《日本国大不列颠国修好通商条约》和《日本国法兰西国修好通商条约》,史称"安政五国条约"。锁国时代宣告结束,幕藩体制也随之分崩离析,这为日本海外移民潮的出现提供了先决条件。

1868年,明治天皇建立新政府,并开启了日本历史上具有里程碑意义的全盘西化和现代化革新运动。明治政府在经济和社会等领域实施的一系列新政策,促进了大量剩余劳动力的出现和流动。

在社会体制方面,明治政府打破了原有的封建身份制度,废除了对人口流动、择业和居住的诸多限制,使得剩余劳动力的国内或海外转移成为可能。1871年,明治政府颁布《户籍法》,废除了传统的"士、农、工、商"身份等级制度,将皇室及与其有亲缘关系者改称"皇族",公卿、诸侯等贵族改称"华族",幕府的幕僚、大名的门客等改称"士族",原来的"农、工、商"和江户时代的贱民统称为"平民",并规定所有身份的人都可以自由迁徙和自由择业,力图实现"四民平等"的口号。

在经济体制方面,地税改革和土地买卖催生了大量破产农民。作为一个后发资本主义国家,日本的资本原始积累和产业革命几乎同时进行。明治政府通过牺牲农业和压榨农民的方式来增加财政收入,并获取发展新兴工业所需的大量资金。1868年,明治政府明确了土地所有的观念。随后,又承认货币地租,允许自由耕作田地。1872年,撤销了宽永以来土地永世不得买卖的禁令。

在这个基础上,明治政府着手地租改革。1873年,发布上谕和地租条例。规定:课税标准从原来的按产量改为按地价征收;税率固定在法定地价的3%,且不依收成的好坏相应增减;废除实物地租,改为货币地租等。这些改革达到了预期效果,明治政府的财政收入显著增加。1868年,明治政府的岁入总额是3308万日元,岁出总额为3050万日元,租税收入仅315万日元,只占岁入约10%,租税中地租为200万日元,约占租税总额的60%;1873年,岁入总额是8500万日元,岁出总额为6200

万日元，租税增至 6500 万日元，其中地租收入暴涨至 6000 万日元。① 也就是说，仅靠租税收入就可以解决全部岁出。由此可见，地租改革对于明治政府财政的重要性。

与此同时，大量小农却因无力承担过多的现金支出而破产，沦为无地农民，成为自由劳动力。原来的实物地租改成货币地租，农村和农民被卷进货币经济的旋涡，这就意味着农村经济和农民收入受到农产品市场行情的影响。如果农产品价格上涨，农民就较少受到固定税的影响，收入会随之增加；而一旦农产品价格下跌，却要缴纳同样的税收，收入就会减少。此外，捐税、购买肥料和农具都需要支付货币，而农民的现金所得有限，结果就是自耕农大量破产，催生了寄生地主制。19 世纪 70 年代，日本约 40% 农户的耕地面积不足 1.1 英亩。②

然而，明治早期并未出现大规模海外移民潮。目前学界公认，驶往夏威夷的"元年者"（gannen mono）是近代日本真正意义上海外移民的肇始。不过，这次移民并不具备合法性。19 世纪 50 年代，夏威夷甘蔗种植园经济发展迅速，但是劳动力的匮乏限制了生产规模的进一步扩大。1864 年，夏威夷政府成立移民局，欲从中国、菲律宾、日本等亚洲国家、南太平洋岛屿、葡萄牙属海岛等地方引进劳工。夏威夷政府委任旅居日本的美国商人尤金·M. 范·里德（Eugene M. Van Reed）为驻日本总领事，负责同幕府谈判招工事宜。1867 年，双方初步拟定一个商业协议，幕府同意颁发 350 人的护照前往夏威夷务工。可是，日本政局的剧变打乱了这一招工进程。1868 年 1 月新成立的明治政府认为，夏威夷是没有正式和日本签订通商条约的国家，要求劳工回归日本的条款必须有与日本建交的第三国作为担保。日、夏双方并未就此达成一致意见，明治政府视幕府颁发的护照无效。

1868 年 5 月 17 日凌晨，在没有获得护照和许可的情况下，里德带着 153 名日本劳工从横滨出发乘坐"赛欧托号"（Scioto）驶向夏威夷，并

---

① ［日］坂本太郎：《日本史》，汪向荣、武寅、韩铁英译，中国社会科学出版社 2014 年版，第 394 页。

② Daniel M. Masterson, *The Japanese in Latin America*, Urbana: University of Illinois Press, 2004, p. 8.

于 6 月 20 日到达目的地。按照最初的合同，劳工需要与种植园主签订三年合同，每月 4 美元工资，实际每月赚取 2 美元，其余的存入固定机构作为履行完三年合同的保证金，可以在每年年终支取。可是，每月 2 美元的生活费根本不够日常开销，再加上气候不适、语言障碍和文化差异，劳资双方都向移民局提出了申诉。1869 年 9 月，明治政府决定派遣民部省长官兼驻英国公使上野景范（Kagenori Ueno）前往夏威夷进行调解。①12 月 27 日，上野来到夏威夷。在与夏威夷外交部部长查尔斯·哈里斯（Charles Coffin Harris）磋商后，双方于翌年 1 月 11 日达成协议：当年日本政府召回 40 位愿意回国的侨胞，剩余的劳工在履行完合同后，由夏威夷方面出钱将其送回日本。②3 月 7 日，40 位日本劳工和 1 名在夏威夷出生的婴儿回到横滨。事实上，剩下的日本移民在履行完三年合同后，大多数都获准留在了夏威夷。通过留下来的"元年者"，夏威夷政府看到了日本劳工身上的优良品质，迫切希望大力引进日本移民。1871 年，双方签订《日夏修好通商条约》，正式建立外交关系。该条约第 5 条款规定："日本政府将不再限制夏威夷人合法雇佣日本人；日本人可以在任何开放的港口申请到去海外的护照，政府对此不会阻挠。"③

但是，明治政府并未立即组织大规模海外移民，相反却严禁任何有组织的日本劳工去夏威夷或美国大陆，移民活动中断了 17 年，但在此期间也有部分不受官方认可的、零散的移民现象。据日本外务省领事移住部的数据，1868—1884 年间，日本海外移民总数才 1354 人，其中绝大多

---

① 「布哇岛使節（上野監督正）辞令」，明治二年（1869）9 月 3 日，『上野景範關係文書 34-13』，日本国立国会图书馆：http：//www.ndl.go.jp/brasil/e/data/R/002/002-001r.html，2017 年 9 月 10 日。

② 有关上野景范和查尔斯·哈里斯的部分会谈过程，可参见「上野景範布哇国渡海日記」，1869 年 12 月 10 日、12 月 11 日，外務事務全「ハルリス」ト約定之条、覚，『上野景範関係文書 36』，日本国立国会图书馆：http：//www.ndl.go.jp/brasil/e/data/R/001/001-001r.html，2017 年 9 月 10 日。

③ John E. Van Sant, *Pacific Pioneers: Japanese Journeys to Americas and Hawaii*, 1850-80, Urbana: University of Illinois Press, 2000, p.114.

数都在夏威夷的甘蔗种植园。① 为什么明治初期不鼓励海外移民呢？主要有如下三点原因。

第一，维持政权稳固、推进国内革新是明治早期统治的优先要务。为了打牢统治基础，明治政府在政治方面先后实行了"版籍奉还"和"废藩置县"，结束了日本长期以来封建割据的局面，为建立中央集权国家和发展资本主义经济创造条件。此外，明治政府在执政初期还面临巨大的反政府势力，起初是旧幕府从关东到东北的反抗运动，后来也不乏对革新政策表示不满的社会各阶层人士，譬如反对开国和亲的攘夷论者企图暗杀政府要人、对剧烈改革心怀不平的华族和士族所策划的颠覆政府活动，以及反对新政府的农民起义等，这些纷争随着1876年"西南战争"的爆发达到顶峰。1877年，明治政府平定了这次反政府叛乱，"维新政治，才可以说名符其实地得到了实现"②，继而为"富国强兵""殖产兴业"和"文明开化"等革新政策的顺利推进创造良好的国内环境。因此，在矛盾丛生的执政早期，保持政权稳定、重建社会秩序、理清发展思路、推动革新进程才是明治政府的第一要义，实力孱弱的新日本无暇输出海外移民。

第二，派遣使团、修改旧约、学习西方是明治早期对外关系的重点。1870年，明治政府制定了驻外使臣制度。根据《日美友好通商条约》的规定，1872年7月是改订新约的期限。由于通商条约中有丧失关税自主权和不平等治外法权等内容，明治政府决定利用这个时机与缔约国展开谈判，重新缔结条约。不过，明治政府内部对于修约存在两种意见：一是主张立即着手修订旧约；二是主张慎重修约，认为日本应先致力于整顿和发展国内制度，为日后修约打基础，主张应派使节访问各缔约国，听取他们对修约的意见，并调查各有关事项。第二种意见占了上风。1871年11月20日，明治政府任命右大臣岩仓具视为特命全权公使，大

---

① 日本外务省领事移住部：『我国国民的海外发展——移住百年进程（资料编）』（1971年），第137页，转引自吴占军《国际关系视角下的近代日本海外移民——以近代日本的美国移民与日美关系为中心》，《日本研究》2014年第4期。

② ［日］坂本太郎：《日本史》，汪向荣、武寅、韩铁英译，中国社会科学出版社2014年版，第384页。

藏卿大久保利通、参议木户孝允、工部大辅伊藤博文、外务少辅山口尚方四人为特命全权副使，另外从政府各部门选拔官吏担任理事官、书记官和随员，共48人组成大型使节团，出使同日本建交的15个欧美国家，以试探相关缔约国对修约的态度。在百事草创、国内政局还不稳定的情况下，派遣如此高规格的使节团，说明了明治政府对此事的重视程度。1873年9月，使节团回到日本。他们一方面在修约问题上连连碰壁，认识到弱国无外交的残酷现实；另一方面切实感受到了日本与西方国家在政治、经济、军事、科学技术、文化教育、制度机制等方面的巨大差距，激发了学习西方文明的动力，并绘制出今后改革的蓝图。后来，使节团中的主要人物成了日本政界的执牛耳者，岩仓具视成为日本的太政大臣，大久保利通和伊藤博文做了日本首相，将诸多改革设想付诸实践。

需要指出的是，与岩仓使节团一同出访的还有59名华族和士族出身的留学生。① 与输出廉价劳动力相比，明治政府非常重视向海外派遣留学生和雇用外国人才。1870年，明治政府颁布《海外留学生规则》，使留学生的派遣工作系统化。1868—1874年，日本有550多名学生留学西洋。② 在明治政府看来，劳工移民只会在西方世界留下日本是不文明国家的印象，而留学生代表了日本社会的精英，会提升日本的国家形象，这种中高端人才交流"能使日本获得物质和智力资源的现代性"③。这说明，明治早期对海外移民问题一分为二地看待：对于低端劳动力的输出是比较排斥的；而对于文化层次较高的人才交流则是鼓励的。

第三，国内的开发建设和扩充兵力转移了部分自由劳动力。"为了避免日本的'帝国臣民'被像中国'苦力'或非洲'奴隶'那样对待"④，明治政府将安置劳动力的视线放归国内。一些失地农民成了新兴产业工

---

① 伊文成、马家骏等编著：《明治维新史》，辽宁教育出版社1987年版，第389页。
② ［日］日本国立教育研究所编：《日本教育的现代化》，张谓城、徐禾夫等译，教育科学出版社1980年版，第49页。
③ Toake Endoh, *Exporting Japan: Politics of Emigration to Latin America*, Urbana: University of Illinois Press, 2009, p. 60.
④ Akemi Kikumura-Yano, *Encyclopedia of Japanese Descendants in the Americas: An Illustrated History of the Nikkei*, Walnut Creek, CA: Altamira Pr, 2015, p. 33.

人，还有许多加入了北海道的开发进程中。北海道旧称虾夷地，原住民为阿伊努人，江户时代成为幕府的直辖地。1868 年，明治政府在虾夷地设置箱馆裁判所。1869 年 7 月设置开拓使，8 月 15 日改称为北海道，并正式在国内募集移民，开始拓殖荒芜、偏远的北海道。1882 年，明治政府设置函馆、札幌、根室三县取代开拓使。1886 年，又改制为北海道厅。日本政府在这一边境地区开发自然资源，设立农业和渔业财产权的法律框架，兴办工厂，以期向潜在的敌人俄国宣誓主权。① 更为重要的是，北海道拓殖模式开创了日本通过移民的方式排解人口压力和构建民族国家的先河，这种殖民模式后来被运用在日本对中国台湾地区、朝鲜和中国东北地区，乃至拉美国家的土地上。有学者将日本这种移民模式称为"重置政治"（politics of reallocation）。② 此外，为了实现"富国强军"的梦想，明治政府开始效仿西方国家改革日本军制，扩充军队。1872 年 2 月，废除兵部省，改设陆军省和海军省。11 月，颁发募兵诏书，明确了征兵总方针。1873 年 1 月，实行征兵制，确立了"四民平等、国民皆兵"的原则，大量适龄男性应征入伍。

不过，随着革新的深入，松方财政改革加剧了失业现象，鼓励生育的政策和近代卫生观念的流行以及医疗制度改革的推进，导致日本人口急剧增长，再加上扩张主义思想的膨胀，促使明治政府抛弃了早期禁止海外移民的政策，转而鼓励对外移民。首先，松方财政改革进一步加剧了失业现象。为了大力推动"殖产兴业"政策，明治初期实行了积极的财政政策，政府支出急剧上升。为了填补财政赤字，明治政府开始大量发行纸币。仅 1872 年 10 月至 1873 年 4 月就发行了 852 万余元的不兑换纸币。1877 年，为了应付"西南战争"的军事开支，政府又发行了 2700 万元的巨额纸币。截至 1878 年 12 月，明治政府发行的不兑换纸币已经高

---

① 有关明治政府对北海道的开发政策，可参见周启乾《近代初期日本对北海道的殖民开发》，《日本学刊》2002 年第 3 期。

② Alexandre Ratsuo Uehara, "Nikkei Presence in Brazil: Integration and Assimilation," trans. Saulo Alencastre, in James C. Baxter, Hosokawa Shūhei and Junko Ota, eds., *Cultural Exchange between Brazil and Japan: Immigration, History, and Language*, Kyoto: International Research Center for Japanese Studies, 2009, p. 143.

达11980万余元。纸币滥发导致物价高涨和纸币贬值，从而引发了通货膨胀。在1881年纸币下跌的最低点，物价比1873年上涨了62%，其中大米价格上涨了121%。在此情况下，农民尤其是富农成为农产品价格上涨的受益者。1881年10月，松方正义就任日本大藏卿，决定实施财政紧缩政策，并设立新税目、提高原有征税率，以增加财政收入。这些改革举措虽然使日本财政趋于稳定，建立了适应日本资本主义发展的近代金融和财政体制，但是对中下层农民的冲击非常大。农产品价格的下跌致使农民的收入锐减，地税却相对提高，许多农民无力负担，被迫卖掉土地或将土地抵押出去，而抵押的土地最终也无力赎回，土地兼并现象日益严重。据日本农业经济史家古岛敏雄对部分地区的统计，1883—1885年耕地买卖率增长了37%，年末实际土地抵押数量增长了43%；佃农比例由1873年的27.4%上升至39.5%。① 1883年因拖欠税款而被迫拍卖土地的多达33800余人，第二年超过7万人，转年又增至10万人。② 仅1895年一年，就有约10.8万个农场破产，40万农民失去生计。一部分失地农民成为佃农，他们不仅要缴纳政府赋税，还要支付给地主租金。80年代中期，佃农每年收成的一半要用来交租。③ 还有一部分失地农民涌向城市，可是当时日本的城市化和工业化发展还不充分，无法提供充足的就业岗位。另一些人迫于生计，离开故土，远渡重洋。

其次，明治政府还推行鼓励生育的政策，并引进近代卫生观念、推行医疗制度改革，导致这一时期日本人口急剧增长。在江户时代中后期，日本人口增长曾一度陷入停滞，1756年的人口为3128万人，1846年为3229万人。④ 也就是说，在将近一百年的时间里，日本人口只增长了101万人，增速极其缓慢。然而，到了19世纪下半叶，日本的总人口迅速增加到4400万。19世纪70年代早期，人口增长加速的第一阶段导致了约0.5%的年增长率；1900年，人口加速增长的第二阶段更产生出约1.0%

---

① 孙承：《试论松方正义财政改革》，《世界历史》1985年第1期。
② 伊文成、马家骏等编著：《明治维新史》，辽宁教育出版社1987年版，第595—596页。
③ Daniel M. Masterson, *The Japanese in Latin America*, Urbana: University of Illinois Press, 2004, p. 8.
④ 李凡：《近代日本的人口状况与人口政策》，《日本研究》2011年第4期。

的增长率。① 这对于国土面积狭小、资源匮乏的日本而言，无疑是巨大的压力，日本遂成为当时世界上人口密度最大的国家之一。日本的人口密度继续攀升，从1872年的每平方里（square ri）② 1335人，增至1882年的1385人，而后继续升至1892年的1657人，仅低于比利时、荷兰和英国。③ 需要注意的是，这三个国家的食品和资源基本依靠从他国进口，而日本当时只能自食其力，所以压力之大可想而知。

最后，扩张主义思想促使日本转变对外移民政策。敲开日本国门的不仅有西方国家的舰船、技术、器物和制度，更重要的是其背后的扩张主义思想。明治政府深受沙俄领土扩张政策、德意志军国主义政策和美国海权思想的影响，力图在短时期内将日本打造成军力强大的国家。事实上，明治天皇早在1868年的《国威宣布之宸翰》中就宣称"开拓万里波涛，布国威于四方"，足以见其追求强权政治和争霸世界的野心。只是在明治早期，日本坚持"内治优先"的发展思路，孱弱的经济和军事实力与其雄大的政治野心尚不匹配。而到了明治中后期，经过"殖产兴业"的积累，日本完成了早期工业化，便开始将目光投向海外，有计划地实施对外扩张，追求像西方列强那样开拓海外市场、建立殖民地，海外移民成为日本殖民扩张战略中的重要一环。

在扩张主义思想的影响下，为了解决庞大的农村失业群体和人口增长压力与有限社会资源之间的矛盾，明治政府调整了移民政策，决定开启海外移民进程。1884年，日本和夏威夷签订了《日本人民夏威夷渡航议定书》，两国政府就向夏威夷输出移民达成共识④，并进行了第一次移民公开招募。1885年2月，第一批日本劳工在政府的组织下乘坐"东京

---

① ［美］马里乌斯·B. 詹森主编：《剑桥日本史》第5卷，王翔译，浙江大学出版社2014年版，第560页。

② "ri"即"里"，是日本的长度单位，约等于3.93公里；1平方里约为5.9552平方英里（15.4平方公里）。

③ Yosaburo Yoshida, "Sources and Causes of Japanese Emigration," *The Annals of the Ameircan Academy of Political and Social Science*, Vol. 34, No. 2, Chinese and Japanese in America, Sep., 1909, p. 158.

④ 「ハワイ官約移民の約定書草案」，小西直治郎編：『布哇国風土略記』，兑晶堂1884年，日本国立国会図書館：http://www.ndl.go.jp/brasil/text/t002.html, 2017年9月13日。

之城号"轮船驶往夏威夷，开启了日本合法的契约移民时代，同时也拉开了日本百年海外移民潮的大幕。1886 年，两国签署《日夏移民协定》（《与夏威夷政府缔结渡航条约》）。1891 年，明治政府在外务省内设立移民课，以管理海外移民事务。1885—1894 年这十年间，共有 26 批、29132 名日本劳工到夏威夷的甘蔗种植园做工。① 由于这一时期的劳工移民活动是由日夏两国政府签约和主导的，故称为"官约移民"（或"政府契约移民"）。

1893 年，在美国海军和美国驻夏威夷公使的支持下，夏威夷的美国传教士后代发动政变。1894 年，夏威夷末代君主利留卡拉尼（Liliuokalani）女王被迫退位，夏威夷共和国临时政府宣告成立。② 这也就意味着《日夏移民协定》失去了效力。

与此同时，明治政府的经济政策从发展官营企业转变为扶植民营企业。在明治早期，采取的是政府主导型的、自上而下的"殖产兴业"政策，开办了一大批由官府直接经营的企业，使日本初步具备了工业化基础，为民间创办近代化企业提供了样板。但这种政府包办的发展模式存在着诸多弊端，如国家财政负担过重、官营企业竞争力较差、管理落后、连年亏损等。在这种情况下，明治政府决定改变产权关系，将国有资本低价出售给民间资本，将官营企业转由民间经营。移民事务也不例外。日本著名实业家、被誉为"纺织大王"的武藤山治曾提出，不应只输送临时的劳工移民，而应在获取土地所有权上实现永久居住，为此，有必要成立移民公司，方便打理移民的各项事宜。在其鼓动下，一些资本家纷纷投资创建移民公司。此外，1893—1894 年，每年四千多人的移民规模，还要处理移民与移居国的纠纷等事务，再加上抛向日本的输出移民照会不断增多，除了夏威夷和北美，还有澳大利亚、菲律宾、秘鲁、墨

---

① Daniela de Carvalho, *Migrants and Identity in Japan and Brazil*: *The Nikkeijin*, New York: Routledge, 2002, p. 3.

② Ralph S. Kuykendall and A. Grove Day, *Hawaii*: *A History*, *from Polynesian Kingdom to American State*, New York: Prentice-Hall, Inc, Englewood Cliffs, 1961, pp. 183 – 187.

西哥、斐济和新喀里多尼亚等南太平洋岛国（屿）①，使明治政府对官营移民输送业务越感力不从心。甚至有政府官员称移民是一件麻烦事，认为商贸才是对外政策中最重要的，而移民问题会伤害两国感情，继而阻碍两国间贸易的发展。1894 年中日甲午战争爆发，官约时代的移民船改用作军事运输，外国船只承担了移民输送。②

1894 年随着最后一批日本劳工驶向夏威夷，"官约移民"时代宣告结束。此后，日本的海外移民事业由官营转变为私营，移民主导机构由政府转变为民营移民公司，政府从具体的移民事业中抽离出来，只扮演管理和监督的角色。日本的海外移民活动遂步入"私约移民"时期。

1890 年，移民公司获得日本政府允许可以招募移民。③ 1891 年，吉佐移民会社成立，其为日本最早的民营移民公司。④ 同年，"海外移居同志会"（the Emigration Fellowship Society）成立，旨在提高日本移民活动的质量。1893 年，"殖民协会"（Shokumin Kyokai，英文称 the Colonization Society）成立，主张"通过移民的方式发展日本的海外拓殖地"⑤。

1894 年 4 月，明治政府颁布了《移民保护规则》（明治二十七年敕令第 42 号），对移民和移民公司进行界定，并明确了双方需要承担的责任、禁止行为和彼此间订立合同条款的内容，还规定移民公司在得到内务省的批准后，需向地方长官缴纳 10000 日元的保证金，以担保移民过程中遭遇的"不测"等。1896 年，明治政府出台了《移民保护法》（明治二十九年 4 月 8 日法律第 70 号），对移民的权利、移民公司的义务、两者

---

① Daniel M. Masterson, *The Japanese in Latin America*, Urbana: University of Illinois Press, 2004, p. 16.

② 有关明治中后期转变官营企业经营模式的情况，可参见车维汉《日本明治政府处理官营企业述论》，《日本研究》1995 年第 4 期；万笑《近代日本民营移民公司研究》，硕士学位论文，苏州科技大学，2016 年。

③ Daniela de Carvalho, *Migrants and Identity in Japan and Brazil: The Nikkeijin*, New York: Routledge, 2002, p. 3.

④ 入江寅次：『邦人海外発展史』（上），東京：原書房 1981 年版，第 101 頁。

⑤ Akemi Kikumura-Yano, *Encyclopedia of Japanese Descendants in the Americas: An Illustrated History of the Nikkei*, Walnut Creek, CA: Altamira Pr, 2015, p. 34.

间的关系、保证金管理、惩罚措施等内容做了更加全面而详细的说明。①该法成为此后日本政府制定和修改移民政策的基本法典。

受到政府的鼓动,在逐利心态的驱使下,日本民营移民公司如雨后春笋般纷纷成立。1900 年,日本已有 60 家移民公司。其中,最著名的有海外渡航株式会社(Kaigai Toko Kabushikikaisha,英文称 Overseas Voyage Company Limited)、东京移民合资会社(Tokyo Imin Goshikaisha,英文称 Tokyo Emigration Partnership Ltd)、日本移民合资会社(Nippon Imin Kaisha,英文称 Japan Emigration Company)、大陆殖民合资会社(Tairiku Shokumin Gaisha,英文称 Continental Immigration Company)、熊本移民会社(Kumamoto Imin Kaisha,英文称 Kumamoto Emigration Company)、明治殖民会社(Meiji Shokumin Gaisha,英文称 Meiji Immigration Company)。②

随着移民公司经营规模的扩大,日本劳工输出的数量和范围都有了显著的增加。《日本时报》(*Japan Times*)③ 1897 年 10 月 21 日的报道称,该国的劳工输出人数由 1895 年的 12016 人增至 1896 年的 21299 人,其中去往夏威夷的约 9000 人,俄国约 7600 人,朝鲜约 2000 人,美国约 1100 人,澳大利亚约 800 人,加拿大约 500 人。④ 夏威夷的日本移民总数也由 1890 年的 12610 人跃升至 1900 年的 61111 人,同期日本移民在夏威夷总人口(15.4 万)中的比例高达 40%。⑤ 明治政府晚期对海外移民的鼓励政策,构成日本和巴西建交进而达成《移民协定》的基础。

---

① 『移民保護法(明治二十九年 4 月 8 日法律第 70 号)』,日本国立国会図書館:http://www.ndl.go.jp/brasil/text/t009.html,2017 年 9 月 16 日。

② Daniel M. Masterson, *The Japanese in Latin America*, Urbana: University of Illinois Press, 2004, p. 16.

③ 《日本时报》创刊于 1897 年,是日本现存最悠久的、最具影响力的英文报纸,刊登的内容包括新闻、评论、生活和专访等,新闻一般以日本国内的新闻为主,受众主要为政商界精英和外国居民。

④ Stewart Lone, *The Japanese Community in Brazil, 1908 – 1940: Between Samurai and Carnival*, New York: Palgrave Mcmillian, 2002, p. 16.

⑤ Alexandre Rastuo Uehara, "Nikkei Presence in Brazil: Integration and Assimilation," trans. Saulo Alencastre, in James C. Baxter, Hosokawa Shūhei and Junko Ota, eds., *Cultural Exchange between Brazil and Japan: Immigration, History, and Language*, Kyoto: International Research Center for Japanese Studies, 2009, p. 144.

第三节　1895 年巴日建交与《移民契约》的签订

日本和巴西建交前，双方的人员往来稀疏、零散且带有偶发性。据称最早来到巴西的日本人是 1803 年迷航的四位水手。"若宫丸"在日本海域遇难，其中四位船员被俄国军舰救下，后乘坐"克隆斯塔德特号"（Kronstadt）进行全球航行，途中在巴西东南部圣卡塔琳娜停靠了两个月。两年后，这些水手随舰回到了长崎。1866 年，日本委托荷兰建造的"开阳丸"军舰下水试航，榎本武扬等 9 人乘坐这艘船于翌年 1 月 21 日到达里约热内卢停靠了 11 天。1870 年，两名在英国海军学习的日本留学生乘训练舰来到萨尔瓦多港。其中一名叫竹沢伴二（Takezawa Banji）的日本人曾当过佩德罗二世皇家卫队的柔道老师，80 年代巴西共和革命时期，此人成为"日本帝国马戏团"（Circus Imperial Japanese）的一名演员，随团在巴西和南美其他国家巡演。此外，还有少量从其他美洲国家间接迁移至巴西的日本人。据东京一家报纸报道，19 世纪 90 年代一名日本人还曾在巴西领导过一次叛乱。①

巴西人对日本的最初印象主要源自日本开国后到达此地的欧美人的游记。透过这些游记，艺伎、武士、樱桃树等日本符号逐渐映入巴西人的眼帘。在他们看来，日本是一个遥远的、充满异域风情的神秘东方国家。② 1874 年，为了观察金星凌日，巴西天文学家弗朗西斯科·安东尼奥·德阿尔梅达（Francisco Antonio de Almeida）来到日本。

此后，巴西政府曾多次尝试与日本建交通商，但都未能如愿。1882 年促成中巴建交后，喀拉多和穆达访问了日本，与该国政要商讨建立正式外交关系的事宜，但明治政府以时机还不成熟为由予以拒绝。尽管如

---

① Stewart Lone, *The Japanese Community in Brazil, 1908–1940: Between Samurai and Carnival*, New York: Palgrave Mcmillian, 2002, p. 20.

② Márcia Takeuchi, "Brazilian Diplomacy before and during the Early Phase of Japanese Immigration (1897–1942)," trans. Narjara Mitsuoka, in James C. Baxter, Hosokawa Shūhei and Junko Ota, eds., *Cultural Exchange between Brazil and Japan: Immigration, History, and Language*, Kyoto: International Research Center for Japanese Studies, 2009, p. 1.

此，在访问期间日本还是给二人留下了良好的印象。穆达在给若阿金·纳布柯的信中写道："三十年前，西方地理学家和政论作家还把日本人视为一个卑劣的民族，然而（现在）日本人在文学、科学、艺术、工业甚至政治制度等方面吸收欧洲文明的能力，着实令我们惊讶。"[1] 1889年，巴西军舰"巴罗佐号"（Almirante Barroso）在环球航行中到达在日本横滨港，随船航行的有佩德罗二世的孙子——奥古斯托·莱奥波尔多王子（Dom Augusto Leopoldo）。能讲法语和英语的日本17岁青年代表大武和三郎（Wasaburo ōtake）登舰与22岁的奥古斯托王子进行交流，并随行前往巴西留学。在里约热内卢海军学校进修7年后，大武回到日本，编纂出版了《和葡辞典》和《葡和辞典》，他也成为日巴友好的代表人物。[2] "巴罗佐号"此行虽然促进了日巴双方间的文化交流，但仍未能实现建交。

1892年亚非移民禁令被废除后，巴西国内的移民公司便积极拓展亚洲业务。1894年，圣保罗州的普拉多若尔当贸易公司（Prado Jordão Trading Company）与日本吉佐移民会社（Kissa Emigration Company）洽谈引进劳工的事宜。1895年，巴西北部的帕拉州打算通过日本东洋移民会社引进3000名劳工。[3] 但这些尝试都囿于日巴没有建交而未能成形。

尽管如此，两国围绕建交的交涉并未中断，日巴政府官员间的互访及其给予对象国的高度评价，为两国建交提供了一定的舆论基础。1893年12月辣达略及其助手恩里克·利斯博阿从香港到达日本后，对所见所闻赞不绝口。辣达略赞赏日本人"接纳（西方）文明和文明人习惯的能力……他们天生就拥有一些优良品质"，所以他公开表态"坚决支持日本移民"。利斯博阿也认为，引入基督教的日本是理想的移民来源国，这里是"花香四溢、色彩缤纷的一片乐土"[4]。同年10月27日至翌年1月16

---

[1] Jeffrey Lesser, *Negotiating National Identity: Immigrants, Minorities, and the Struggle for Ethnicity in Brazil*, Durham [N.C.]: Duke University Press, 1999, p. 83.

[2] Jeffrey Lesser, *Negotiating National Identity: Immigrants, Minorities, and the Struggle for Ethnicity in Brazil*, Durham [N.C.]: Duke University Press, 1999, p. 84.

[3] Stewart Lone, *The Japanese Community in Brazil, 1908–1940: Between Samurai and Carnival*, New York: Palgrave Mcmillian, 2002, p. 21.

[4] Jeffrey Lesser, *Negotiating National Identity: Immigrants, Minorities, and the Struggle for Ethnicity in Brazil*, Durham [N.C.]: Duke University Press, 1999, p. 83.

日，明治政府派遣外交官根本正（Sho Nemoto）赴巴西、尼加拉瓜、危地马拉和西印度群岛考察移民的可行性。回国后，他撰写了详细的调查报告，对巴西的位置、面积、人口、移住和殖民、物产、运输、通商贸易、度量衡、财政、政治、陆海军、教育等情况进行全面的介绍。① 在巴西考察期间，根本正就曾于1894年10月20日在当地畅销报纸《保利斯塔邮报》（Correio Paulistano）的头版刊文称："我为巴西着迷。"在这里"日本移民将得到最好的安置"，"提高我们的生活水平，购买地产，教育孩子，安居乐业"②；他对圣保罗州尤为推崇，认为该州"是移民们永久定居的最佳场所。他们可以在广袤的土地上建设许多乡镇"③。这与1883年唐廷枢对巴西的考察形成了鲜明对比。

日巴政府代表在巴黎就两国缔结友好通商条约、招募劳工、派遣使团等事宜进行频繁交涉。经过两年多的谈判，1895年11月5日，日本驻法公使曾祢荒助（Arasuke Sone）与巴西驻法公使毕萨在巴黎签订《巴日友好通商航海条约》，宣告两国建交，从而使巴西引进日本劳工拥有了合法性。条约中有许多条款涉及日本向巴西移民以及日本侨民权益保障的内容，如日本人和巴西公民享有同等的公民权和工资待遇，人身和财产都受到法律保护；日本移民享有和其他国家移民一样的权利，保障其在巴西停留、居住和经商的自由，同时受巴西法律条文的制约；日本移民拥有返回本国的权利等。1896年11月27日，巴西政府批准了这一条约，巴西成为第三个与日本建交的拉美国家。事实上，1892年巴西政府几乎同时分别与中国和日本政府就遣使设馆和建交招工等事宜进行谈判，但最终其构想在中国全部落空，而在日本则逐一实现。

1897年，日本和巴西分别向对方设馆遣使。8月23日，日本在里约

---

① 『南米伯剌西爾・中米尼加拉瓦・瓦地馬拉・西印度ゴアデロプ探検報告』，日本外务省通商局明治二十八年（1895）5月，日本国立国会图书馆：http://dl.ndl.go.jp/info/ndljp/pid/767395/1?__lang=en，2018年3月1日。

② Correio Paulistano, 20 October 1894, p. 1, cited in Jeffrey Lesser, "Japanese, Brazilians, Nikkei: A Short History of Identity Building and Homemaking," in Jeffrey Lesser, ed., Searching for Home Abroad: Japanese Brazilians and Transnationalism, Durham [N. C.]: Duke University Press, 2003, p. 5.

③ Daniel M. Masterson, The Japanese in Latin America, Urbana: University of Illinois Press, 2004, p. 43.

热内卢的公使馆成立，珍田捨巳出任第一任驻巴公使。9 月，巴西在东京设立公使馆，在横滨设立领事馆，利斯博阿出任首任驻日全权公使。利斯博阿喜欢"日本人（建造的）富有欧洲风格的大使馆"，赞叹日本在科学、经济和文化方面取得的进步，极力主张扩大日巴之间的贸易往来和文化联系。① 利斯博阿到任两个月后，在给巴西外交部部长迪奥尼西奥·E. 德卡斯特罗·塞凯拉（Dionisio E. de Castro Cerqueira）的信中写道："我确信，大批输入日本移民和建立直接商贸关系将对巴西产生积极的后果……我敢肯定日本劳工对我们发展的贡献大于不使用科学和经济方法的其他文明。他们对工作精益求精的追求铸造了其坚不可摧的品格……中国人缺少的一切，日本人都有：进取心、创新精神和适应能力，这些促使他们高效且优秀，而中国人则需要花费很长时间和巨大的精力来完成。"② 而后，利斯博阿在日本对外贸易协会发表演讲，鼓动日本向巴西移民，他说："巴西水源丰富，气候温和，土地肥沃，地大物博，然而人口匮乏阻碍了巴西开发的步伐。这些沃腴的处女之地正在召唤聪明、勤奋的日本劳工。"移民是双边贸易和繁荣的基础。③ 为了加强交流，巴西政府又在神户设立了领事馆；日本政府则认定给本国移民发放的前往夏威夷的护照，去巴西同样有效。④

尽管双方都表达了增进日巴交流的愿望，但是巴西人翘首以盼的日本劳工却迟迟没有到来。导致日巴劳工项目进展缓慢的原因主要有两点。一方面，19 世纪 90 年代中后期，由于产量迅速增加，国际咖啡价格持续走低，巴西咖啡经济陷入低迷，对劳动力的需求量下降，延缓了日本移民

---

① Jeffrey Lesser, *Negotiating National Identity: Immigrants, Minorities, and the Struggle for Ethnicity in Brazil*, Durham [N. C.]: Duke University Press, 1999, p. 84.

② "Henrique Lisboa to Dionisio E. de Castro Cerqueira", November 1, 1897, cited in Jeffrey Lesser, *Immigration, Ethnicity, and National Identity in Brazil, 1808 to the Present*, New York: Cambridge University Press, 2013, pp. 152 – 153.

③ "Lisboa Speech," *Japan Times*, 21 December 1897, cited in Stewart Lone, *The Japanese Community in Brazil, 1908 – 1940: Between Samurai and Carnival*, New York: Palgrave Mcmillian, 2002, pp. 21 – 22.

④ Jeffrey Lesser, *Negotiating National Identity: Immigrants, Minorities, and the Struggle for Ethnicity in Brazil*, Durham [N. C.]: Duke University Press, 1999, p. 84.

的步伐。日巴建交后，吉佐移民会社立即着手移民计划，以向圣保罗的咖啡种植园输送劳工。1897年1月该公司代表青木忠橘到巴西与若尔当贸易公司进行商谈，5月份双方成功缔结协议。当时恰逢夏威夷发生拒绝日本人入境的事件，大量被夏威夷政府遣返的移民和因其他移民计划被中止的日本人都滞留在神户。所以，在得知吉佐移民会社在招募赴巴西的劳工时，许多人踊跃报名，招工市场盛况空前，甚至出现了"满员"的情况。[1] 最终，吉佐移民会社从中招募了约1500名劳工，打算在8月15日用日本邮船旗下的"土佐丸"（Tosa-maru）把他们运送到巴西。然而，就在临行前4天，吉佐移民会社收到若尔当贸易公司发来的"由于咖啡市场暴跌，移民引进中止"的电报，对方遂取消了合作协议。从表4.1可以看出，巴西的咖啡价格从1893年的3.79美元/10千克跌至1896年的1.93美元/10千克，跌幅高达50%，1902年降至谷底的1.01美元/10千克。[2] 国际咖啡价格的骤降打乱了咖啡种植园主的招工计划，咖啡业的萧条和由此带来的"财政恐慌"[3] 是导致"土佐丸"移民事件失败的主要原因。

表4.1　　　　1893—1906年桑托斯港口的咖啡交易价格

（单元：美元/10千克）

年　份	价　格	年　份	价　格
1893	3.79	1900	1.11
1894	2.94	1901	1.07
1895	2.84	1902	1.01
1896	1.93	1903	1.18
1897	1.37	1904	1.29
1898	1.10	1905	1.36
1899	1.17	1906	1.29

数据来源：Thomas Holloway, *Immigrants on the Land: Coffee and Society in São Paulo, 1886 – 1934*, Chapel Hill: University of North Carolina Press, 1980, p.177。

---

[1]　「ブラジル国移民の満員」，『報知新聞』明治三十年（1897）7月13日，日本国立国会図書館：http://www.ndl.go.jp/brasil/text/t006.html，2018年3月2日。

[2]　Thomas Holloway, *Immigrants on the Land: Coffee and Society in São Paulo, 1886 – 1934*, Chapel Hill: University of North Carolina Press, 1980, p.177.

[3]　「出発直前でのブラジル行移民キャンセルの報道」，『大阪朝日新聞』明治三十年（1897）8月9日，日本国立国会図書館：http://www.ndl.go.jp/brasil/text/t007.html，2018年3月2日。

另一方面，日本和巴西国内对输送日本劳工也存在质疑声。森冈移民会社曾是向夏威夷输送和安置日本劳工的主力之一，拥有丰富的移民经验。1898 年，该公司派人到巴西进行考察。然而，现实让他们感到沮丧：种植园里充斥着意大利人，"他们身上全是恶习"，而且种植园主们经常拖欠工资。许多派驻巴西的日本外交官对意大利移民在圣保罗州的糟糕待遇都有所了解，所以他们对于输送日本劳工大多持反对意见。① 1905 年，新任日本驻巴西公使杉村濬（Fukashi Sugimura）在探访米纳斯吉拉斯州的莫罗韦洛（Morro Velho）金矿之后，拒绝了巴西方面的招工请求，原因是工作条件太差。② 基于移民公司实地调研和驻外人员直观感触形成的消极评价，日本政府不得不慎重考量，这使其在向巴西输出移民方面踟蹰不前。与此同时，巴西驻日外交官也对输入日本劳工存在非议，代表人物是马诺埃尔·德奥利韦拉·利马（Manoel de Oliveira Lima）和路易斯·吉马良斯（Luis Guimarães），两人分别于 1901—1903 年和 1906—1909 年出任巴西驻日使馆代办。在马诺埃尔任职期间，圣保罗州州长弗朗西斯科·德保拉·罗德里格斯·阿尔维斯（Francisco de Paula Rodrigues Alves）试图从日本招募 600 个家庭的劳工，委托外交部让马诺埃尔与日本当局沟通此事。1901 年 9 月 15 日，马诺埃尔在给外交部的报告中称，日本人在国家体制、习惯、道德、心理等方面都与雅利安人种相差甚远；他们和中国人一样很难被居住国同化，他们迁移的目的就是挣够钱尽早回国；面对新环境里的困难，他们会挑起事端，就像发生在南太平洋新喀里多尼亚的情况那样。11 月 16 日，巴西外交部将马诺埃尔的意见转发给了圣保罗州政府。权衡之下，圣保罗取消了这个移民计划。与其前任一样，吉马良斯也是种族主义分子。他认为，日本人是"骄傲的、好斗的和狡猾的人"，他们体内"流淌的蒙古人种血液及其丑陋的外表，会危害正在形成的巴西民族"，与低等种族通婚将会导致"退化和堕落"；日本人"不仅不易被同化，还会将自己的文化强加于他国之上"；

---

① Daniel M. Masterson, *The Japanese in Latin America*, Urbana: University of Illinois Press, 2004, p. 43.

② Jeffrey Lesser, *Negotiating National Identity: Immigrants, Minorities, and the Struggle for Ethnicity in Brazil*, Durham [N. C.]: Duke University Press, 1999, pp. 84 – 85.

"他们自诩为地球上最强大和最完美的民族,这会在日后成为(居住国的)政治威胁"。对于圣保罗州农务主管卡洛斯·博特略试图与日本人水野龙(Mizuno Ryū)签署的劳工协议,吉马良斯持否定态度,并请求外交部给予阻挠。①

然而,20世纪初国内外局势的急剧变化,迫使日巴两国迅速将移民计划提上议事日程。其一,美国和加拿大民众的反日情绪高涨,两国相继出台政策禁止或限制日本移民。19世纪末20世纪初,日本移民的主要目的地由夏威夷转移到北美地区,他们大多投身当地的农业、矿业、渔业、伐木和铁路修建工作。随着大批移民的进入,本土劳工感受到了来自日本劳工强大的工作竞争压力,再加上头脑中的种族主义思想,于是在北美地区掀起了排日运动。经过长达一年的谈判和六次互换照会后,美日双方于1908年达成了《君子协定》(The Gentlemen's Agreement),日本同意不向本国技术劳工和无技术劳工发放前往美国本土的护照,但以家庭团聚的探亲移民除外。加拿大国内的反日声浪也在逐渐增强,尤其在不列颠哥伦比亚地区。1902年,东方移民皇家委员会(the Royal Commission on Oriental Immigration)向加拿大政府递交了一份报告,其中写道:"日本人已经控制了捕鱼业。"渔民协会的代表称"日本人正在把其他劳工赶出工业生产,企图完全控制它";由于日本劳工更为低廉,同样的工种他们的薪水比白人要少1/4到1/3,所以"他们与白人产生了不正当竞争"②。在这种情况下,1907年,威尔弗里德·劳里埃(Wilfrid Lau-

---

① "Official Communication no. 1 (reserved) from Manoel de Oliveira Lima, Chargé D'Affaires of Brazil in Tokyo, to Olyntho de Magalhães, Minister of State of Foreign Affairs", September 15, 1901; "Official Communication no. 4 (reserved) from Luis Guimarães, Chargé D'Affaires of Brazil in Tokyo, to the Barão do Rio Branco, Minister of Foreign Affairs", December 4, 1906; "Official Communication no. 4 (reserved) from Luis Guimarães, Chargé D'Affaires of Brazil in Tokyo, to the Barão do Rio Branco, Minister of Foreign Affairs", Semptember 23, 1907, cited in Márcia Takeuchi, "Brazilian Diplomacy before and during the Early Phase of Japanese Immigration (1897 – 1942)," trans. Narjara Mitsuoka, in James C. Baxter, Hosokawa Shūhei and Junko Ota, eds., Cultural Exchange between Brazil and Japan: Immigration, History, and Language, Kyoto: International Research Center for Japanese Studies, 2009, pp. 3 – 4.

② Tomoko Makabe, "The Theory of the Split Labor Market: A Comparison of the Japanese Experience in Brazil and Canada," Social Forces, Vol. 59, No. 3, Mar., 1981, pp. 792 – 795.

rier）政府派遣劳工部部长罗道夫·勒米厄（Rodophe Lemieux）赴日本就移民问题进行谈判。同年，日加双方达成了《勒米厄协议》（Lemieux Accord），日本同意削减向加拿大的移民数量。北美国家收紧移民政策，对日本劳工移民关上了大门，迫使他们另寻出路。

其二，欧洲主要移民来源国纷纷颁布法令，禁止向巴西输出补贴劳工移民。鉴于巴西种植园主有虐待劳工的现象，为了保护本国劳工的权益，1902年3月，意大利政府通过了《普里内蒂法令》（Prinetti Decree），宣布终止去往巴西的补贴移民项目。随后，德国、葡萄牙相继出台政策，建议移民不要前往巴西。1910年8月26日，西班牙国王阿方索十三世（Alfonso XIII）颁布法令，禁止向巴西遣送补贴移民。[①] 对于巴西的劳动力市场而言，欧洲国家的移民禁令无异于当头一棒。尤其是移民最大来源国意大利，《普里内蒂法令》的效果很快就显现出来：入境巴西的意大利移民人数从1901年的59869人骤降至1903年的12970人，降幅达78%；此后五年的移民输入总量为83105人，还没有1897年（104510人）一年的输入量多。[②] 欧洲移民劳工的减少，迫使巴西寻找更加多元的劳动力来源。

其三，日本赢得1904—1905年日俄战争的胜利不仅提高了国际地位，同时进一步推动了其海外拓殖事业。如果说甲午战争之后日本基本实现了"脱亚入欧"的目标，赢得了与西方资本主义国家平起平坐的资格，那么日俄战争的军事胜利则激发了日本进一步对外扩张、与西方国家抗争的巨大动力，同时也宣告了日本正式加入西方列强体系。[③] 经历过这场战争，日本的大国心态急剧膨胀，受此鼓舞，日本政府决定不再只输出受经济驱动的短期劳工移民，更要鼓励扎根于海外、具有长期视野的拓

---

① Jeffrey Lesser, *Immigration, Ethnicity, and National Identity in Brazil, 1808 to the Present*, New York: Cambridge University Press, 2013, p. 110.

② Maria Stella Ferreira Levy, "O Papel da Migração Internacional na Evolução da População Brasileira (1872 a 1972)," *Revista de Saúde Pública*, supplement, Vol. 8, No. 3, 1974, p. 71.

③ 冯绍雷：《关于日俄战争历史地位的再认知》，《史学集刊》2011年第5期。

殖移民。①

其四，1906 年，在巴西政府的干预下，咖啡经济逐渐复苏。为了扭转咖啡经济的颓势，克服生产过剩引起的价格下跌，1906 年 2 月，巴西咖啡种植园主们和政府达成了《稳定物价协议》(*Valorization Agreement*)，实施"咖啡补贴政策"，包括"政府将介入市场，购买过剩产品；购买的资金将来源于外国借贷；这些借贷服务将包括在每袋出口咖啡基础上按黄金收取的新税；为了从长远上解决该问题，生产州政府不应鼓励扩大种植园"②。由此，咖啡价格止跌回稳，并连续四年呈现上扬态势，从 1906 年的 1.29 美元/10 千克升至 1911 年的 2.42 美元/10 千克。③ 咖啡经济的再度繁荣需要注入大量劳动力，而此时欧洲劳工移民人数大幅下降，历史在给日本移民关上了北美大门的同时，又为他们打开了另一扇南美的窗户。

在这种情况下，日巴双方伺机相向而行，很快便达成了两国间的移民协议。一方面，日本驻外官员开始大力呼吁向巴西移民，私营移民公司和商会也都迅速行动起来。日俄战争后，日本驻巴西公使杉村濬改变了之前有关移民问题的消极态度，转而成为巴西移民计划的坚定支持者。在对圣保罗州和米纳斯吉拉斯州考察后，他向日本政府提交了一份鼓励本国民众移民巴西的报告。报告的字里行间充满了自信得意的话语，"巴西民众簇拥着我，他们唱着日本国歌，邀请我做了许多场演讲。这全都是因为日本战胜了一个欧洲国家，所以他们对日本改观了，表现出来了尊重和友好"；他将意大利移民视为榜样，相信巴西会像对意大利移民那样也对日本移民张开怀抱，"尽管一些言论认为日本人无法适应新的环境和语言，但我们可以学习意大利移民。他们纵然历经了千辛万苦和极端贫困，然而并未失败。相反，他们中的许多人已经成了地主，并能供养

---

① Peter Duus, *The Abacus and the Sword: The Japanese Penetration of Korea, 1895 – 1910*, Berkeley: University of California Press, 1995, pp. 295 – 296.

② [巴西] 塞尔索·富尔塔多:《巴西经济的形成》，徐亦行、张维琪译，社会科学文献出版社 2002 年版，第 142 页。

③ Thomas Holloway, *Immigrants on the Land: Coffee and Society in São Paulo, 1886 – 1934*, Chapel Hill: University of North Carolina Press, 1980, p. 177.

家庭";他坚称,"日本理想的拓殖地将在圣保罗州找到,因为那里就是世外桃源"。① 1905 年 12 月,这篇报告在日本外务省通商局杂志《通商汇纂》上首发,而后又被《大阪朝日新闻》转载。作为移民巴西的积极分子,水野龙在看到报告后更受鼓舞,随即到巴西驻日公使馆和外务省问询,并于当月赴巴西进行考察,身份是皇国殖民会社(Kokoku Shokumin Gaisha, Kokoku Emigration Company)的业务执行社员(executive member)。② 受杉村濬影响的还有宫城县仙台的藤商商会。1906 年 9 月,该商会在圣保罗城创办了藤崎贸易商店,扇子、陶器、手帕、茶叶等日本商品随之进入巴西市场,并广受欢迎。藤崎贸易商店后来不仅有经济作用,还有重要的社会价值,它资助过许多贫困移民,所以后来又被日本移民称为"人民领事馆"(people's consulate)。③ 1907 年,日本政府颁布《外务省令第 3 号》,对原有的移民保护法进行修订,加强对移民的保护和对民营移民公司的监管,同时规定了奖励移民的办法。④

另一方面,巴西政府也相继出台了吸引日本移民的政策。圣保罗州农务主管卡洛斯·博特略派遣移民专员赴阿根廷、智利和美国的日本移民拓殖地学习经验。⑤ 为了吸引移民,圣保罗州和米纳斯吉拉斯州都承诺给予移民交通补贴。1906 年圣保罗州《土地所有权法》也作出吸引移民

---

① "Minister Fukashi Sugimura's Report",日本国立国会图书馆: http://www.ndl.go.jp/brasil/e/data/R/101/101 -001r.html,2018 年 3 月 5 日; Stewart Lone, *The Japanese Community in Brazil, 1908 -1940: Between Samurai and Carnival*, New York: Palgrave Mcmillian, 2002, p. 25; Alexandre Ratsuo Uehara, "Nikkei Presence in Brazil: Integration and Assimilation," trans. Saulo Alencastre, in James C. Baxter, Hosokawa Shūhei and Junko Ota, eds., *Cultural Exchange between Brazil and Japan: Immigration, History, and Language*, Kyoto: International Research Center for Japanese Studies, 2009, p. 146; Jeffrey Lesser, *Negotiating National Identity: Immigrants, Minorities, and the Struggle for Ethnicity in Brazil*, Durham [N. C.]: Duke University Press, 1999, p. 85.

② 日本国立国会图书馆: http://www.ndl.go.jp/brasil/e/s2/s2_1.html#k2_1_1,2018 年 3 月 6 日。

③ Stewart Lone, *The Japanese Community in Brazil, 1908 - 1940: Between Samurai and Carnival*, New York: Palgrave Mcmillian, 2002, pp. 25 - 26.

④ 入江寅次:『邦人海外発展史』(下),東京:原書房1981 年版,第 50 頁。

⑤ Jeffrey Lesser, *Negotiating National Identity: Immigrants, Minorities, and the Struggle for Ethnicity in Brazil*, Durham [N. C.]: Duke University Press, 1999, p. 85.

的规定：移民可以在履行完种植园的劳动合同后成为独立的农民。①

1907年11月6日，巴西圣保罗州农务主管卡洛斯·博特略与皇国殖民会社代表水野龙正式签署《移民契约》。主要内容包括：一是，三年内，皇国殖民会社要向巴西的咖啡种植园输送3000名劳工移民，移民以家庭的形式组织，每个家庭3—10人，运送目的地为桑托斯港，1908年5月之前②须将第一批1000名移民送达。二是，有关移民的旅费，圣保罗州政府先行垫付补助10英镑，其中4英镑由雇主（咖啡种植园主）支付，其余的部分从移民的工资中扣除。三是，酬劳以计件工资的形式发放，每采摘50公升的咖啡豆可以获得0.25—0.5美元的薪酬。③

其中，双方争议较大的是家庭移民模式。巴西方面不想要只打算短期逗留、挣钱回家的"寄居客"移民，而是需要以长久定居为目的的劳工移民，希望借助家庭移民最大限度地保证劳动力来源的稳定性。而日本以往的海外移民都是以单身男性为主，招募家庭移民存在实际的困难。水野龙曾提出要把家庭移民的要求去掉，但圣保罗州政府拒绝作出让步。由于日本民营移民公司向外输送移民必须得到外务省的许可和授权，否则将被视为非法行为。

在与圣保罗政府签完移民契约后，水野龙就立即启程返回日本。1908年1月，他到达横滨。然而，家庭移民条款是横亘在水野龙取得外务省许可面前的主要障碍。外务省认为，5月之前不可能招募足够的家庭移民；同时指令日本驻巴西公使内田槌殿与圣保罗州商议，可否将日期宽限6个月。内田槌殿在回函中建议外务省打消延长期限的念头，同时又提供了一条新思路，即指导各府县政府在为移民出具家庭关系证明上

---

① Toake Endoh, *Exporting Japan: Politics of Emigration to Latin America*, Urbana: University of Illinois Press, 2009, p. 28.

② 巴西要求日本移民公司务必在5月之前将劳工移民送达，这是由咖啡树的生长周期决定的。每年的4月底咖啡豆进入采摘期，8月达到顶峰，9月初整个收获期结束。参见 Stewart Lone, *The Japanese Community in Brazil, 1908–1940: Between Samurai and Carnival*, New York: Palgrave Mcmillian, 2002, p. 34。

③ 水野龍：「海外移民事業ト私」，憲政資料室所蔵マイクロフィルム：移（一）- D3、紙：移（一）- ブラジル - 110，日本国立国会図書館，https://www.ndl.go.jp/brasil/text/t016.html#SECTION_5，2018年3月6日。

提供方便，以确保移民在 5 月前登船出发。在各方努力下，圣保罗州政府准许移民到达期限向后延长一个月（截至 6 月）。皇国殖民会社也终于在 2 月得到了日本外务省的授权，可以招募移民。

第四节 拉美的早期日本移民及经验教训

事实上，在向巴西输送移民之前，日本人的足迹已经踏入拉美多国。墨西哥是日本移民最早定居的拉美国家，秘鲁则是第一个与日本建立外交关系的拉美国家。在日本人早期向拉美的移民活动中，墨西哥和秘鲁接收了约九成以上的日本移民，其间的经验和教训对日后移民巴西至关重要。

1897 年 3 月 24 日，34 名日本"榎本移民团"（Enomoto's immigrants）成员乘坐"格林号"前往墨西哥，这是被官方承认的、有组织的、最早到达拉美地区的日本移民。不难发现，日本移民迁往拉美的时间要比夏威夷、美国本土和加拿大滞后十几年。在一定程度上，这可以归因于拉美国家与日本政府建立外交关系比较晚。按照先后顺序，19 世纪与日本建交的拉美国家有：秘鲁（1873 年）、墨西哥（1888 年）、巴西（1895 年）、智利（1897 年）、阿根廷（1898 年）。

在近代晚期争夺劳动力的大战中，为什么拉丁美洲不是早期日本移民心中的理想之地呢？第一，拉美的经济发展程度不如北美地区。尽管拉美各国的经济发展水平有高低之分，但总体上都是农业国、工业化程度低，因此，能够给移民提供的工资水平和就业机会就比较有限，这对急于赚钱还乡的日本劳工而言缺乏吸引力。当时，同样的一份工作在美国的收入是日本国内的 7.25 倍，而拉美国家根本达不到。所以，早期日本劳工移民认为，没有哪个美洲国家可以与美国的劳工市场相媲美，美国是他们去往美洲的首选目的地，拉美只是二选或三选。第二，日本的劳工移民偏爱移居夏威夷，原因在于它的地理位置距离日本相对较近，且两国间有移民的历史渊源，更为重要的是，它是迁往美国本土的"跳板"。事实上，许多日本劳工到达夏威夷后，由于语言不通、生活环境差、气候不适应等因素逃离了种植园，为了获得更多更好的工作机会，他们曲线入境美国本土。1901—1907 年，约有 3.8 万名日本劳工是通过夏威夷进入美国本土的。① 第三，如同夏威夷那样，一些早期来到拉美国家的日本劳工并不把这里当成他们的"终点站"，而是视作进入美国的"中转站"。这种现象在墨西哥尤为常见，特别是美国国内反对日本移民呼声高的时候。一个移民救助网络在墨美边境城市华雷斯—埃尔帕索（Ciudad Juárez-El Paso）成立，专门帮助新到墨西哥的日本移民潜入美国，为他们提供住所等便利条件。② 日本驻墨西哥全权公使杉村幸一（Sugimura Koichi）在 1907 年《日本时报》的一篇报道中承认："为了寻求更好的待遇，许多墨西哥的日本移民偷偷穿过北部边境来到美国。"③ 为了杜绝这种曲线入境美国的移民方式，1907 年 3 月 14 日，美国总统西奥多·罗斯福颁布第 589 号行政令，规定"持有前往墨西哥、加拿大或夏威夷护照的日本、朝鲜国民，即那些熟练或非熟练的日本和朝鲜劳工，他们将被拒绝获准进入美国本土"④。在这种情况下，一些前往秘鲁和巴西的日本移民不惜周折，一路北上经由墨西哥或波多黎各，中转两次入境美国。⑤

一　墨西哥的早期日本移民

19 世纪中后期，拉美国家进行了以土地问题为中心的"自由改革"（Liberal Reforms）。其中，墨西哥最具典型性。改革大致包括六个方面的内容：（1）剥夺天主教会、其他宗教团体和印第安人的土地；（2）进行大规模的铁路建设；（3）金融改革，如颁布银行、货币、海关等相关立

---

① Yuji Ichioka, *The Issei: The World of the First Generation Japanese Immigrants, 1885 – 1924*, New York: The Free Press, 1988, pp. 51 – 52.

② Daniel M. Masterson, *The Japanese in Latin America*, Urbana: University of Illinois Press, 2004, p. 33.

③ María Elena Ota Mishima, *Siete Migraciones Japonesas en Mexico, 1890 – 1978*, México, D. F.: El Colegio de Mexico, 1982, pp. 57 – 58.

④ "Theodore Roosevelt Executive Order (a. k. a Gentlemen's Agreement)," March 14, 1907, in Franklin Odo, ed., *The Columbia Documentary History of the Asian American Experience*, New York: Columbia University Press, 2002, p. 142.

⑤ Toake Endoh, *Exporting Japan: Politics of Emigration to Latin America*, Urbana: University of Illinois Press, 2009, p. 18.

法；(4) 复兴矿业；(5) 强化国家对经济的干预；(6) 加强对农村劳动力的控制。① 从本质上讲，自由改革是为实施初级产品出口发展模式创造必要的条件。资本、市场和劳动力是经济发展不可或缺的要素。因此，墨西哥政府鼓励引进外资，以解决国内资金不足的问题，修建铁路可以使国内中心城市与国际市场，特别是与美国市场相连接。但是，劳动力不足的问题始终是难以突破的瓶颈。墨西哥实证主义代言人胡斯托·谢拉（Justo Sierra）曾说："墨西哥遇到的麻烦就是患了'贫血症'，因为在墨西哥的血管里流着'致贫的血液'，它产生出怀疑主义，缺少能量，抵制营养，过早老化。……而大量的强壮血液，只能以引进移民的方式来补充。"②

为了解决劳动力短缺的难题，19 世纪中期墨西哥政府开始引进欧洲移民，以开发北部和西部的肥沃土地。但是，墨西哥动荡的政局③、不宽容的宗教政策和低效的移民政策，使得移民效果并不理想。截至 1876 年，墨西哥的外来移民只有约 2.5 万人，仅占同期墨西哥总人口（近 900 万人）的 0.27%。④ 1877 年，波菲利奥·迪亚斯当选墨西哥总统，继续奉行自由改革政策。他当政时期是墨西哥早期工业化的重要阶段。墨西哥政府掌握的大量土地资源不仅满足了大规模铁路建设的土地需要，还可

---

① 苏振兴：《拉美国家现代化进程研究》，社会科学文献出版社 2006 年版，第 65 页。
② [美] 迈克尔·C. 迈耶、威廉·H. 毕兹利编：《墨西哥史》（下册），复旦人译，东方出版中心 2012 年版，第 495 页。
③ 19 世纪五六十年代，墨西哥面临着内忧外患，先后发生了"改革战争"（the War of Reform, 1858–1861）和"法墨战争"（the French Intervention, 1862–1867）。墨西哥 1821 年独立后，国内的政治力量发生了严重的分裂。1821—1857 年间，曾有 50 个政府"走马灯"式地统治着这个国家。总的来说，这些政治力量可以分为自由派和保守派两大阵营，双方的主要分歧在政体方面。自由派想要建立一个墨西哥联邦，限制教会和军队对国家的控制；保守派则希望建立一个中央集权的政府，军人在其中可以保有传统特权。1858—1861 年，双方的争论演变成一场全面内战，最终自由派取得胜利。保守派虽然失败了，但依旧活跃，甚至密谋借助法国人的力量将马西米连诺一世扶上皇位。这就是"法墨战争"（又称"马西米连诺事件"）的起因之一。这起事件还缘于 1861 年墨西哥政府宣布停止向外国支付借款利息所致。由此，作为墨西哥的主要债权国，法兰西第二帝国远征军对墨西哥发动入侵，并复辟君主制，成立墨西哥第二帝国。1867 年，自由派在美国的支持下击败了法军和保守派，墨西哥共和国重新建立。
④ Michael C. Meyer and William L. Sherman, *The Course of Mexican History*, New York: Oxford University Press, 1987, pp. 419–420.

作为吸引外资的担保，以及招募外国移民的手段。1881年，迪亚斯政府在韦拉克鲁斯州、普埃布拉州、圣路易斯波托西州和联邦区设立6个独立的拓殖地，以安置引进的外来移民。第一年，就吸引了2600名意大利移民。然而，两年内这一数字就降至1050人。由于政府的资金投入力度小、与本土居民的矛盾，以及缺少基础设施导致农产品销售不畅等原因，造成移民不断流失。截至1908年，仅有217名意大利移民居住在原来的安置地。① 在这种情况下，墨西哥政府开始把目光投向中国和日本。

1864年，墨西哥中央铁路局由美国商人承办开筑，召华工南下，"此批华工为最先向墨西哥移殖者"②。1882年美国颁布《排华法案》后，前往墨西哥的华工人数显著增加。起初，华工大多在墨西哥西北部索诺拉州的种植园和矿山劳作，这与迪亚斯政府希望借助外资开发边远地区的政策相契合。后来，有华人开始从事小商店、烹饪、制鞋、洗衣等职业。在迪亚斯执政末期，华人社区成为索诺拉州最大的外国移民群体，人数约占当地人口的2%。截至1910年，已有13203名华工移民墨西哥，他们的足迹遍布特拉斯卡拉州（Tlaxcala）以外的墨西哥全境。③ 尽管如此，华工的到来依然不能满足墨西哥的用工荒。在吸引华人移民的同时，墨西哥政府就建交、贸易和劳工等问题同明治政府进行频繁的接触。

1874年，为了观测金星凌日，④ 墨西哥天文学家弗朗西斯科·迪亚斯·科瓦鲁维亚斯（Francisco Diáz Covarrubias）远赴日本和中国。回国后，他根据在两个国家的见闻撰写了《日本旅行记》，让墨西哥人对日本的风土人情有了初步的认识。此外，科瓦鲁维亚斯还提倡墨西哥与日本建立外交关系。后来，他成为一名外交官，极力主张墨西哥政府引进日

---

① Daniel M. Masterson, *The Japanese in Latin America*, Urbana: University of Illinois Press, 2004, p. 17.

② 陈翰笙主编：《华工出国史料汇编》（第六辑：拉丁美洲华工），中华书局1984年版，第268页。

③ Daniel M. Masterson, *The Japanese in Latin America*, Urbana: University of Illinois Press, 2004, p. 18.

④ 1874年的金星凌日吸引了西方天文学家的目光。这次天文奇观可见的地区包括中国、日本、朝鲜等东亚和其他东半球区域，英国、美国和法国分别组队，沙俄、墨西哥、巴西、葡萄牙等国天文学家积极参与，前往这些地区进行观测。

本移民。此后的十四年，迪亚斯政府和冈萨雷斯（Manuel González，1880—1884年当政）政府为了开拓日本市场曾多次交涉。但明治政府此时的外交重心是与西方国家修约，不愿缔结新条约。[①] 但是，在修约事宜四处碰壁的情况下，1888年，日本与墨西哥缔结《日墨修好通商条约》，宣告两国正式建立外交关系。该条约被视为日本与外国签订的第一个平等条约，对于提高日本的国际地位意义重大，也是此后日本人移民墨西哥的法律基础。

需要指出的是，墨西哥人之所以愿意招揽日本移民，有以下几个方面的因素促成。第一，对廉价劳动力的追逐，这一点与其他美洲国家是一样的；第二，甲午战争胜利后，日本作为一个迅速崛起的东方国家吸引着墨西哥实证主义当权派的目光；第三，墨西哥相对宽容的种族关系为其引进外来移民创造了客观环境。19世纪末，与北美邻国相比，"墨西哥人的头脑还远没有被种族主义和社会达尔文主义所禁锢"[②]。"科学家派"精英们更为看重的是"世俗进步和物质发展"，尽管精英们把印第安人视为"二等公民"，但并不排斥他们，而是倡导通过教育和就业将他们纳入墨西哥的主流社会，以这种方式来"拯救"印第安人。[③]

榎本武扬是促成1897年第一批到达墨西哥（拉美）的日本移民团的核心人物。他早期在北海道的拓殖经验及其"殖民论"思想，为日本人移民墨西哥等拉美国家提供了理论基础。

榎本武扬是幕末重臣，明治维新后，他再度在新政府中出仕，先后任驻俄国和驻中国公使、递信大臣、文部大臣、外务大臣、农商务大臣。他是北海道开发计划的主要缔造者之一。在明治早期，榎本武扬就谏言迁移三十万户居民开发北海道，但当时时局未定，且北海道多被德川旧族所控制，为了不生谋反之势，政府并未采纳。1872年3月，榎本武扬

---

① Daniel M. Masterson, *The Japanese in Latin America*, Urbana: University of Illinois Press, 2004, p. 15.
② Martin S. Stabb, "Indigenism and Racism in Mexican Thought, 1857 – 1911," *Journal of Inter-American Studies*, Vol. 1, No. 4, Oct., 1959, p. 420.
③ William D. Raat, "Ideas and Society in Don Porfirio's Mexico," *Americas*, Vol. 30, No. 1, 1973, p. 53.

被明治政府任命为开拓使四等出仕，跟随开拓使次官黑天清隆巡视勘察北海道的矿产和资源情况。1873 年 1 月，他被提拔为开拓使中判官。他还参与制订了北海道地质调查方案和《北海道土地买卖规则》，开发和管理土地资源。

结合早年的外事经历和在北海道的拓殖经验，榎本武扬在海外移民问题上提出了"殖民论"，妄图把北海道模式推广到世界其他地区，建立以永住为目的的日本海外拓殖地。他认为，19 世纪 80 年代美国出现排华风潮的一个主要原因是中国移民"单身独行流寓无常"，没有"恒产恒心"。为了不重蹈华人劳工被排斥的覆辙，不损害国家"体面"，日本政府不能只具有短期视野，为了缓解人口压力而输出"低端的"契约劳工，而应着眼长远，推动资本输出、在国外购买或租借土地，输送移民进行垦殖，开创可供民众移居且永久居住的拓殖地，从而为日本的商业贸易和政治扩张做准备。①

1891 年，榎本武扬担任外务大臣，致力于革新和推进海外拓殖活动。日本外务省移民课（1891）和"殖民协会"（1893）就是在他的推动下成立的。他还派调查员在世界各地进行实地考察，以寻找适合日本拓殖的地区，墨西哥、马来半岛、菲律宾、新赫布里底群岛（New Hebrides）、斐济等都在其考察范围内。1894 年，榎本武扬向日本议会提交了一份奖励海外移民的议案，希望通过与拉美国家缔结条约输出移民获得全院一致通过。

经过考察和比较，墨西哥恰帕斯州索科努斯科（Soconusco）地区的埃斯昆特拉（Escuintla）被日本确定为最佳定居地点。1895 年，榎本武扬成立墨西哥移民组合，以尽快认购土地，开展移民活动。这个组织有 23 名成员，包括当时看好墨西哥移民活动的日本移民公司法人、财阀、士绅和赴墨调查人员，共筹资金 17800 日元。在移民组合的基础上，榎本武扬成立了日墨拓殖会社，目的在于购入、开垦、借贷和出售墨西哥土

---

① 「移民課設置意見」,『朝野新聞』明治二十四年（1891）8 月 5 日，日本国立国会图书馆：http：//www.ndl.go.jp/brasil/text/t008.html，2017 年 10 月 5 日。

地。① 1896年，日本移民公司以每英亩0.6比索的价格购买了埃斯昆特拉160550英亩的土地，榎本武扬是土地转让名义承担人。需要指出的是，埃斯昆特拉项目只是迪亚斯政府20个"土地换投资促开发"项目的其中一个。②

1897年5月10日，"榎本移民团"在历经48天的航行后抵达墨西哥圣贝尼托港（San Benito）。5月18日，到达埃斯昆特拉。然而，实地情况令拓殖地的建设举步维艰。预想的咖啡种植没能成功开展，种植的口粮都难以获得，移民们连最基本的生存都难以为继。其中有9人选择返回日本，其他人则纷纷逃散各地。埃斯昆特拉拓殖地经营凋敝，宣告日本人在墨西哥的第一个试验性拓殖地计划失败。

"榎本移民团"失败的主要原因是前期实地调查不详尽和后期配套资金不足。拓殖地负责人草鹿砥寅二出发时只带了约20000日元，渡航费用就需3500日元，第一年缴纳税收又需3000日元，而剩余的经费连移民们充足的食物和基本薪酬都保证不了，更何况还要开发160550英亩的土地？③ 再加上准备不足，行动仓促，日墨拓殖公司的许多股份无人认购，造成资金短缺，束缚了移民的拓殖活动。此外，"榎本移民团"全部都是单身男性，有违于榎本武扬"殖民论"中以定居为目的开展移民活动的初衷。可以说，"榎本移民团"是在不成熟的时机、不充分的准备和不切实际的幻想下走向失败的。

但是，榎本武扬以永久居住为核心的拓殖思想，为日本政府打开了一种海外移民新思路，日后这种移民模式将在巴西获得成功；而埃斯昆特拉拓殖地因资金匮乏走向解体，也为日本的移民活动敲响警钟，为此后大力资助移民活动提供了可鉴的教训。

"榎本移民团"的失败并没有阻止日本移民墨西哥的步伐，相反，19世纪末20世纪初墨西哥矿业的繁荣刺激着大批日本劳工移民的到来。

---

① 入江寅次：『邦人海外発展史』（上），東京：原書房1981年版，第255頁。
② Daniel M. Masterson, *The Japanese in Latin America*, Urbana: University of Illinois Press, 2004, pp. 27-28.
③ 马藤：《近代墨西哥日本移民研究（1897—1941）》，硕士学位论文，苏州科技大学，2017年，第18—20页。

为了吸引外资投资于墨西哥矿业，1884年墨西哥政府对殖民地时期以来实行的矿业法进行修订。原矿业法规定，所有土地所有权并不包括地下资源，特别是矿产的所有权；新法则将地下资源授予这片土地的所有者。① 1892年6月4日，迪亚斯政府再度颁布新矿业法，确认了外国公司"获得设备、开采自由和财产安全"的权益。② 在此背景下，大量外资涌向墨西哥的矿业，除了传统的银矿和金矿，铅、铜和锌等一些非贵金属矿也被大量开采并出口。墨西哥运营铁路中的一半是用于连接矿产地与大城市的市场，促成了这一时期的矿业繁荣。1890—1908年，墨西哥的矿业增长率高达50%—1000%。③ 对此，一位外国观察者在奇瓦瓦州帕拉尔矿区评论说："帕拉尔已有300多年的历史，可以毫不夸张地说，铁路开通后所开采的矿石比以前所有时间中开采的矿石都要多。"至1910年，美国公司控制着墨西哥75%的采矿公司和70%的冶金工业。④

由于这些矿山地处偏远地区，本地人口非常稀缺，为了扩大生产、降低成本，外国矿主纷纷迫切希望引进日本劳工，如在科阿维拉州（Coahuila）经营墨西哥煤炭和焦炭公司（Mexican Coal and Coke Company）的美国商人威廉·路德罗（William Ludlow），在加利福尼亚州经营埃尔·波利奥（El Boleo）铜矿的法资公司等。

经过商谈和考察，并取得明治政府同意后，日本民营移民公司开始着手实施赴墨移民活动。据统计，1901—1907年，共有10956名日本人移民墨西哥，其中通过日本移民公司来的契约劳工有8706人，约占总数的79.4%。这些劳工主要分布在墨西哥北部的矿山、咖啡种植园、大麻种植园、甘蔗种植园，并参与铁路和公路的修筑工作。承担早期向墨西哥输送劳工的日本移民公司主要有三家，分别是熊本移民会社、东洋移

---

① Burton Kirkwood, *The History of Mexico*, Santa Barbara, Calif.: Greenwood Press, 2000, p. 117.

② Marvin Bernstein, *The Mexican Mining Industry, 1890 – 1950*, Albany: State of New York Press, 1965, p. 27.

③ Daniel M. Masterson, *The Japanese in Latin America*, Urbana: University of Illinois Press, 2004, p. 29.

④ ［美］迈克尔·C. 迈耶、威廉·H. 毕兹利编：《墨西哥史》（下册），复旦大学译，东方出版中心2012年版，第498页。

民会社（Toyo Imin Gaisha，英文名为Toyo Immigration Company）和大陆殖民合资会社。熊本移民会社分12批共向墨西哥输送1242名契约劳工，大多在科阿维拉州的埃斯贝兰萨斯（Esperanzas）和富恩特地区的煤矿劳作；东洋移民会社输送了12批共3048名契约劳工，主要在埃斯贝兰萨斯的煤矿和埃尔·波利奥（El Boleo）铜矿劳动；大陆殖民合资会社分11批共输送了4416名契约劳工，分散在韦拉克鲁斯州奥哈奎那（Oaxaquena）的咖啡、甘蔗和大麻种植园、科利马州中央铁路以及索诺拉州马格达莱纳（Magdalena）地区的黑山金矿（the Black Mountain gold mine）工作。①

不难发现，与最早的"榎本移民团"相比，20世纪初由日本民营移民公司负责的移民主要有以下两点不同：一是移民目的，前者是以永久定居为出发点，后者则是以4年契约为期的短暂居留；二是移民形式，前者是团体协作式的，后者则是契约劳工，各自劳作，之间并无聚合的意愿。

早期日本移民在墨西哥生活艰苦。他们遭受的最大苦难是疾病。工作环境恶劣、营养不良和酷烈的热带气候造成大批日本劳工患上了脚气、伤寒和疟疾等疾病。在奥哈奎纳（Oaxaquenia）种植园，平均每天就会有2—3名日本劳工死亡，有时甚至一天有16人病死。1906年，日本劳工为了争取更好的工作环境，发起了罢工。墨西哥政府军队镇压了此次罢工，并逮捕了90名日本工人，这些工人最终被逐出种植园。而后不断有日本劳工举行罢工，日本驻墨西哥公使馆开始介入，为本国移民争取权益。修筑铁路的日本劳工的工作环境虽然比矿山和种植园好一些，但卫生环境同样恶劣。科利马中央铁路营地30个营房，只有1个卫生所，里面仅有1名荷兰医生和他的日本人助手。② 在这种情况下，大部分日本劳工在工作半年至一年间就逃往墨西哥其他地区，或非法入境美国，抑或回国谋生。除了相对较好的工作环境，美国较高的工资水平无疑对日本劳工

---

① Daniel M. Masterson，*The Japanese in Latin America*，Urbana：University of Illinois Press，2004，p. 30.

② Daniel M. Masterson，*The Japanese in Latin America*，Urbana：University of Illinois Press，2004，p. 31.

具有巨大的吸引力。当时，墨西哥的日本契约工人每天的收入只有0.5美元，美国工人的日均薪水为3美元，是前者的6倍。1908年，日本驻墨西哥公使吉田声称："未履行完契约就逃走的（日本）移民数量约有五千多人，他们中的大多数进入了美国。"也就是说，这一时期将近半数赴墨西哥的日本移民或是被迫或是有意地"曲线"入境美国。

《君子协定》签订后，迫于华盛顿的外交压力，日本大幅收紧向墨西哥的移民活动。1908年，没有日本人入境墨西哥的记录。1910年，墨西哥革命爆发，动荡的局势在客观上阻碍了日本移民的脚步。在接下来的10年间，只有200多名合法的日本移民进入墨西哥。[①] 此后，日本移民的步伐再次向南迁移。

二　秘鲁的早期日本移民

工业革命致使欧洲人口激增，对粮食的需求也不断加大，农业产量亟待提高。在这种背景下，19世纪40年代，作为天然良肥的秘鲁鸟粪成为国际市场上的新宠。此后的四十年间，秘鲁以平均每吨10英镑的价格出口了大约1080万公吨的鸟粪，换句话说，秘鲁从鸟粪贸易中赚取了大约1亿英镑，成为当时拉美最富有的国家之一。这一时期，鸟粪出口主导了秘鲁的经济命脉，鸟粪收入从1846年不足政府财政收入的10%跃升至1872年的50%[②]，故被称为"鸟粪时代"。

与矿石和农产品不同，鸟粪的获得不需要投入重型设备和高额资本，只需要挖掘、包装和运输鸟粪的人力、铲子、袋子和货船。1854年，秘鲁政府废除了奴隶制和印第安人贡赋，致使鸟粪开发和种植园经济劳动力匮乏。为了弥补劳动力缺口，秘鲁政府起初尝试引进欧洲移民，但挖掘鸟粪的恶臭环境和低廉的工资水平，对欧洲人来说并不具有吸引力。于是，1849年秘鲁开始从澳门和广州输入中国"苦力"。至1876年，有92130名华工来到秘鲁，而欧洲移民仅有18078人（主要来自意大利、法

---

① Daniel M. Masterson, *The Japanese in Latin America*, Urbana: University of Illinois Press, 2004, p. 34.

② ［美］克里斯蒂娜·胡恩菲尔特：《秘鲁史》，左晓园译，东方出版中心2011年版，第124—125页。

国、西班牙和德国)。①

19世纪70年代,由于化肥的出现和鸟粪资源的减少,秘鲁的"鸟粪经济"步入寒冬,鸟粪价格暴跌。1876年,秘鲁政府宣告破产。此后,秘鲁经济不再依赖鸟粪等单一产品的出口,转而进行多元化投资,加大对蔗糖、棉花、羊毛、橡胶、矿产和石油等产业的投入。其中,尤以蔗糖业的发展最为迅速。1871—1878年间,秘鲁的蔗糖产量增长了495%;到1879年,蔗糖出口占秘鲁全部出口额的32%。②

蔗糖经济的增长导致对劳动力需求的增加。然而,由于中国劳工此前在秘鲁遭受残酷虐待的事情被披露,致使"苦力贸易"备受国际舆论的谴责。1873年12月27日,葡萄牙宣布禁止在澳门招雇华工出洋。1874年6月26日,秘鲁和清政府签订《天津条约》。其中规定:"中国官民在秘国,亦应与秘国最为优待之国官民一律。"③并同意清政府派遣调查团,就已经贩卖到秘鲁的华工所受的待遇进行调查。7月2日,历经95天航行、运载着最后一批369名华工的秘鲁"罗拉号"抵达目的地④,标志着秘鲁从中国引进大批廉价劳动力时代的结束,秘鲁不得不转寻求新的劳动力来源。

此后的二十年,秘鲁的局势动荡不定,延缓了劳动力输入的步伐。先是1879—1885年陷入与智利争夺硝石和鸟粪产地的"南美太平洋战争"(又称"硝石战争"或"鸟粪战争")。最终,秘鲁溃败,割让塔拉帕卡省(Tarapacó)给智利,并将塔克纳(Tacna)和阿里卡(Arica)地区交由智利管辖10年。在这场战争中,许多在秘鲁的华工与智利军队联合,对抗秘鲁和玻利维亚军队,这触发了秘鲁人的反华情绪,从而为后来引进日本劳工提供了契机。南美太平洋战争不仅使秘鲁遭受了军事失

---

① [美] 克里斯蒂娜·胡恩菲尔特:《秘鲁史》,左晓园译,东方出版中心2011年版,第142页。
② [美] 克里斯蒂娜·胡恩菲尔特:《秘鲁史》,左晓园译,东方出版中心2011年版,第131页。
③ 伍杰主编:《中外旧约辞典》,青岛出版社1992年版,第41页。
④ 陈翰笙主编:《华工出国史料汇编》(第六辑:拉丁美洲华工),中华书局1984年版,第241页。

败，也使秘鲁国内出现政治领导权分化的局面。与智利的战争结束后，紧接着秘鲁爆发内战。

政局不稳定是造成1889年和1893年日本人两次尝试移民秘鲁失败的主要原因。1889年，日本官员高桥是清（Korekiyo Takahashi）成立日本—秘鲁矿业株式会社（Japan-Peru Mining Company），试图开采秘鲁的银矿。翌年，高桥是清与技师、矿工和机修工等17人驶达秘鲁。但由于秘鲁政局不稳定，众人纷纷弃矿，高桥的银矿项目宣告失败。1893年3月，曾在美国加州大学伯克利分校留学的日本人青柳（Ikaturo Aoyagi）来到秘鲁，同该国政府代表麦肯齐（Mckenzie）洽谈两个位于佩雷内（Perené）和昌查马约（Chanchamayo）的拓殖地项目，试图引进日本移民在此种植咖啡树。麦肯齐曾答应在一年内给予答复，但是，此事后来不了了之。①尽管如此，青柳仍然致力于推动日本人向南美洲的移民事业。

1895年，卡塞雷斯（Andrés Avelino Cáceres）军政府下台，民主党领袖尼古拉斯·德彼罗拉（Nicolás de Piérola）执掌政权，结束了秘鲁国内的政局动荡。在执政的五年间，彼罗拉基本遵循太平洋战争爆发前文官主义党人的政治和经济发展计划，但是，与后者不同，他再也无法指望从鸟粪和硝石中获得丰厚的收入，而是越发依赖于沿海地区的蔗糖种植业以及外国投资和贷款。为了促进蔗糖经济的发展，迫切需要引进劳动力，与日本政府的移民交涉被迅速提上秘鲁政府的议事日程。

1898年，日本森冈移民会社高管田中贞吉（Teikichi Tanaka）赴秘鲁，同制糖业代表奥古斯托·莱基亚·萨尔塞多（Augusto Bernardino Leguía Salcedo）交涉移民事宜。田中贞吉曾任日本递信省（the Ministry of Communication）官员，他和莱基亚在美国留学期间相识。莱基亚凭借在秘鲁制糖业中的重要地位，后来成为该国总统（1908—1912年，1919—1930年任职）。在会谈中，莱基亚表达了秘鲁蔗糖种植园主和制糖业希望迅速引进大量日本移民的意愿。随后，田中贞吉向公司负责人森冈真（Makoto Morioka）汇报了这一情况。在森冈真的推动下，日本外务省派

---

① Toraji Irie and William Himel, "History of Japanese Migration to Peru (part Ⅰ)," *The Hispanic American Historical Review*, Vol. 31, No. 3, Aug., 1951, pp. 438 – 440.

遣室田启文（Yoshibumi Murota）公使到秘鲁进行考察。为了吸引日本移民，秘鲁政府承诺："玛利亚·路斯号"事件①不会再发生，奴隶贸易有违于秘鲁的政策，我们只允许引进"自由"移民、契约移民。

同年9月19日，秘鲁总统尼古拉斯·德彼罗拉签署法令，正式批准从日本引进契约劳工。具体内容如下："鉴于由秘鲁外交部提议、秘鲁农业企业和森冈公司起草的从日本帝国引进劳工移民的提案与秘鲁政府现行的法律法规不相冲突，而且我相信这将有益于秘鲁农业，因此我同意从日本帝国引进契约劳工。"② 10月8日，森冈公司着手招募劳工的工作。最终，该公司与790名劳工签署了劳动契约。其中，372人来自新泻县、187人来自山口县、176人来自广岛县、50人来自冈山县、4人来自东京府、1人来自茨城县。契约主要包括6个方面的内容：1. 契约期限为4年，劳工将被派往甘蔗种植园或制糖厂；2. 每月的薪水为2.1英镑（约合25日元）或等值的秘鲁货币；3. 在种植园的劳工每日工作10小时，在糖厂的每日工作12小时，加时工作不超过2小时，加时工资为每小时2.5便士，周日和假日休息；4. 前23个月每月需从工资里扣除8先令付给森冈公司，用来偿付契约保证金和返回日本的船票，假如劳工中途逃跑，森冈公司由此遭受的损失也将从这笔扣除

---

① "玛利亚·路斯号"（María Luz）事件是一起发生在日本和秘鲁两国间的外交事件。1872年5月28日，秘鲁船只"玛利亚·路斯号"运载着225名华工从澳门驶离。由于天气不好，6月10日该船不得不驶入横滨港。在那里，有一名华工游泳逃跑，躲藏在英国皇家海军"铁公爵号"（HMS Iron Duke）上。在英国的船只上，那名华工揭露了他和同伴们在航程中所受到的虐待。英国领事馆将这名华工移交给日本政府。在得到"玛利亚·路斯号"船长不再继续虐待华工的口头承诺后，日本把逃亡的华工交还回去。回船后，这名华工再次受到严刑拷打，以致英国和日本再度涉入。8月30日，日本神奈川县临时法庭宣判，在神奈川县厅管内的"玛利亚·路斯号"残酷虐待华工属实，船上华工享有同一般中国居留民同等之权利和自由。10月15日，被解救的华工返回中国。此后，秘鲁和日本围绕这一事件产生纷争。在两国的要求下，俄国作为仲裁者介入此事。1875年，俄国沙皇作出正式裁决：日本政府在处理"玛利亚·路斯号"事件中，不负任何责任，无须对秘鲁偿付由于船只被拘留而受到的损失。可参见陈翰笙主编《华工出国史料汇编》（第六辑：拉丁美洲华工），中华书局1984年版，第238—239页；王铁军《玛利亚·路斯号事件与中日关系》，《日本研究》2006年第2期。

② Toraji Irie and William Himel, "History of Japanese Migration to Peru (part Ⅰ)," *The Hispanic American Historical Review*, Vol. 31, No. 3, Aug., 1951, pp. 442 – 443.

的费用中找回；5. 种植园主需要承担从日本抵达秘鲁的旅费，并提供住所、床铺和医药用品；6. 森冈公司为劳工准备一套工作服、一顶帽子和一双鞋。①

1899年2月28日，790名日本劳工乘坐"佐仓号"从横滨出发，驶向8600英里外的秘鲁。4月3日，他们到达卡亚俄港（Callao）。这些劳工被分配在太平洋沿岸安孔（Ancón）、钱凯（Chancay）、萨拉韦里（Salaverry）、苏佩（Supe）、帕卡斯马约（Pacasmayo）、埃腾（Eten）和塞罗阿苏尔（Cerro Azul）等地的甘蔗种植园。其中，由英国糖业公司（British Sugar Company）投资、莱基亚管理的卡萨布兰卡（Casablanca）种植园接收了226名日本劳工，成为日本移民最集中的地方。

如同他们在墨西哥的同伴那样，第一批来秘鲁的日本移民的遭遇也痛苦不堪，疾病、语言障碍、劳资纠纷和当地人的仇视让这些外来劳工的新生活举步维艰。他们饱受疟疾、伤寒、黄热病、痢疾等疾病的困扰。在卡萨布兰卡种植园，经过两个月的劳作，226名日本劳工中只有30名能保持健康的体魄继续劳动，其余的人都沾染上疟疾。仅1899年5月、6月，该种植园就有40名日本工人死亡。② 在到秘鲁后的一年内，共有143名日本劳工因病致死，其中的绝大多数死于疟疾。③

语言不通导致日本劳工对具体的劳作规定有许多误解，尤其是对于必须在种植园内部商店购买日用品的要求非常不满，为表抗议，他们举行罢工。由于长期以来习惯于以残酷的手段对待黑奴和"准奴隶"地位的华工，秘鲁的种植园主没有耐心用文明的方式对待工人，也根本没有把秘鲁政府的承诺放在眼里，他们依赖军人维持秩序。1899年4月底，位于秘鲁中部海岸圣尼古拉斯（San Nicolás）种植园召来10名军人，对进行罢工的工人进行恐吓，并解聘了124人（总共招收了150名日本劳工）。类似的情况也发生在卡雅琦（Cayaltí）种植园。在鞭打辱骂下劳

---

① 入江寅次：『邦人海外発展史』（上），東京：原書房1981年版，第346—347页。
② Toraji Irie and William Himel, "History of Japanese Migration to Peru（part Ⅰ），" *The Hispanic American Historical Review*, Vol. 31, No. 3, Aug., 1951, p. 451.
③ Daniel M. Masterson, *The Japanese in Latin America*, Urbana：University of Illinois Press, 2004, p. 36.

作，日本劳工度日如年，他们无法忍受 4 年的漫长契约时间，半年内，共有 321 名日本工人离开种植园，去往卡亚俄等待回国的轮船，但是由于没有足够的资金支付返航费用，他们大多只能作罢留在秘鲁。对此，尽知内情的田中贞吉也只能无奈地说："事实很清楚，种植园通过威胁手段强迫劳工干更多的活。……我试图与（劳资）双方谈判，但是雇主很难放弃他们对待奴隶的习惯。国家法律不适用于种植园这片国土上；种植园主就是统治者；惩罚也是理所当然的事情。生死都由种植园（主）说了算。"①

劳资纠纷的焦点是种植园主并未履行契约支付日本劳工薪水。按照契约的规定，工人工资是固定的月薪，但实际上种植园主坚持用"计件工资"（tarea）的形式计算酬劳，这种支付方式主要用于本土工人。计算的数额因劳作类型而异：砍甘蔗，每吨 45 钱（sen）②；除草，每吨 30—70 钱；剪叶、栽培、掘根和种植，每吨 50—80 钱。事实上，每个日本劳工每天只能做一个工种一个计量单位，每天的收入是 40—50 钱，刨除每天的食品开销 30—40 钱，所剩无几。③ 如果按照每月劳作 25 天的标准计算，日本工人每个月的实际收入为 10—12.5 日元，这远远少于契约标准每月 2.1 英镑（约合 25 日元），他们自然会为此抗争。

此外，付给日本工人的薪水要略高于本地劳工，这就引起了后者的嫉妒和仇恨，反日的行动和言论时有发生。圣尼古拉斯种植园中流传着这样的谣言，称森冈公司组织的 800 名日本劳工实际上是士兵组成的，意图是侵略秘鲁领土。④ 1900 年 3 月 18 日，350 多名秘鲁人向森冈公司位于卡亚俄安置劳工的宿舍投掷石块，致 15 名日本工人受伤。⑤

---

① Toraji Irie and William Himel, "History of Japanese Migration to Peru (part Ⅰ)," *The Hispanic American Historical Review*, Vol. 31, No. 3, Aug., 1951, p. 447.

② "钱"是日本硬币，100 钱等于 1 日元。

③ Toraji Irie and William Himel, "History of Japanese Migration to Peru (part Ⅰ)," *The Hispanic American Historical Review*, Vol. 31, No. 3, Aug., 1951, p. 450.

④ Daniel M. Masterson, *The Japanese in Latin America*, Urbana: University of Illinois Press, 2004, p. 37.

⑤ Toraji Irie and William Himel, "History of Japanese Migration to Peru (part Ⅱ)," *The Hispanic American Historical Review*, Vol. 31, No. 4, Nov., 1951, p. 649.

面对不断爆发的劳资冲突和焦躁恐惧的本国移民，明治政府决定不再观望，于 1900 年 6 月 11 日派日本驻墨西哥公使野田良治（Ryoji Noda）赶赴秘鲁首都利马调查实情，并临时任命他为日本驻利马名誉领事（the Honorary Japanese Consulate in Lima），对劳资双方进行调解。

7 月 25 日，野田良治到达秘鲁。在实地走访调查了日本移民的生活状况后，他于 9 月 13 日向日本外务省提交报告，称："考虑到还要为移民提供两年半的契约福利和维持森冈公司分支机构的庞大开销，我认为应该把所有工人都送回国，这对于工人和公司来说都有利。"① 然而现实情况是，几乎没有人能为回国的旅费买单。所以，遣送劳工回国的建议只是空想。

而后，野田良治把精力用在更加务实的两个方面，以调和种植园主和工人之间的矛盾。一方面，安抚日本劳工的情绪。野田良治首先对移民理想与现实的巨大差距表示抱歉，同时也让他们认清回国并非易事，规劝他们少生事端。1900 年 11 月，森冈公司经理濑川精一（Seiichi Segawa）赶赴秘鲁慰问劳工。为了消除移民心中的不满，森冈公司决定召回秘鲁分公司的负责人田中贞吉，理由是他在处理移民纠纷中办事不力，改由矶村良廉（Ryosuke Isomura）负责。另一方面，努力说服种植园主改善日本劳工的工作条件，提高他们的工资待遇。种植园主也认识到，持续的对抗不利于开展生产，同意做一些改变。11 月 10 日，野田良治再度向外务省发回报告，称："日本工人的薪资水平由原来的每天 40—50 钱提升至 70—80 钱。"② 即便这样，工人一个月的薪水也只有 20 日元左右，仍然低于契约规定的 25 日元，衣锦还乡的梦想越发地可望不可求。无论如何，野田良治的秘鲁行基本达到了预期目标，劳资矛盾有所缓和。

由于当时的通信不畅，大多数日本国民对于本国劳工在秘鲁的遭遇并不知晓，这就为此后移民公司继续招募劳工移民提供了可能性。1903 年 7 月，第二批共计 1175 名日本移民搭载着森冈公司的移民船来到秘鲁，

---

① 入江寅次：『邦人海外発展史』（上），東京：原書房 1981 年版，第 374 頁。
② 入江寅次：『邦人海外発展史』（上），東京：原書房 1981 年版，第 376 頁。

其中981人为契约劳工，194人为"自由移民"，这些移民大多来自日本福冈、广岛和熊本地区。① 他们大多仍在甘蔗种植园和糖厂工作，比如秘鲁中部和南部沿岸的卡萨布兰卡种植园、埃斯特雷雅（Estrella）种植园、土曼（Tuman）种植园、圣哈辛托（San Jacinto）种植园和阿古斯蒂诺（El Agustino）种植园。②

截至1909年10月，日本移民公司分12批共向秘鲁输出移民6295人，其中森冈移民会社承担了9批，输送了5291人；明治殖民会社承担了3次，输送了1004人（见表4.2）。

表4.2　　　1899—1909年日本移民秘鲁人数、性别和类型　　　（单位：人）

航次	到达日期	移民类型	男性	女性	总数
森冈1号	1899年4月	契约劳工	790	—	790
森冈2号	1903年7月	契约劳工	883	98	981
		自由移民	184	10	194
森冈3号	1906年11月	契约劳工	762	12	774
森冈4号	1907年2月	契约劳工	202	1	203
明治1号	1907年2月	契约劳工	249	1	250
森冈5号	1908年5月	契约劳工	854	40	894
明治2号	1908年11月	契约劳工	586	16	602
森冈6号	1908年12月	契约劳工	770	24	794
明治3号	1908年12月	契约劳工	152	—	152
森冈7号	1909年7月	契约劳工	527	24	551
森冈8号	1909年9月	契约劳工	52	4	56
森冈9号	1909年10月	契约劳工	54		54
总数			6065	230	6295

数据来源：Toraji Irie and William Himel, "History of Japanese Migration to Peru (part Ⅱ)," *The Hispanic American Historical Review*, Vol. 31, No. 4, Nov., 1951, pp. 651-652。

---

① Toraji Irie and William Himel, "History of Japanese Migration to Peru (part Ⅱ)," *The Hispanic American Historical Review*, Vol. 31, No. 4, Nov., 1951, pp. 651-652.
② Daniel M. Masterson, *The Japanese in Latin America*, Urbana: University of Illinois Press, 2004, p. 38.

除了甘蔗种植园和制糖厂，日本劳工还投身于秘鲁的橡胶业。19世纪末20世纪初，随着欧美国家电力和汽车工业的蓬勃发展，对橡胶的需求不断增加，秘鲁亚马孙地区的橡胶产业日益繁盛，并在20世纪的第一个十年发展到了顶峰。到1910年，橡胶出口占秘鲁出口总额的30%。① 明治公司输送的约100名劳工参与并见证了坦博帕塔（Tambopata）地区的橡胶繁荣。与沿海的甘蔗种植园相比，收割橡胶的工作条件似乎更优越一些。1907年6月，日本驻利马领事馆收到日本劳工木下川柳（Senryu Kinoshita）的来信。信中写道："这项工作比沿海地区的容易。我们偶尔可以休息和抽烟。契约规定（每天）工作10个小时，不过现在我们都没超过9个小时。……根据契约，工资是每天2.5日元。食物成本每天约70钱。"从中不难看出，橡胶工人的薪水是甘蔗工人的2倍还多，这也使他们能够攒下来更多的钱。工作两年后，这些日本橡胶工人给家乡寄了约38000日元的侨汇。② 1912年，亚洲的橡胶生产商挤满了国际市场，橡胶价格下跌，秘鲁的橡胶繁荣结束。

与墨西哥早期的日本移民相比，去往秘鲁的日本移民呈现出三个特点。一是定居率高。截至1909年12月，6295名日本移民中，有5158人仍然在秘鲁居留，定居率高达81.9%，这比近一半的日本劳工逃离墨西哥的情况要好很多；481人死亡，414人返回日本，242人再度移民至他国。③ 在秘鲁的日本劳工绝大多数都能履行完劳动契约，这主要得益于劳动条件的改善、待遇的提高和对疾病免疫力的提高。二是女性移民开始出现。在去往秘鲁的第二批日本移民团中有108名女性，其中契约女工98名，"自由移民"10人。自此，输往南美的日本移民团不再是清一色的男性，日本女性移民开始以配偶或自由劳工的身份踏上这片土地，这也是秘鲁日本移民定居率高于墨西哥的原因之一。尽管这一时期的女性

---

① ［美］克里斯蒂娜·胡恩菲尔特：《秘鲁史》，左晓园译，东方出版中心2011年版，第167页。

② Toraji Irie and William Himel, "History of Japanese Migration to Peru (part Ⅱ)," *The Hispanic American Historical Review*, Vol. 31, No. 4, Nov. , 1951, p. 656.

③ Toraji Irie and William Himel, "History of Japanese Migration to Peru (part Ⅱ)," *The Hispanic American Historical Review*, Vol. 31, No. 4, Nov. , 1951, p. 652.

数量还很少，截至1909年10月，共有230名日本女性移民秘鲁，仅占移民总人口的3.6%，可是这种男女搭配的家庭移民模式将在今后的日本移民史上发挥重要的作用。三是"自由移民"开始出现。第二批送往秘鲁的日本移民团中有194名"自由移民"，这种移民将是1923年秘鲁取消契约移民后日本移民该国的主要类型。

除了墨西哥和秘鲁，1908年之前日本移民的足迹还踏入智利、阿根廷、玻利维亚、智利等拉美国家，但这些国家的日本移民总人数不足千人，且基本都属于从邻国迁入的"二次移民"。据统计，1899—1908年，日本移民北美的人数为155772人，移民拉美国家的人数为18203人，移民东南亚的人数为10197人。[①] 可以发现，在这一时期的拉美国家中，墨西哥和秘鲁成为绝大多数日本移民的目的地，两个国家共接收了约91%的日本契约劳工。日本早期在拉美的移民活动既有教训，如前期实地调查不详尽和后期配套资金不足；同时也有经验，如以永住为目的和男女搭配的移民模式，对日后大规模移民巴西提供借鉴。此后，日本移民公司的业务重心逐渐由北美转向了拉美，巴西在日本海外移民事业中的作用越来越重要。

---

① Daniel M. Masterson, *The Japanese in Latin America*, Urbana: University of Illinois Press, 2004, p. 11.

第 五 章

巴西早期日本移民活动及特征

1908年4月28日,"笠户丸"(Kasato-maru)搭载着781名日本移民从神户港起航,历经近两个月的航行,途经新加坡和好望角,跨越印度洋和大西洋,终于6月18日驶抵巴西桑托斯港。如同其他在巴西的外来移民群体一样,初来巴西的日本劳工发现种植园的生活并不理想,反抗和逃离成为日本劳工表达不满的主要方式。第一批日本劳工在巴西的定居率仅有30%,这给一些种植园主留下日本人"好斗且不可靠"的坏印象。对此,日本政府一方面尽量安抚侨民,通过重置让他们在巴西定居下来;另一方面完善和规范移民公司的业务,继续推动向外移民。经过最初几年的适应和调整,早期日本契约劳工在巴西的生活逐渐稳定下来。为了获得更大的经营自主权和更多的经济收益,在履行完契约劳动期限后,一部分日本农工用为数不多的积蓄租种地主的土地,成为收益分成的佃农;另一部分日本农工则选择离开种植园,购买土地开辟拓殖地,自己摇身一变成了自耕农。此外,拥有日本官方背景的巴西拓殖会社也积极在巴西购地建立拓殖地。无论是日本移民私人投资经营的拓殖地,还是官商合办建设的拓殖地,都是日本、巴西两国经济发展和人口政策成功对接的表现。与此同时,日本国内的移民公司进入改革和整合时期。1920年,海外兴业株式会社成为日本唯一经营移民业务的公司。在日本移民初期,呈现出以下一些特征:在移民活动的资金来源方面,巴西政府提供了主要的经费支持;在移民的招募、运输和安置方面,日本向巴西的移民是"大公司、小政府"的运行模式;在移民构成方面,主体是以家庭为单位的契约农工移民;在地理分布方面,日本移民高度聚居在圣保罗州的农村地区；在经济生活方面，购买土地、开垦荒地、创建拓殖地是巴西日本移民的一大亮点；在居住状况方面，日本移民的定居率非常高；在移民规模方面，巴西仍非日本移民的主要目的国，而日本也仅是巴西的一个移民来源小国。

第一节 早期契约移民的到来

在取得日本外务省的授权后，皇国殖民会社立即在各府县设立招工代理，并在报纸上刊登募集劳工的"特别广告"[①]。此外，一些商业机构也加入宣传巴西的队伍中。1908 年 3 月 20 日，"伯国渡航同志会"[②] 在《福冈日日新闻》上刊登了一则巴西招工广告，称该国地大物博、人口稀少，四季都是"阳春三月的气候……雇主承担劳工移民的食料住居，男性每天的工资是四至八元，女性每天的工资为二至五元，这比本国劳动力工资高出近十倍。巴西政府为移民支付旅费，这里是日本建设殖民地和日本人民（海外）发展的天堂"[③]。

最终，皇国殖民会社首批共募得 781 名劳工移民，由 165 个家庭组成。按照移民类型来划分，769 人为契约劳工移民，12 人为自由移民；在性别方面，男性移民 600 人，女性移民 181 人；在年龄方面，3 岁以下儿童 8 名，4—6 岁儿童 4 名，6—12 岁儿童 4 名，12 岁以上（农业劳动力）765 名；按照出生地进行划分，来自冲绳 324 人，鹿儿岛 172 人，熊本 78 人，福岛 77 人，广岛 42 人，山口县 30 人，爱媛县 22 人，高知县

[①]「特別廣告：皇國殖民會社移民男女募集」，『廣島藝備日日新聞』明治四十一年（1908）3 月 24 日，日本国立国会图书馆：http：//www.ndl.go.jp/brasil/e/data/L/103/103-0011.html，2018 年 3 月 8 日。

[②] "伯国"是日本对巴西的称呼。"伯国渡航同志会"（Hakukoku Toko Doshikai）并非一家移民机构，而是一家出版商。它于 1908 年 3 月在《福冈日日新闻》上刊登巴西招工广告；同年 5 月，又在《伊势新闻》和其他媒体上多次刊登招工广告。需要说明的是，"伯国渡航同志会"发布巴西招工广告是为了推介自己发行的书籍《伯国渡航案内》（Hakukoku Toko Annai）和杂志《伯国指南》（Hakukoku no Shiori）。

[③]「伯国渡航同志会広告」，『福岡日日新聞』明治四十一年（1908）3 月 20 日，日本国立国会图书馆：http：//www.ndl.go.jp/brasil/text/t018.html，2018 年 3 月 8 日。

14人，宫城10人，新潟县9人，东京府3人。如表5.1，移民的费用包括两大部分：一部分是在日本国内的旅费和行前准备（医疗检查、接种疫苗等）费用，由移民自身和移民公司承担；另一部分是国际旅费，主要由圣保罗州政府承担。邮轮的票价依年龄大小分别为：12岁及以上的每人160日元，7—11岁的每人80日元，3—6岁的每人40日元，3岁以下的免票。对于以上不同年龄阶段的移民群体，圣保罗州政府分别予以补贴100日元、50日元、25日元，其中种植园主分别资助40日元、20日元和10日元。① 需要说明的有两点：一是种植园主补贴的费用今后会在劳工的工资中扣除，实际上形成了一种债务关系；二是劳工移民到达种植园后，圣保罗州政府的补贴才会兑现，所以这部分费用是由皇国殖民会社先行垫付的。

表5.1　　　　　　　日本移民自行承担的旅行费用　　　　　（单位：每人）

1	航行准备	约20日元
2	旅行邮票	1日元
3	航行经纪人佣金	25日元
4	航行经纪人佣金	60日元（12岁及以上的人）*
5	医疗检查、消毒、疫苗接种等	2日元75钱
6	行李运输	约50钱
7	出发前的寄宿费	约3日元
8	备用零钱	20日元
9	从家乡到寄宿地方的车费	若干
10	总计	132日元25钱 +（第9项）车费

* 航行经纪人佣金根据年龄大小而不同：7—11岁的每人30日元，3—6岁的每人15日元，3岁以下的免费。数据来源：http://www.ndl.go.jp/brasil/e/s2/s2_1.html，2018年5月6日。

---

① 12个自由移民为兵库县（故）鞍谷半三郎同イノ、（故）同誠一郎、山形县高桑治兵衛、长野县矢崎節夫、熊本县香山六郎、兵库县飯田又一、高知县片岡治義、同秀於、同光章の諸氏及び其他二名合計十二名。「第一回移民渡来十週年」，『伯剌西爾時報』大正七年（1918）6月21日，日本国立国会図書館，http://www.ndl.go.jp/brasil/text/t021.html，http://www.ndl.go.jp/brasil/e/s2/s2_1.html，2018年3月8日；Stewart Lone, *The Japanese Community in Brazil*, 1908–1940: *Between Samurai and Carnival*, New York: Palgrave Mcmillian, 2002, p.29。

第五章　巴西早期日本移民活动及特征　　133

移民临行前的准备工作分为两大部分：一是精神上的准备；二是物质上的准备。1908年3月15日，皇国殖民会社的土井权大在《商工世界太平洋》上发表了《巴西移民需要如何准备》一文。在他看来，"心理准备是最重要的"，鉴于这一时期北美地区对日本移民的排斥，"本国移民应该在坚持母国风俗的基础上，尽快适应国外的习惯和风俗"。此外，文章还列出了四类物质上需要准备的东西，分别为服装、家具、农具和杂物，并对每个类别下包含的具体物件、规格和数量进行说明。比如，服装类有洋服、包裹布、中折帽子、草履、寝衣、鞋、袜子、布片和针、洋伞等15样，家具类有西洋皿、锅、椅子、洗手盆、茶碗等10样，农具类有锄头、锯、镰等6样，杂物类有剪刀、药品、农作物种子等4样。① 由此可见，日本移民出发前是经过移民公司精密的筹划、精心的指导和精细的准备的。

待一切准备就绪后，1908年4月28日，"笠户丸"搭载着781名日本移民从神户港起航，途经新加坡和好望角，跨越印度洋和大西洋，历经近两个月的航行，终于6月18日驶抵巴西桑托斯港。

第一批日本移民到达后，巴西不同社会群体间的反应各异。社会精英对他们的初步印象大多是积极正面的。作为巴西方面的接待专员，圣保罗州农业观察员J. 阿曼迪奥·索布拉尔（J. Amândio Sobral）是最早接触第一批日本移民的巴西人。他对"笠户丸"移民船和日本劳工赞不绝口："'笠户丸'上的居住和餐饮环境绝对清洁，每个人都干净整洁，甚至还带着牙刷、梳子和剃刀，要知道只有最富有的巴西人才拥有这些物品"；"他们身穿欧式衣服，要知道这些衣服都是由日本工厂生产出来、并能在日本买到的"，"梳着与身上领带相协调的发型"；"他们看起来受过良好的教育，且并不贫穷，这与我们（巴西的）工人形成鲜明对比"；最为重要的是，这些新来者"喜欢我们的食物，并用我们的方式、放我

---

①　土井権大：「伯剌爾移民は如何なる準備を要するか」，『商工世界太平洋』明治四十一年（1908）3月15日，日本国立国会图书馆：http://www.ndl.go.jp/brasil/text/t019.html，2018年3月9日。

们的香料进行制作"。① 索布拉尔将自己的感想撰成一篇小文《日本人在圣保罗》，发表在 1908 年 6 月 22 日《保利斯塔邮报》上。借助这篇文章，索布拉尔要向巴西民众传达出这样的信息：日本移民是欧化的、有文化的、干净的，并表现出适应巴西社会的意愿。

在赴巴西的第一批 781 名日本移民中，有 532 人受过教育，仅有 249 人为文盲②，文盲率约为 31.8%，与意大利移民的 32% 基本持平，远低于西班牙移民的 65% 和葡萄牙移民的 52%。在对第一批日本移民的报道中，还有一些细节使巴西人对日本移民的好感大增。在移民中有一些日本士兵，即便在海外脱下戎装变成了劳工，他们仍然佩戴着战时奖章，这从一个侧面反映出日本军队纪律严明、组织高效。此外，移民手中都握有双面旗帜，一面是日本国旗，一面是巴西国旗，这也表达了日本人对巴西的尊重。③

日本移民的到来，不仅吸引了巴西精英的目光，同样引起了其他移民群体的关注，他们的看法褒贬不一。在"笠户丸"到达桑托斯港的第二天，即 1908 年 6 月 19 日，意大利裔巴西人办的《法福拉报》（*Fanfulla*）就发布了三篇相关报道。其中一篇写道："我们现在要经历黄祸了。"然而，同期发表的另一篇题为《一个启示》的报道则希望持反对意见的巴西人"冷静"下来，因为"日本人是最令人恐惧的古代斗士，同时也是最幸运的现代民族"，他们在巴西只是为了生产新产品，并非要跟其他移民竞争。④ 对日本移民排斥的群体大多持种族主义立场，并担忧日本人在工作机会上表现出来的竞争力。

---

① J. Amândio Sobral, "Os Japonezes em S. Paulo," *Correio Paulistano*, 25 June 1908, cited in Jeffrey Lesser, "Japanese, Brazilians, Nikkei: A Short History of Identity Building and Homemaking," in Jeffrey Lesser, ed., *Searching for Home Abroad: Japanese Brazilians and Transnationalism*, Durham [N. C.]: Duke University Press, 2003, p. 6.

② Stewart Lone, *The Japanese Community in Brazil, 1908–1940: Between Samurai and Carnival*, New York: Palgrave Mcmillian, 2002, p. 29.

③ Stewart Lone, *The Japanese Community in Brazil, 1908–1940: Between Samurai and Carnival*, New York: Palgrave Mcmillian, 2002, p. 31.

④ *Fanfulla*, 19 June 1908, cited in Jeffrey Lesser, *Immigration, Ethnicity, and National Identity in Brazil, 1808 to the Present*, New York: Cambridge University Press, 2013, p. 155.

第一批日本移民到达桑托斯港后，乘坐火车来到圣保罗市，被安置在"移民之家"（Hospedaria de Imigrantes）[①] 中进行休整，等待被分配工作。他们在那里度过了巴西生活的第一周。1908年6月25日，781名移民被陆续带离，前往各自的工作场所。其中，772名日本契约劳工被分配到6个咖啡种植园——杜蒙（Dumont）种植园、弗洛雷斯塔（Floresta）种植园、卡纳什（Canaa）种植园、圣马蒂诺（Sao Martinho）种植园、瓜塔帕拉（Guatapara）种植园和索布拉多（Sobrado）种植园，其余9人（鹿儿岛4人、山口县2人、高知县2人、爱媛县1人）则在圣保罗市找到工作。根据表5.2显示，日本劳工的分布遵循地缘和血缘的原则，即同一出生地和同一家族的劳工被分配到同一个种植园里。

表5.2 "笠户丸"日本劳工在圣保罗州种植园分配情况

咖啡种植园	家庭数（个）	出生地及人数	翻译人员	人数（人）
杜蒙	51	福岛县77人、熊本县78人、广岛县42人、宫城县10人、东京府3人	加藤准之助	210
弗洛雷斯塔	24	冲绳县173人	大野基尚	173
卡纳什	24	冲绳县151人	岭昌	151
圣马蒂诺	27	鹿儿岛县101人	铃木贞次郎	101
瓜塔帕拉	24	鹿儿岛县67人、高知县12人、新潟县9人	平野运平	88
索布拉多	15	山口县28人、爱媛县21人	仁平高	49

数据来源：「第一回移民渡来十週年」，『伯剌西爾時報』大正七年（1918）6月21日，日本国立国会图书馆：http://www.ndl.go.jp/brasil/text/t021.html，2018年3月12日。

"工作、挣钱、回家"是日本海外劳工的移民逻辑，然而这个看似小小的目标在移民初期显得那么遥不可及。如同其他在巴西的外来移民群

[①] 位于圣保罗市的"移民之家"，始建于1888年，里面配有现代化的设施，用途为接待初来巴西、需要在这里中转的外来移民。现在，这座建筑被改造成了圣保罗移民博物馆（São Paulo State Immigrant Museum）。

体一样,初来巴西的日本劳工发现种植园的生活并不理想,生活条件差、饮食不习惯、遭受虐待、工资水平低。种植园虽然为劳工移民提供免费住宿,但条件非常简陋。通常情况下,两三个家庭挤在一间小棚屋内,里面没有家具,只有几个空盒子放日用品,房间里也没地板,劳工们只能睡在泥土地面上,不得已他们拼凑一些木板当床垫用。饮食习惯的巨大差异也让日本劳工颇为苦恼。日本料理以米饭为主食,并辅以味噌汤、酱油和小咸菜佐味,然而这些东西在巴西根本就不存在;饮茶的习惯也不得不被研磨咖啡所取代。① 日本劳工在咖啡种植园中的作息时间被严格限制,劳作时也有工头监工,这些工头动辄就对工人拳脚相加。② 这使他们感觉自己与奴隶并无二异。另外,疟疾等热带疾病也让工人们苦不堪言,再加上没有配套的医疗救护措施,致使9名劳工殒命种植园。③

让日本劳工最不满意的是承诺的工资水平不能兑现。尽管给日本劳工分配的都堪称是圣保罗州"名声最好的"种植园,但种植园主仍然拒绝按契约规定的标准支付工资,并强迫工人们在种植园内部商店购买高价的食品和生活用品。其中,日本劳工在杜蒙种植园的遭遇最为糟糕。这个种植园距离圣保罗市300英里,占地13000英亩,拥有劳工约5000人(1900年),是当时世界上最大的咖啡种植园。按照之前签的劳动契约,一个日本劳工三口之家的日工作量为采摘1袋(二斗八升)咖啡豆,家庭日工资为450—500钱。④ 具体到每个劳工身上,1个月能赚约40日元,当时日本的警察月工资也不过才12日元。⑤ 在对比之下,劳动契约给出的工资水平对劳工极具诱惑力。然而实际上,一家三口每天只能赚

---

① Stewart Lone, *The Japanese Community in Brazil, 1908 – 1940: Between Samurai and Carnival*, New York: Palgrave Mcmillian, 2002, p. 34.

② 日本国立国会图书馆: http://www.ndl.go.jp/brasil/e/s2/s2_2.html#se2koukai, 2018年3月12日。

③ 内田定槌:「1909年9-10月の移民状況視察報告(2)」,「在サンパウロ州本邦移民情況報告」,『移民調査報告』第1册,外務省通商局,日本国立国会图书馆: http://www.ndl.go.jp/brasil/text/19099-102.html, 2018年3月12日。

④ 『移民和皇国殖民会社签订的劳动契约』,日本国立国会图书馆: http://www.ndl.go.jp/brasil/e/data/L/G001/G001-0001l.html, 2018年3月12日。

⑤ Daniel M. Masterson, *The Japanese in Latin America*, Urbana: University of Illinois Press, 2004, p. 45.

到 60—180 钱。① 再加上在种植园的高消费，工资基本所剩无几，甚至赚的钱还不够日常开销。日本劳工在巴西的收入所得只有夏威夷或美国的 1/5。② 移民们一夜暴富的美梦破碎了，失落和愤怒的情绪在蔓延。有一首歌在日本劳工中传唱，歌词大意是："那些曾经说巴西好的人撒了谎；移民公司也撒了谎；我来到了地球另一端，以为自己到了天堂，实际却发现下了地狱。"③ 皇国殖民会社的海外代理上塚修平（Uetsuka Shuhei）④ 用三个俳句（haiku）描述劳工在种植园的生活："夜幕低垂，采摘咖啡；星光闪烁，干燥农场；曾几何时，思量逃离。"⑤ 类似的言论不胜枚举。

导致日本劳工薪酬低的原因主要有两点：一是当年的咖啡收成不好。1894—1906 年咖啡危机期间，巴西政府下令禁止栽种新的咖啡树苗，以减少产出抑制价格下跌，结果导致此后几年咖啡的产量持续低迷。在这种大环境下，日本劳工的劳动量自然不高，每天采摘的咖啡豆数量仅为此前意大利劳工的 1/3。⑥ 二是"笠户丸"的劳工到达种植园已是 6 月底，而巴西的咖啡豆早在 4 月底就已经进入采摘期，日本劳工错过了早期采摘。待他们劳作时，许多咖啡豆开始变暗变干，分量不如早先那么足，这使得日本工人的劳动量大为"缩水"，在称重计件的薪酬体制下比较吃亏。

与意大利劳工一样，反抗和逃离也是日本劳工表达不满的主要方式。

---

① Stewart Lone, *The Japanese Community in Brazil, 1908 – 1940: Between Samurai and Carnival*, New York: Palgrave Mcmillian, 2002, p. 36.

② Daniela de Carvalho, *Migrants and Identity in Japan and Brazil: The Nikkeijin*, New York: Routledge, 2002, p. 8.

③ Daniela de Carvalho, *Migrants and Identity in Japan and Brazil: The Nikkeijin*, New York: Routledge, 2002, p. 11.

④ 上塚修平，出生于熊本县，毕业于东京帝国大学法律专业，他是乘坐"笠户丸"来到巴西的第一批日本移民。他倡议日本政府为海外移民提供 85 万日元的低息贷款，以帮助他们进行拓殖。他还推动成立了北星医院（Hokusei Hospital）。鉴于其卓越贡献，他被誉为"巴西的日本移民之父"。参见日本国立国会图书馆：http://www.ndl.go.jp/brasil/e/data/R/012/012 - 002r.html，2018 年 3 月 25 日。

⑤ Jeffrey Lesser, *Negotiating National Identity: Immigrants, Minorities, and the Struggle for Ethnicity in Brazil*, Durham [N. C.]: Duke University Press, 1999, pp. 89 – 90.

⑥ Stewart Lone, *The Japanese Community in Brazil, 1908 – 1940: Between Samurai and Carnival*, New York: Palgrave Mcmillian, 2002, p. 35.

1908年7月，杜蒙种植园的日本工人发生暴乱。工人们抱怨道："我们在日本只能勉强糊口。所以我们告别父老乡亲，千里迢迢来到巴西。尽管我们像奴隶一般夜以继日地工作，但每天只能赚40钱的工资。我们决定不再为如此（低廉的）薪水而工作。"8月，皇国殖民会社代表三浦新次郎（Arajiro Miura）介入调解劳资纠纷，但效果并不理想。随后，三浦把杜蒙种植园的所有日本劳工带回到圣保罗市的"移民之家"，单身男性移民被遣至索罗卡巴纳（Sorocabana）铁路修建工地，其他的家庭移民被重新安置在其他咖啡种植园。① 其中，有9个家庭迁至圣保罗州内陆的圣若金（Sao Joaquin）农场，后来这一地区发展成为20世纪二三十年代巴西最大的日本人社区。② 至此，杜蒙种植园成为唯一一个遭到全部日本劳工弃约的咖啡种植园。

导致日本劳工大量逃离的原因部分在于种植园主，部分在于皇国殖民会社。种植园主对日本劳工也有怨言，他们对于日本传统习俗不能理解，比如男女混浴等，并斥责日本家庭移民身份的虚假性，因为很多家庭成员看起来并不亲密。③ 事实上，移民公司在招募家庭移民方面确实藏有猫腻。大多数家庭成员都是临时组合的，许多年轻男女纯粹为了满足移民条件而结婚，在抵达巴西后便各奔东西；还有一些所谓的亲属，如侄子、侄女、外甥等，也都是临时收养的。④ 更重要的是，许多日本劳工干农活显得很笨拙，并不像是按契约招募的技能娴熟的农民。根据加藤准之助的说法，被派往杜蒙种植园的日本劳工中只有不到15%的人是真正的农民，其余的移民有"警察、狱警、辍学学生、小商贩、渔夫、矿工、铁路工人、教师、公务员、律师、卖艺人、赌徒、水手、酒吧女侍、

---

① 日本国立国会図書館：http：//www.ndl.go.jp/brasil/e/s2/s2_2.html#se2koukai，2018年3月15日。

② Stewart Lone, *The Japanese Community in Brazil, 1908 – 1940: Between Samurai and Carnival*, New York: Palgrave Mcmillian, 2002, p. 37.

③ Jeffrey Lesser, *Negotiating National Identity: Immigrants, Minorities, and the Struggle for Ethnicity in Brazil*, Durham [N.C.]: Duke University Press, 1999, p. 88.

④ Daniela de Carvalho, *Migrants and Identity in Japan and Brazil: The Nikkeijin*, New York: Routledge, 2002, p. 7.

艺伎和妓女等"①。这个现象并非杜蒙种植园独有,而是普遍存在于第一批日本劳工移民中。当时为了快速招募劳工,皇国殖民会社并没有严格恪守农民这一招工要求,而是吸收了很多其他职业的移民,致使移民队伍鱼龙混杂。②

9月,圣马蒂诺种植园的日本劳工举行罢工,他们提出实行月付工资,以取代现行的计件工资,同时主张到咖啡豆产量高的区域采摘。种植园经理由于害怕罢工演变为暴力冲突,便叫来了警察。三浦和水野龙闻讯后,立即赶往圣马蒂诺种植园进行调解。在和解无望后,他们将4个罢工领袖、12个日本家庭共26人带离圣马蒂诺种植园,前往里约热内卢州进行再安置,这次罢工事件遂告一段落。与此同时,类似的反抗、骚乱和逃离在其他几个种植园频频上演,除了瓜塔帕拉种植园,因为该种植园的工资水平相对较高,且日本劳工比较少,所以局面总体平和。③一位来自冲绳县的移民在给父亲的家书中倾诉了种植园生活的艰辛。由于被分配农耕区的咖啡树产量低,他和家人逃离了弗洛雷斯塔种植园,生活变得没有着落。后来,他的妻子在伊图(Itu)找了份家政工作,他自己则到另一个咖啡种植园做工。他在信中向父亲哭诉:"在巴西的日本移民都陷入绝望。许多妇女离开了丈夫……想要在巴西发财异常艰难。而且这里的物价非常高。我们遇到了大麻烦。"④

1908年12月3日,水野龙向日本驻巴西公使内田槌殿递交了《第一回移民情况具申书》。这份报告全面描述了日本劳工在巴西遭遇的困难,

---

① Daniel M. Masterson, *The Japanese in Latin America*, Urbana: University of Illinois Press, 2004, p. 46.

② 日本国立国会図書館:http://www.ndl.go.jp/brasil/e/s2/s2_1.html#se1koukoku, 2018年3月15日。

③ 日本国立国会図書館:http://www.ndl.go.jp/brasil/e/s2/s2_2.html#se2koukai, http://www.ndl.go.jp/brasil/e/data/L/G001/G001-0010l.html, 2018年3月16日; Stewart Lone, *The Japanese Community in Brazil, 1908-1940: Between Samurai and Carnival*, New York: Palgrave Mcmillian, 2002, pp. 36-37; Jeffrey Lesser, *Negotiating National Identity: Immigrants, Minorities, and the Struggle for Ethnicity in Brazil*, Durham [N.C.]: Duke University Press, 1999, p. 89。

④ Daniel M. Masterson, *The Japanese in Latin America*, Urbana: University of Illinois Press, 2004, p. 46.

他把这批移民活动失败的主要原因归咎于"伪装的家庭和农民"。① 1908年12月25日至1909年1月7日，日本驻巴西公使馆二等翻译官甘利造次对圣保罗州2个城市和7处种植园进行视察，后将报告书呈交给外务省。根据他的报告，第一批781名日本移民中仅有359人还留在最早分配的种植园中，迁出率高达54%。即便加上后来重置的80名劳工也不过439人在做契约农工。② 1909年9—10月，日本驻巴西公使馆二等翻译官野田良治再次对首批日本移民进行追踪调查。他的调查报告显示，仍在种植园务农的日本劳工人数降至239人（包括后来重置的人数）。在离开种植园的日本移民中，102人在圣保罗市谋生（61人做家政工人、12人做木匠、6人做厨师），110人在桑托斯市（98人在码头做行李装卸工），120人在西北部投身铁路建设，38人去里约热内卢州和米纳斯吉拉斯州，还有160人跨国迁往阿根廷。③ 可见，第一批日本劳工为了自身的利益不断地抗争，导致他们在咖啡种植园的定居率只有30%，这给一些种植园主留下了日本人是"好斗且不可靠"④的坏印象。

在面对海外移民遭受的不公平待遇时，意大利、西班牙和葡萄牙政府先后实行中止契约移民的政策。与此不同，日本政府从自身出发认真寻找问题出现的原因，一方面尽量安抚侨民，通过重置让他们在巴西定居下来；另一方面完善和规范移民公司的业务，继续推动向外移民。

为了修补日本的海外移民形象，尽量减少巴西雇主和日本劳工之间

---

① 水野龙：『皇国殖民会社の第一回移民情况具申书』，明治四十一年（1908）12月3日，日本国立国会图书馆：http://www.ndl.go.jp/brasil/text/t022.html，2018年3月16日。

② 甘利造次：「伯剌西尔国サン、パウロ州本邦移民ノ实况视察书」，『移民调查报告』第1册，外务省通商局，日本国立国会图书馆：http://www.ndl.go.jp/brasil/text/t023.html，2018年3月16日。

③ 野田良治：「1909年9-10月の移民状况视察报告（1）」，「伯国サンパウロ州本邦移民状况视察报告」，『移民调查报告』第5册，外务省通商局，日本国立国会图书馆：http://www.ndl.go.jp/brasil/text/t024.html#SECTION_1，2018年3月16日；内田槌殿：「1909年9-10月の移民状况视察报告（2）」，「在サンパウロ州本邦移民情况报告」，『移民调查报告』第1册，外务省通商局，日本国立国会图书馆：http://www.ndl.go.jp/brasil/text/19099-102.html，2018年3月16日。

④ Stewart Lone, *The Japanese Community in Brazil, 1908-1940: Between Samurai and Carnival*, New York: Palgrave Mcmillian, 2002, p.36.

的矛盾，日本外务省吸取第一批日本劳工在巴西的教训，对移民公司提出了更高的要求。第一，招募的劳工移民必须要有农事经验；第二，劳动契约应明确规定家庭移民必须具有真实性；第三，不许以押金或其他理由向移民收取钱财；第四，不许在招募宣传中夸大收入水平；第五，1909 年的第一批移民须在 4 月中旬或最晚 5 月底前到达；第六，翻译人员必须能用葡萄牙语或西班牙语进行交流，并能指导移民。① 只有满足上述要求，才被准许向巴西继续输送契约劳工。

由于皇国殖民会社资金不足，无力承担移民的招募和投送业务，所以向巴西输送劳工移民的重担落在了实力更为雄厚的竹村殖民商馆（the Takemura Shokumin Shokan）身上，水野龙也趁机跳槽到竹村殖民商馆供职。② 最终，竹村殖民商馆与 247 个家庭的移民签订了劳动契约，期限为两年。③

1910 年 5 月 4 日，第二批 906 名日本移民（含 3 名自由移民）乘坐"旅顺丸"（Ryojun-maru）从神户港出发，于 6 月 28 日到达巴西桑托斯港。之后，这些移民被分配到圣保罗州的 17 个咖啡种植园中。

1911 年 3 月，日本驻巴西临时代理公使藤田敏郎对圣保罗州的日本劳工情况进行巡视，并对第一批和第二批移民的数量进行比较。结果显示，第二批移民中仍有 681 人在最初分配的种植园劳作（见表 5.3），只有 225 人选择离开，定居率高达 75.2%；而此时，第一批移民仅有 107 人留在咖啡种植园，定居率仅为 13.7%。④ 二者形成了鲜明对比。

---

① 日本国立国会图书馆：http：//www.ndl.go.jp/brasil/e/s2/s2_2.html#se3ryojun，2018 年 3 月 18 日。
② 有磯漁郎：「不審議なる竹村商館 外務省伯国移民を助く」，『商工世界太平洋』明治四十三年（1910）2 月 1 日，日本国立国会图书馆：http：//www.ndl.go.jp/brasil/text/t025.html，2018 年 3 月 18 日。
③ 入江寅次：『邦人海外発展史』（下），東京：原書房 1981 年版，第 180 页。
④ 藤田敏郎：「1911 年（明治四十四年）4 月の巡回視察報告書」，「伯国「サンパウロ」州巡回報告書」，『移民調査報告』第 9 回，外務省通商局，日本国立国会图书馆：http：//www.ndl.go.jp/brasil/text/t026.html，2018 年 3 月 18 日。

表5.3　　　"旅顺丸"日本劳工在圣保罗州种植园分布情况　　　（单位：人）

咖啡种植园	人数（初次分配）	人数（1911年3月）
瓜塔帕拉（プラード会社）	226	225
桑玛卢奇尼奥「ザンマルチーニヨ」（仝上）	106	55
维埃多「ヴエアード」	44	37
圣若金「サン、ジヨアキン」	70	61
博阿维斯塔「ボアヴヰスタ」	38	38
塞鲁「セルヲ」（フヰルミアノ、ピント氏所有）	19	17
圣坎蒂纳「サンタ、カンデダ」	48	34
奇奥泰「ジヤタイ」	83	3
帕拉索「パライソ」	11	11
索布拉多「ソブラド」（アラクワ農業会社）	67	51
阿拉科米林「アラクワミリン」（仝上）	45	31
圣玛利亚「サンタ、マリヤ」（ロドリゲス、アルヴエス会社）	46	47
圣安娜「サンタ、アナ」（仝社）	22	13
圣弗朗西斯科「サン、フランシスコ」（仝上）	23	11
古夫里罗帕「グフリロパ」	14	14
圣佩德罗「サンペドロ」（パウワサーレス氏所有）	21	14
圣若金、里贝罗「サンジョヨアキン、リベイロ」	23	19
总　数	906	681

数据来源：藤田敏郎：「1911年（明治四十四年）4月の巡回視察報告書」,「伯国「サンパウロ」州巡回報告書」,『移民調査報告』第9回，外務省通商局，日本国立国会図書館：http://www.ndl.go.jp/brasil/text/t026.html，2018年3月18日。

出现这种积极变化的原因主要有两个：一是种植园方面改善了劳工的生活条件，如配备厕所、床和桌子，并为生病的人提供医疗救助；二是出发前日本劳工与移民公司签订的契约中，明确规定：不许罢工，所有的抗议必须通过移民公司的渠道解决。高定居率只是说明问题在减少，但并不意味着没有问题存在。比如，日本劳工反映较多的问题是必须在种植园内商店购买食品的要求。店主为了保证自己的高额利润,就要对农产品和日用品实行垄断,方法就是尽量限制劳工自己生产农作物的能力。为此,店主常用暴力卑劣的手法破坏农工的自耕地,如在自耕田上放养家畜啃食庄稼幼苗,这一招主要针对的就是日本劳工。而一旦日本工人稍流露出不满的情绪,就会被种植园主指控为弃约的表现,并时常遭遇军警的恐吓。囿于契约的限制,日本劳工总体都能保持冷静和克制,并求助于移民公司。"在这种情况下,纷争基本能以有序的方式得到解决。"①

除了竹村殖民商馆,东洋移民会社也积极开拓巴西的移民市场。1908年,东洋移民会社经理神谷忠雄亲赴巴西进行考察,并与圣保罗州政府沟通招工一事,双方于1910年11月12日达成移民协议。1912年4月25日,第一批由东洋移民会社招募和运送的357个家庭共1412名日本劳工抵达桑托斯港。此后,竹村殖民商馆和东洋移民会社主导了1914年之前向巴西输送日本契约劳工的业务,每次运送的移民人数都在1500—2000之间。1914年6月之前,两家公司共向圣保罗州输出了9批、3566个家庭、共计14195名日本劳工移民。从表5.4的统计数据可以看出,1912年之后日本的移民船基本都能在4月底或5月初到达巴西(第7、8回除外),适逢咖啡豆刚开始收获的时节,这说明日本移民公司的业务越来越成熟,更加契合圣保罗州咖啡经济的用工需求。

表 5.4   1908—1914 年日本向巴西移民情况

次序	到达巴西时间	移民公司	移民船	家庭数	人数
第 1 回	1908 年 6 月 18 日	皇国殖民会社	笠户丸	165	781
第 2 回	1910 年 6 月 28 日	竹村殖民商馆	旅顺丸	247	906
第 3 回	1912 年 4 月 28 日	竹村殖民商馆	严岛丸	367	1432
第 4 回	1912 年 4 月 25 日	东洋移民会社	神奈川丸	357	1412
第 5 回	1913 年 5 月 7 日	竹村殖民商馆	云海丸	384	1506

① Stewart Lone, *The Japanese Community in Brazil, 1908 – 1940: Between Samurai and Carnival*, New York: Palgrave Mcmillian, 2002, p. 38.

续表

次序	到达巴西时间	移民公司	移民船	家庭数	人数
第6回	1913年5月15日	东洋移民会社	若狭丸	394	1588
第7回	1913年10月24日	竹村殖民商馆	帝国丸	527	1946
第8回	1913年11月3日	东洋移民会社	若狭丸	470	1908
第9回	1914年4月27日	东洋移民会社	若狭丸	412	1688
第10回	1914年5月15日	竹村殖民商馆	帝国丸	408	1809

数据来源：入江寅次：『邦人海外発展史』（下），東京：原書房1981年版，第184—185頁。

然而，第一次世界大战的爆发打断了日本向巴西输送移民的良好势头。战争对巴西的经济影响巨大，主要体现在进出口贸易上。一方面，1914年巴西的进口货物直线骤减到1913年的一半，而政府财政收入大部分来自进口税，这就使国库遭受重创；另一方面，出口也在下降，这对长期依赖出口经济的国家财政而言是一场灾难。为了应对危机，巴西总统文塞斯劳·布拉斯·佩雷拉·戈麦斯（Venceslau Brás Pereira Gomes）宣布削减联邦政府的开支。① 圣保罗州政府也以该州经济低迷为由，终止与外国移民公司继续签订移民契约，并暂停对移民的旅费发放补贴，日本向巴西的移民进程被迫中断。

第二节 试验性拓殖地的开辟

一 私人开发的拓殖地

经过最初几年的适应和调整，早期日本契约劳工在巴西的生活逐渐稳定下来。以索布拉多种植园为例。经工人的抗议和移民公司的调解，1908年11月，索布拉多种植园日本劳工的日均工资已经由刚来时的54钱提高到60—120钱。尽管收入有所提高，但是咖啡种植园的整体薪酬比巴西社会其他工种仍然较低，好在日本移民可以在咖啡树行列之间栽种

---

① ［美］E. 布拉德福德·伯恩斯：《巴西史》，王龙晓译，商务印书馆2013年版，第253页。

水稻、玉米、大豆、甘蔗、蔬菜等粮食和经济作物,也可以饲养牲畜。每周六下午和周日,农工们可以在种植园外摆摊,出售盈余的农作物和牲畜。这种耕作方式既能满足移民们的平日口粮,也能补贴家用。"笠户丸"到达巴西三年后,即 1911 年 7 月,索布拉多种植园日本工人的年收入已经达到 840 日元,他们会把其中的 350—420 日元寄给家乡的亲人。

其他种植园的情况也大致如此。为了获得更大的经营自主权和更多的经济收益,在履行完契约劳动期限后,一部分日本农工用为数不多的积蓄租种地主的土地,成为收益分成的佃农。日本农工最早的租种行为发生在 1910 年,三个来自长崎县的日本移民家庭在索罗卡巴纳铁路的阿古杜斯(Agudos)车站和塞吉拉塞萨(Cerqueira César)车站之间的蒙森(Monson)农场租种土地,自己经营。1911 年,一个日本劳工三口之家在伊图地区租种了 10 公顷的林地。① 另一部分日本农工则选择离开种植园,购买土地开辟拓殖地,自己摇身一变成了自耕农。这都得益于巴西对外国人开放土地所有权的政策。19 世纪 90 年代,为了招募外国劳工,以圣保罗州为代表的多个地方政府放开了土地买卖权,其政策理念是让外来劳工在大种植园附近垦殖小农场,这样既能满足他们对土地的渴望、提高劳工的收入,又能为大种植园提供稳定的熟练劳动力储备。这一政策成功吸引了大批南欧和中欧国家的移民。后继而来的日本移民也遵循这条路径开辟拓殖地。待最先的拓殖者站稳脚跟后,再招来同乡加入垦殖的队伍,一个个小据点在日后逐渐发展壮大成以地缘或血缘维系的日本侨民社区。

根据日本驻圣保罗州总领事松村贞雄 1916 年 1 月 31 日向外务省递交的调查报告,"近年来,我国移民中独立自营的倾向逐渐变强。1915 年末,圣保罗州已经有 400 个日本移民家庭成为自耕农"②。依照葡萄牙波图卡兰兹大学丹妮拉·德卡瓦略教授的统计,一般在到达巴西四年后,

---

① 日本国立国会图书馆:http://www.ndl.go.jp/brasil/e/s3/s3_1.html#se1korono,2018 年 3 月 20 日。
② 松村贞雄:「大正四年の日本移民概况」,「大正四年在伯本邦移民概况」,大正五年(1916)1 月 31 日,外務省文書,日本国立国会图书馆:http://www.ndl.go.jp/brasil/text/t029.html,2018 年 3 月 21 日。

约70%的日本移民都由契约农工成功变身为独立小农。① 下面仅就早期比较有代表性的日本移民自发开辟的拓殖地进行简要介绍。

（一）圣保罗市郊的拓殖地

约克利（Juqueri）② 拓殖地位于圣保罗市以北33公里处。早在1911年，乘坐"旅顺丸"来到巴西的日本人武三（Takezo Mamizuka）就在此地种植马铃薯。1913年10月，九个日本移民家庭联合买下这块地皮，并移居到这里。此后，日本移民在这个拓殖地成立了约克利农业合作社（Juqueri Agricultural Cooperative）。该合作社就是二战后成立的南巴西农业合作社中央联盟（South Brazil Central Union of Agricultural Cooperatives）的前身。

科蒂亚（Cotia）拓殖地位于圣保罗市西南27公里处。1913年，一些在圣保罗市做木匠的日本单身青年劳工和离开瓜塔帕拉种植园的家庭移民开始在这里租种土地，这片土地的所有权属于明霍韦柳（Moinho Velho）的一所教堂。尽管这个地方一直是农业用地，但基本都是靠天收，日本人接手经营后，把母国的耕作方法传播到这里，他们对土地施肥以增加产量。土豆种植在科蒂亚拓殖地大获成功，土豆源源不断地被运往圣保罗市的市场上销售。随后，科蒂亚农业合作社（Cotia Agricultural Cooperative）在此成立，后来逐渐发展成为二战期间及战后南美洲最大的农业合作社。

（二）西北铁路沿线的拓殖地

松村贞雄主张日本移民购买和经营土地，他认为这既可以转移大种植园内的劳资矛盾，又可以为更多的日本移民提供经济发展机会。③ 平野运平很好地践行了松村贞雄的思想。他是第一批日本移民五位翻译中的一个，被分派到瓜塔帕拉种植园，由于工作出色，很快就成为该种植园

---

① Daniela de Carvalho, *Migrants and Identity in Japan and Brazil: The Nikkeijin*, New York: Routledge, 2002, p. 8.

② 约克利（Juqueri）以前名为弗兰克达·罗恰（Francoda Rocha）。

③ 松村贞雄：「大正四年の日本移民概况」，「大正四年在伯本邦移民概况」，大正五年（1916）1月31日，外务省文书，日本国立国会图书馆：http://www.ndl.go.jp/brasil/text/t029.html，2018年3月21日。

的副经理,管理这个拥有 500 个移民家庭(其中 200 个是日本移民家庭)和 200 万株咖啡树的大型庄园。但平野运平的"野心"显然不限于此,他希望在周边开辟一个属于日本移民的拓殖地。首先,他需要取得日本移民的支持。瓜塔帕拉种植园 2/3 的日本劳工表示愿意配合平野运平的计划,周边种植园的劳工闻讯也都纷纷表示赞同。最终,他募得 200 个日本移民家庭。其次,他需要选择合适的土地。在反复比较后,他将目光锁定在彭纳总统(Presidente Penna)车站 13 公里处 1620 英亩(3920 公顷)的原始森林,这片林地距离西北铁路(Noroeste line)包鲁(Bauru)车站 125 公里。这里属于印第安人的领地,被视为圣保罗州咖啡生产的"新边疆"。正是因为地处偏僻地带,所以地价非常便宜,这也是日本人在此选址的主要原因。1915 年 8 月 1 日,30 岁的平野运平带领约 20 名先遣队员①进入这片区域。这些先遣队员是从不同县挑选出来的青壮年,主要任务是清理林地、种植水稻。12 月,首批 82 个日本家庭进驻平野拓殖地,并开始收割稻米。拓殖地濒临帝埃迭河(Tietê River)支流杜拉多(Dourado)河,是一片低洼沼泽,河水在滋养庄稼的同时,也带来了灾难。1916 年 2 月,疟疾在平野拓殖地暴发,几乎所有的拓殖者都因病卧床不起。起初,人们并没有找到病源,但后来逐渐意识到他们起居生活依赖的水源传播了疟疾病毒。这场传染病夺走了 80 位日本拓殖者的性命,创造了当时日本向巴西移民史上最大的伤亡纪录。幸存者中有一半迁离平野拓殖地,剩余留守的 30 余个家庭迁往高地继续拓殖。在水稻收获季节,他们只能依靠雇佣巴西当地人进行收割。灾难接踵而至,1917 年拓殖地栽种的第一批咖啡树苗被蝗虫啃食,翌年又发生了霜冻灾害。1919 年 2 月,平野运平死于致命的"1918 年大流感"。然而,平野拓殖地并未因其创始人的逝去而遭废弃,相反,日侨排除万难,把它建设成

---

① 先遣队员名单如下:大田长次郎、樱井初次郎、山崎爱次郎、中田三平、吉原八十松、德永治作、重本智吉、末谷琢马、久保友一、户谷仁造、樋口仙藏、山下永一、柳卯太郎、冈田达一、平川团四郎、文野数马、前田重作、青木孙八。

重要的咖啡和棉花产地，继而成为西北铁路沿线最大的日本人拓殖地。①1930 年，该拓殖地的咖啡年产量突破了 5 万袋。日后，它又发展成日本侨民社区的教育和商务中心。②

1913 年，圣保罗土地开采殖民公司（São Paulo Companhia de Terras, Extrativismo e Colonizacao）对比里吉（Birigui）车站附近的荒地进行开垦，该地距离西北铁路线包鲁车站约 260 公里。1915 年，第一位日本移民入驻比里吉拓殖地。1916 年，宫崎八郎（Hachiro Miyazaki）被聘为该公司日本移民部门的代理人。在他的帮助下，越来越多的日本移民来此定居。1923 年，比里吉拓殖地共吸纳了 296 个日本移民家庭。

巴西第一份日文报纸《南美周刊》的创办人和出版商保科健一郎（Hoshina Ken'ichiro）于 1917 年和 1918 年分别创建了巴伊贝拓殖地（Baibem Colony）和布雷让拓殖地（Brejao Colony）。这两个拓殖地都在索罗卡巴纳铁路沿线。为了吸引日本移民，他在《南美周刊》上发布广告。与其他拓殖地一样，早期拓荒者历经着种种磨难。在布雷让拓殖地，许多人因为营养不良和过度劳累而患上地方性流行病和肺结核，不少人为此而丧命。

1918 年，皇国殖民会社的海外代理人上塚修平在伊塔克罗米（Itacolomy）地区购买了 1400 英亩（3388 公顷）的土地，建立第一个上塚拓殖地。该拓殖地位于埃托尔勒格鲁车站（Heitor Legru station）③ 4 公里、林斯（Lins）西北部的地方。1922 年，他又在林斯以西建立了第二个上塚拓殖地，吸引了许多日本移民慕名而来投靠他。

（三）圣保罗州以外的拓殖地

除了圣保罗，早期日本移民还在巴西的其他州开辟拓殖地。比如，

---

① 松村贞雄：「大正五年の日本移民概况」，「大正五年ニ於ケル本邦移民概况报告ノ件」，外务省文书，大正六年（1917）1 月 18 日，日本国立国会图书馆：http://www.ndl.go.jp/brasil/text/t030.html，2018 年 3 月 22 日。

② 「平野植民地入植前後の状况」，『平野廿五周年史』，平野植民地日本人会，1941 年，日本国立国会图书馆：http://www.ndl.go.jp/brasil/text/t032.html，2018 年 3 月 22 日；Stewart Lone, *The Japanese Community in Brazil, 1908–1940: Between Samurai and Carnival*, New York: Palgrave Mcmillian, 2002, pp. 44–45.

③ 以前称"普罗米桑车站"（Promissao station）。

他们在圣保罗州北部与米纳斯吉拉斯州接壤、里奥格兰德河畔（Rio Grande River）的米内罗三角（Triangle Mineiro）地带栽培水稻。1919年，约有410个日本移民家庭在这个拓殖地生活劳作。但一战后，由于经济萧条、土地肥力下降等因素，不少拓殖者离开了米内罗三角区。

在圣保罗州西部的南马托格罗索州（Mato Grosso do Sul）首府大坎普城（Campo Grande）则聚居着很多来自冲绳县的日本移民。在明治晚期和大正时期，为了修建西北铁路，秘鲁、玻利维亚和阿根廷的冲绳移民被召集到拉普拉塔河沿岸地带，他们是大坎普城的第一批冲绳居民，属于跨国移民。随后，越来越多的冲绳移民聚集于此，久而久之，这里就发展成巴西冲绳人的一个主要据点。

上述这些由早期赴巴西的日本移民开辟的拓殖地大致可分为三类。第一类是日本移民在脱离种植园、铁路等契约工作后，自发地组合在一起购买土地而建立的拓殖地，如约克利拓殖地、科蒂亚拓殖地、米内罗三角区拓殖地和大坎普城都属于这一类。其特征是土地所有权归日本人，创始人都属于最底层的日本契约劳工移民，拓殖地中的居民相对较少，面积也比较小。第二类是一位日本移民先投资买地，而后主动招募其他日本移民入驻进行垦殖的拓殖地，代表有平野拓殖地、巴伊贝拓殖地、布雷让拓殖地和上塚拓殖地。与第一类拓殖地一样，此类拓殖地土地所有权也归日本人，都属于移民自己的投资和开发行为，不过创始人并非原先的底层劳工，而是移民中的管理层或本身财力比较雄厚的商人，手上能够支配的移民资源比较丰富，且具有号召力，拓殖地中的居民较多，规模较大。第三类是巴西商业公司招募日本移民开垦荒地，代表是比里吉拓殖地。与前两者不同，这一类拓殖地的土地所有权归巴西本地人，具体经营人为日本移民。

尽管这些拓殖地在土地所有权、创始人类型、人数、规模等方面存在诸多不同，但它们之间也有共同之处。一是拓殖地的选址大都在城市周边或内陆地区，土地状况大多是未开发的处女地。二是拓殖地的居民都是以某些共同特征维系的，或是出生地相同，或是乘坐的同一艘移民船，或是有相同的宗教信仰，或是在同一个种植园劳作等，都是已经在巴西生活的日本移民。这一特征最明显的要属大坎普城。1920年，这里有50个日本移民家庭,只有一个不是来自冲绳县的。① 三是拓殖的模式都是依托农业,移民们扎根田间,深耕细作,种植稻米、大豆、棉花、蔗糖、土豆等作物,既能满足自身生活需求,也能与周边市场紧密结合。四是拓殖的过程都是艰辛的,大多曾遭受疾病或天灾的沉重打击。

二 有日本官方背景的拓殖地

如果说上述拓殖地是身在巴西的日本移民为谋生计的一种应激式反应,那么伊瓜佩(Iguape)地区出现的拓殖地则是出于日本政府的顶层设计,是官方在海外建立拓殖地的尝试。

在向巴西输送契约劳工的同时,日本政府内部也就在巴西建立"植民地"(拓殖地)进行了讨论。1910 年,在日本内阁农商务大臣大浦兼武的资助下,青柳郁太郎一行人到巴西圣保罗州及其他三个南部州进行考察。经过比对,他们最终选定圣保罗市以西 160 公里、距离桑托斯港 220 公里、里贝拉(Ribeira)河流域的伊瓜佩地区,认为这里是最适宜拓殖的地方。② 而后,青柳郁太郎便同圣保罗州政府交涉买地事宜,并表达了要在这片地区建立成立联合合作社——"东京辛迪加"(Tokyo Syndicate)。

1912 年 3 月 8 日,圣保罗州政府(甲方)和"东京辛迪加"(乙方)正式签订协议。主要内容如下:第一,甲方为乙方拓殖者提供在圣保罗州伊瓜佩地区未开垦土地;第二,乙方将于两年内向该拓殖地迁移 2000 户日本人家庭(可延期);第三,甲方将建设从拓殖地到通商口岸之道路及铁路并附属道路;第四,甲方记录做街区用之合适面积并将附近一并赠予;第五,甲方须提供给拓殖民用于农业实验及畜牧实验场所的种苗和牲畜;第六,甲方建设学校配置教室教授巴西语;第七,乙方将赫克托雷斯的内外划分为 25 块做殖民地提供给拓殖民,1 公顷变卖 10—30 密尔雷斯,1 密尔雷斯约为 6 元 50 钱;第八,甲方承担每位移民的船费;

---

① Daniela de Carvalho, *Migrants and Identity in Japan and Brazil*: *The Nikkeijin*, New York: Routledge, 2002, p. 9, note 13.

② 『伯剌西爾開拓事業論見書』,大正元年(1912)9 月,日本国立国会図書館:http://www.ndl.go.jp/brasil/e/data/R/016/016 - 002r.html,2018 年 3 月 25 日。

第九，乙方若已将移民全部移入，须归还多余土地。①

12月，桂太郎第三次担任日本首相，并兼任外相。他提拔大浦兼武担任内相。二人都极力主张在海外建立日本人拓殖地。为了筹措置地资金，大浦兼武甚至抵押了自己的房产。在他们的推动下，1913年3月，巴西拓殖会社成立，创办资本为100万日元，日本大实业家涩泽荣一（渋沢栄一）②出任会社主席。巴西拓殖会社接管了"东京辛迪加"和圣保罗州政府签订的购地协议。同年9月，该会社拿到了位于里贝拉河左岸的1400公顷土地，并承诺引进30个日本移民家庭进行建设。为了向桂太郎首相致敬，这块拓殖地取名为"桂拓殖地"。随后，巴西拓殖会社便开始征募工作。③募集条件如下："移住拓殖地要符合本人意愿，土地转让需提前约定；在缔结占地条款时需先交总地租的四分之一为定金，其余应在五年内按年赋，未缴纳金额以每年6分利息缴纳，殖民地应以1公顷20—30密尔雷斯，以25公顷左右为准；公司为维持拓殖地秩序或进步，制定相应规定或命令，对违反规定者政府有权力将其驱逐出拓殖地；拓殖地的工资为一日2.5密尔雷斯；从圣保罗到拓殖地的旅费由移民本人承担，对情况属实者可根据其工资扣除，每个成人为25密尔雷斯；需要等借款者，其借款责任由家中2—3人一并承担；成人每人10密尔雷斯的

---

① 「東京シンヂケートとサンパウロ州政府との間で土地無償譲与の契約成立」，橋田正男宛、藤田克己書簡；『橋田正男関係資料95-3』，明治四十五年（1912）4月15日，日本国立国会図書館：http：//www.ndl.go.jp/brasil/e/data/L/017/017-001l.html，2018年3月25日。

② 涩泽荣一是日本明治和大正时期的大实业家，被后人誉为"日本企业之父"。1840年，他出生在埼玉县的一个豪农家庭。早年曾参加尊王攘夷活动，被德川庆喜重用。1867年1月至1868年11月，他赴欧洲游历考察，看到了日本和西方的巨大差距。1868年，他创立了日本第一家银行和贸易公司。1869年，他到大藏省任职，积极参与货币和税收改革，1873年因政见不合辞职，任日本第一国立银行总裁。10年后，他创办了大阪纺织公司，确立其在日本实业界的霸主地位。此后，他的资本渗入铁路、轮船、渔业、印刷、钢铁、煤气、电气、炼油和采矿等重要经济部门。

③ 入江寅次：『邦人海外発展史』（下），東京：原書房1981年版，第196頁；Stewart Lone, *The Japanese Community in Brazil, 1908-1940: Between Samurai and Carnival*, New York: Palgrave Mcmillian, 2002, pp. 43-44。

手续费须由本人支付。"①

然而，最开始在种植园的招募工作进行得并不顺利，几乎没有日本劳工应征。于是，巴西拓殖会社将目光投向了圣保罗市内的康德街（Rua Conde），因为这里是日本移民的一个聚居区。很快，就募得了 30 个移民家庭，他们中有工匠、商人、学生和从种植园中逃离出来的农工等。1913 年 11 月，首批 30 个家庭入住桂拓殖地。他们主要种植甘蔗和稻米，收益的 25% 归巴西拓殖会社所有，剩余的 75% 归农户自己。比较幸运的是，与早期日本移民自发建设的拓殖地不同，桂拓殖地并没有遭受疟疾等流行病的侵扰。对此，青柳郁太郎在回忆录中充满了得意之情："每个人都在用最健康的体魄从事农业劳动，原因在于桥田主任指导恰当，更重要的是，北鸟医生提供了许多预防性的卫生举措……职员间没有误解，全员合作共事，共同造就了拓殖地愉快的生活氛围。"②

1916 年 8 月，巴西拓殖会社又在伊瓜佩河流域、桂拓殖地附近购买了 9300 公顷的土地，建立雷日斯特鲁（Registro）拓殖地，并试图从日本国内招募 300 户日本移民。1917 年，募得 99 户家庭；翌年，又募得 150 户家庭。③

至此，由巴西拓殖会社主导搭建的伊瓜佩地区日本移民拓殖地已经初具规模。伊瓜佩拓殖地与私人开发的日本移民拓殖地既有不同之处，也有相似之处。不同之处主要体现在四个方面：一是日本政府是否参与其中。前者明显带有日本官方背景，是日本政府积极推动运作的；后者则是巴西境内日本移民的个人行为。二是资金来源不同。前者的投资方主要是日本国内的实业家；后者则由旅巴日本移民个人或集体购买土地。三是居民来源不同。前者的招募对象不局限于巴西当地的日本移民，也

---

① 「桂植民地への勧誘」，田口道造宛：『青柳郁太郎書簡控』『橋田正男関係資料 95 - 8』，日本国立国会図書館：http://www.ndl.go.jp/brasil/data/L/018/018 - 001l.html，2018 年 3 月 26 日。

② 「青柳郁太郎回顧談」，永田稠：『ブラジルに於ける日本人発展史』下卷，ブラジルに於ける日本人発展史刊行会 1953 年，日本国立国会図書館：http://www.ndl.go.jp/brasil/text/t036.html，2018 年 3 月 26 日。

③ 日本国立国会図書館：http://www.ndl.go.jp/brasil/e/s3/s3_2.html#se3iguape，2018 年 3 月 26 日。

有从日本国内直接征募的；后者完全依赖身在巴西的日本侨民。四是组织方式不同。前者是经过严密的筹备、精心的组织和详细的计划的，尤其在卫生防疫方面。伊瓜佩拓殖地都配有日本医生，他们携带充足的药物，"能够处理重病或突发疾病"，"每个新加入拓殖地的成员都要先接受健康检查……每年8月会定期为移民进行体检"，拓殖者可以随时接受诊断和药物治疗。① 这些举措保障了伊瓜佩拓殖地在建设初期免于遭受重大疾病的打击。而后者则大多是移民的自发行为，缺乏有效的防护知识和救治手段，易受传染病侵害，加大了拓殖的难度。相似之处在于：二者的选址位置都在城市周边或内陆地区，且都濒临河流，这为日本移民灌溉农田和种植稻米提供了条件；二者的拓殖模式都以农业为基础，是集生产、生活、消费于一体的日本移民社区。

无论是日本移民私人投资经营的拓殖地，还是官商合办建设的拓殖地，都是日本、巴西两国经济发展和人口政策成功对接的表现。日本"人多地少"，亟须向外输出人口，缓解压力，巴西则是"人少地多"，劳动力短缺一直是巴西经济面临的主要问题，大片土地亟待垦殖开发，两者遥相呼应。日本拓殖地的出现更加稳固了这种合作关系，对于解决两国的人口问题而言是一个"完美的方案"②。对于日本而言，拓殖地不仅为日本劳工提供了一种新的生活方式，提高了他们的个人收入，有效阻止了现有移民回国的步伐，同时吸引日本国内的潜在移民迁往巴西。对于巴西而言，外国投资的拓殖地是一种在农村安置移民的新方法，城市周边聚集的日本移民既可以作为巴西经济的熟练劳动力储备，又在一定程度上促进了当地农业的发展，对日后巴西的农产品结构和出口经济将会产生重大影响。

---

① 白鸟尭助：「イグアペ植民地」，『伯剌西爾時報』大正八年（1919）3月21、28日，日本国立国会図書館：http://www.ndl.go.jp/brasil/text/t037.html，2018年3月27日。

② Jeffrey Lesser, "Japanese, Brazilians, Nikkei: A Short History of Identity Building and Home-making," in Jeffrey Lesser, ed., *Searching for Home Abroad: Japanese Brazilians and Transnationalism*, Durham [N.C.]: Duke University Press, 2003, p. 6.

第三节 一战末日巴移民计划的重启

随着欧洲战事的推进，意大利、葡萄牙和西班牙纷纷收紧了移民政策，限制本国公民流向海外。这对巴西的外来移民结构和劳动力市场产生了巨大冲击。表5.5显示了1910—1919年巴西引进的外来移民人数，这十年间有几个变化值得注意。一是葡萄牙再度成为巴西第一大移民来源国。在19世纪70年代末之前，葡萄牙一直都为巴西输送了最多的移民。进入80年代，意大利超过葡萄牙成为巴西最主要的移民来源国，这种态势一直维持了30年，直到20世纪的头十年。在随后的十年，意大利向巴西输送的移民人数被葡萄牙和西班牙赶超，降至第三位。二是南欧三国向巴西的移民人数大幅减少。这种趋势从20世纪初就已经显现出来。由于三国政府相继中止了巴西的补贴移民计划，导致1900—1909年三个国家向巴西输送移民的总数跌至530212人，还不足1890—1899年最高峰时（1074011人）的一半。1910—1919年三国移民总数为638300人，虽然总体上略微增加，但也仅为高峰时期的59.4%。一战期间，巴西的南欧移民人数再度出现断崖式下跌。以葡萄牙为例，1914—1918年这五年的移民人数总和为69832人，还没有1913年一年的76701人多。三是与南欧移民人数下降相比，巴西的日本移民人数在这十年展现出上升的势头。除了1915年和1916年两个年份。1914年圣保罗州政府宣布暂停补贴移民政策，其政策效果显而易见，随后的两年日本移民人数只有230人。而在1917年触底反弹，飙升至3899人。如果以这十年的总数来看，日本移民的增加态势则更为明显：日本共向巴西输送了27432名移民（占比3.36%），虽然与南欧国家以十万计的移民数不可比拟，却首次超过德国的25902人（占比3.18%），成为巴西第四大移民来源国和欧洲以外最大的移民来源国。导致巴西的日本移民人数迅速增多的原因在于，一战期间欧洲移民人数的锐减迫使巴西政府重新考虑引进日本劳工，这与十年前的情况颇为相似，更重要的是日本国内移民公司的兼并重组为重启移民巴西的计划提供了坚实的物质基础。

表5.5　　　　　1910—1919年入境巴西的外来移民人数　　　（单位：人）

年份	葡萄牙	意大利	西班牙	德国	日本	其他地区	总数
1910	30857	14163	20843	3902	948	16038	86751
1911	47493	22914	27141	4251	28	31748	133575
1912	76530	31785	35492	5733	2909	25438	177887
1913	76701	30886	41064	8004	7122	26556	190333
1914	27935	15542	18945	2811	3675	10324	79232
1915	15118	5779	5895	169	65	3307	30333
1916	11981	5340	10306	364	165	3089	31245
1917	6817	5478	11113	201	3899	2769	30277
1918	7981	1050	4225	1	5599	937	19793
1919	17068	5231	6627	466	3022	3613	36027
1910—1919	318481	138168	181651	25902	27432	123819	815453
占比（%）	39.06	16.94	22.28	3.18	3.36	15.18	100

数据来源：Maria Stella Ferreira Levy, "O Papel da Migração Internacional na Evolução da População Brasileira (1872 a 1972)," *Revista de Saúde Pública*, supplement, Vol.8, No.3, 1974, p.72。

1916年3月，东洋移民会社、南美殖民会社和森冈移民会社进行合并，组建巴西移民组合。同年夏天，该组合派遣神谷忠雄赴巴西，与圣保罗州政府就恢复日本移民的事宜进行交涉。双方很快就达成一致。8月14日，巴西移民组合代表田口道造与安图内斯多斯桑托斯公司（Antunes dos Santos Company）签订移民协议，该公司被圣保罗州政府赋予引进移民的特权。根据协议，巴西移民组合每年要向圣保罗州输送4000—5000名契约移民，州政府则对移民的旅费进行补贴，12岁以上的移民每人9磅，7—12岁的每人4磅10志，3—7岁的每人2磅5志，协议期限为4年。①

此外，这一时期日本通往巴西的移民航线也逐渐固定。1916年，日本邮船公司与巴西移民组合缔结运送合约，商定从1917年起由两艘航船

① 入江寅次：『邦人海外発展史』（下），東京：原書房1981年版，第202—204頁。

负责运送移民,开设 1 年 3 次的定期航线。1917 年 4 月 20 日,日本邮船公司旗下的"若狭丸"开启了定期航线上的首航,搭载着 351 个家庭共计 1351 名移民驶向巴西,这标志着日巴移民活动恢复正常。此次航行从神户港出发,途经新加坡、德拉瓜湾和开普敦,终抵桑托斯港;返航路线经停里约热内卢、圣卢西亚、纽约和巴拿马运河回到日本。1918 年 4 月后,日本邮船公司把这条航线的运力增至三艘航船,运送频率缩短为两个月一次,返航路线改为经由南非好望角的大西洋航线。除了日本邮船公司,大阪商船公司也加入了运送移民的行列,起点设在横滨。1917 年 6 月,大阪商船公司的"西雅图丸"首次搭载 19 个家庭共 63 名日本移民从横滨出发奔赴巴西。1918 年,这家公司首次将移民船的返航路线改为经由巴拿马运河,将巴西的咖啡运至美国新奥尔良,再把新奥尔良的棉花和钢铁运回日本,从中谋取巨额利润。1920 年后,大阪商船公司的运送频率增至 1 年 10 次,在日本的起点由横滨改为神户。至此,日本至巴西的西行环球移民航线最终确立,轮船经由印度洋,从开普敦出大西洋至巴西。需要指出的是,两家航运企业的主营业务有所不同,日本邮船公司侧重运送移民,大阪商船公司则更偏重运输货物。在巴西移民组合运转的四年间,共向巴西投送了 23 批 13417 位移民。① 其中,日本邮船承担了 15 次航行,输送了 90% 的移民(1.21 万人);大阪商船承运了 8 次,仅输送了 10% 的移民(0.13 万人)。②

表 5.6　　　　1917—1920 年日本向巴西输送的移民情况　　　　（单位:人）

出发时间	移民船	家庭数	人数
1917 年 4 月 20 日	若狭丸	351	1351
1917 年 6 月 12 日	河内丸	151	562
1917 年 6 月 16 日	西雅图丸	19	63
1917 年 9 月 21 日	太驹丸	21	70

---

① 入江寅次:『邦人海外発展史』(下),東京:原書房 1981 年版,第 204—206 頁。
② 山田廸生:『船にみる日本人移民史:笠戸丸からクルーズ客船へ』,東京:中央公論社 1998 年版,第 63 頁。

续表

出发时间	移民船	家庭数	人数
1917年11月3日	若狭丸	503	1744
1917年11月30日	西雅图丸	24	78
1918年2月26日	夏威夷丸	69	225
1918年4月25日	若狭丸	512	1851
1918年5月31日	西雅图丸	26	107
1918年7月11日	博多丸	434	1696
1918年9月6日	讃岐丸	335	1273
1918年10月20日	夏威夷丸	70	359
1918年11月28日	若狭丸	101	392
1919年1月21日	博多丸	150	612
1919年3月27日	讃岐丸	179	797
1919年5月27日	镰仓丸	136	623
1919年7月22日	夏威夷丸	61	239
1919年10月18日	讃岐丸	69	311
1919年11月25日	镰仓丸	19	93
1920年3月30日	土佐丸	91	450
1920年7月2日	河内丸	29	193
1920年10月1日	土佐丸	27	163
1920年12月27日	巴拿马丸	36	165

数据来源：入江寅次：『邦人海外発展史』（下），東京：原書房1981年版，第204—206页。

与此同时，日本国内的移民公司进入改革和整合时期。经过近三十年的发展，日本民营移民公司林林总总，竞争激烈，对移民的争夺进入白炽化程度。那些资金单薄、规模较小、抗风险能力差、缺乏政府督导和授信的移民公司往往在竞争中落败，移民市场很不稳定。1916年10月担任首相的寺内正毅指出，一战为日本营造了良好的向外拓殖的大环境，因此日本移民公司要抓住机遇积极推动国民的海外发展事业，但"当时国内此种事业会社唯小移殖民会社数多分立"，并经常处于恶性竞争中，风险甚高，不利于移民事业健康有序的发展，只有资本雄厚的大移民公司才能承担"此重大任务"①。为了整顿移民市场乱象，有效整合移民公司资源，1917 年 7 月，寺内正毅内阁向日本国会提交《东洋拓殖株式会社修订案》（Oriental Colonization Company Limited Act），要求同意该公司收购移民公司的股票和债务证券，以解决小市值移民公司间因盲目竞争而产生的资源浪费问题，并进一步做大实力强劲的大移民公司。该修订案最终在日本国会获得通过。②

1918 年 8 月 6 日，大藏大臣胜田主计在日本殖民协会夏季研讨会上强调，不仅要加强对外贸易、促进海外移民，还要增加对外投资，尤其在南美地区，他极力主张移民公司间的强强联合，只有这样才能扩大海外投资规模。③ 第二天，胜田主计就把东洋拓殖株式会社、南美殖民会社、森冈移民会社、巴西拓殖会社、日本殖民会社、日东殖民会社的代表以及外务省通商局长中村巍氏召集在其官邸中，商讨合并的事宜。但是，森冈移民会社和巴西拓殖会社并不同意随即退出。剩余的四家公司于 8 月 31 日再次碰面商议合并的具体事项。

12 月 1 日，在大藏省和外务省的推动下，东洋拓殖株式会社、南美殖民会社、日本殖民会社、日东殖民会社成功合并，组建了海外兴业株式会社，内设总务部、营业部、金融部和调查部四个部分。④ 第一任社长由神山闰次（内务省官员出身）担任，专任董事有神谷忠雄（巴西拓殖

---

① 『海外興業株式會社小史』，第 1—2 頁，日本国立国会图书馆：http://www.ndl.go.jp/brasil/e/data/L/089/089 - 002l. html，http://www.ndl.go.jp/brasil/e/data/L/089/089 - 003l. html，2018 年 3 月 30 日。

② 日本国立国会图书馆：http://www.ndl.go.jp/brasil/e/s3/s3_3. html#se6douka，2018 年 3 月 30 日。

③ 「勝田大藏大臣在日本植民協会夏季講習会上的讲演」，大正七年（1918）8 月 6 日，『海外発展に関する勝田大藏大臣講演、全国中小農の分布及其経済状態』，海外興業 1918 年，日本国立国会图书馆：http://dl.ndl.go.jp/info：ndljp/pid/933211/11？ _lang = en，2018 年 3 月 30 日。

④ 『海外興業株式會社小史』，第 9 頁，日本国立国会图书馆：http://www.ndl.go.jp/brasil/e/data/L/089/089 - 006l. html，2018 年 3 月 30 日。

会社出身）和水野龙（南美殖民株式会社出身）。① 新会社购买和继承了四家旧公司的移民业务，支付的营业继承费分别为东洋拓殖株式会社412750 日元、南美殖民会社 312100 日元、日本殖民会社 149337.5 日元、日东殖民会社 964800 日元。② 海外兴业株式会社的注册资金为 18 万股 900 万日元，其中的 70% 由日本邮船公司、大阪商船公司和东洋拓殖株式会社出资，所以这三个公司是海外兴业株式会社的大股东。

海外兴业株式会社的经营范围非常广泛，包括南美、南洋、澳洲和北美等地。主要业务包括：1. 招募、输送和安置契约劳工和自由移民；2. 在巴西购地经营拓殖地；3. 海外投资，领域包括动产和不动产的买卖、农业畜牧业、水产业、矿业、加工业、土木建筑、新闻业等，如菲律宾和"南洋新占领地"的甘蔗种植业、秘鲁的棉花栽培业、智利的硝石业等。③ 简单来说，就是移民、拓殖和投资三大板块。不难发现，之前日本的民营移民公司只是单纯经营移民业务，向目的国输送契约劳工，而海外兴业株式会社在继承被吞并公司移民业务的基础上，把业务扩展到了拓殖和投资领域，这也是两者间最大的区别。其实，仅从公司的命名上就可以看出这一差别，海外兴业株式会社不再使用"移民"或"殖民"的字样。

海外兴业株式会社的移民业务主要包括五个环节：宣传、募集、乘船手续、运送、安置保护。宣传的主要方式是在媒体上印刷画报或配有照片的宣讲会。在一幅广告画报上，一个强壮的年轻人将手里的锄头指向巴西，家人都站在他的臂膀上，孩子挥舞着日本国旗，画报上的标题为"我们出发！带上你的家人去南美！"还有一幅画报印有巨大的南美地

---

① 海外兴业株式会社的前四任社长和任期分别为：神山闰次（1917 年 12 月—1921 年 12 月）、松平直平（1921 年 12 月—1922 年 5 月）、龙江义信（1922 年 5 月—1923 年 3 月）、井上雅二（1923 年 3 月就职），参见『海外興業株式會社小史』，第 13 页，日本国立国会图书馆：http://www.ndl.go.jp/brasil/e/data/L/089/089 - 008l.html，2018 年 3 月 30 日。

② 『海外興業株式會社小史』，第 3 页，日本国立国会图书馆：http://www.ndl.go.jp/brasil/e/data/L/089/089 - 003l.html，2018 年 3 月 30 日。

③ 『海外興業株式會社小史』，第 11、20 页，日本国立国会图书馆：http://www.ndl.go.jp/brasil/e/data/L/089/089 - 007l.html，http://www.ndl.go.jp/brasil/e/data/L/089/089 - 009l.html，2018 年 3 月 30 日。

图，上面散布着许多日本人拓殖地的照片，右侧是一艘驶入里约热内卢瓜纳巴拉湾（Guanabara）的日本移民船，不远处雄壮巍峨的面包山（Sugarloaf）似乎在张开怀抱欢迎这些远道而来的客人。[1] 此外，日本各府县的社会课、职业介绍机构和海外协会在农村举办巡回展出，免费提供最新的巴西移住地的照片和资料，还配送移住地和出国法律等小册子。招募的主要对象是农村家庭中非长子的青壮年劳动力。一直以来，日本农村都实行长子继承制，包括土地在内的家庭财产和权力都由长子来继承，其他的兄弟必须服从长子的支配。长子继承家业后，其他的兄弟要搬离家庭独自谋生，且不能从家庭分得任何财产，由此催生出大量农村闲置劳动力。这些没有土地继承权的青壮年构成海外移民的主体。

募集有初选和复审两个流程。先是公司代理人对申请人进行面试，向其介绍咖啡种植园的劳动和生活环境。而后，代理人把首轮通过的申请者的材料送回东京的公司总部，由总部对申请候选人的家庭构成和财产状况等资质进行严格筛查。此外，契约劳工移民还要向府县官厅递交签证申请书和出国许可书。

那些获得移民资格的家庭要在指定日期前到达乘船港口神户集合，办理各种乘船手续。在港口滞留期间，公司设在神户的办事处要为移民办理签证、证件检查、检疫和消毒等事项。在费用方面，海外兴业株式会社负担一半移民从家乡到神户的火车票和行李运费。但是，去巴西的移民在传染病检疫和身体检查结果出来前还需在临时旅馆里待上十来天，因为家庭移民较多，所以这笔花销也不少。

运送由两大股东日本邮船公司和大阪商船公司负责。移民船需要有日本政府指定的专任监督或海外兴业株式会社的运送监督者同行。督察员要对途中的天气、乘客的体征、船内生活和卫生状况、特别调查事项等进行详细的记录，撰成监督日志，报给政府或移民公司。[2] 在到达桑托

---

[1] Jeffrey Lesser, *Immigration, Ethnicity, and National Identity in Brazil, 1808 to the Present*, New York: Cambridge University Press, 2013, p.160.

[2] 新宅隆一：「移民輸送の監督報告」，『新宅隆一関係資料』［移（三）－アルゼンチン－3-8］，憲政資料室，日本国立国会図書館：http://www.ndl.go.jp/brasil/text/t045.html, 2018年4月1日。

斯港后，海外兴业株式会社巴西分部会有专人迎接，给移民分配农场，并将他们送至目的地。①

海外兴业株式会社于1919年4月以67万日元收购了巴西拓殖会社②，1920年又吞并了日本国内最后一个移民公司森冈移民会社。自此，海外兴业株式会社成为日本唯一经营移民业务的公司。如表5.7所示，自成立以来的六年间，海外兴业株式会社共向海外输出移民15793人，其中去往巴西的移民最多，有10087人，约占同期移民总数的63.9%，菲律宾紧随其后排第二位。

表5.7　　　1918—1923年海外兴业株式会社输送移民人数　　　（单位：人）

年　份	巴西	菲律宾	其他地区	总计
1918	4332	2709	46	7087
1919	2150	675	232	3057
1920	826	137	49	1012
1921	923	251	665	1839
1922	965	115	191	1271
1923	891	358	278	1527
总计	10087	4245	1461	15793

数据来源：『海外興業株式會社小史』，第31页，日本国立国会图书馆：http://www.ndl.go.jp/brasil/e/data/L/089/089-014l.html，2018年5月15日。

海外兴业株式会社在收购巴西拓殖会社后，同时接管经营其在伊瓜佩地区的拓殖地。白鸟尭助③被任命为该会社伊瓜佩拓殖地负责人。上任后，他就对伊瓜佩既有拓殖地进行考察，并撰写了详尽的调研报告。在报告中，他大力宣扬拓殖地的价值："人们在这里可以安居乐业，国民在海外的幸福感也因医疗卫生和教育服务的跟进而增加，因此今后要邀请

---

①　[日]坂口满宏：《论日本向巴西移民的性质与形式》，吴占军译，《日本研究》2016年第2期。

②　『海外興業株式會社小史』，第35页，日本国立国会图书馆：http://www.ndl.go.jp/brasil/e/data/L/089/089-016l.html，2018年4月1日。

③　1930—1933年，白鸟尭助任海外兴业株式会社巴西分部经理。

更多的同胞来这里，为加强我们民族的发展而努力"。而后，他从土地管理、道路建设、农事垦荒、饲养家畜、作物改良、医疗卫生、学校教育等方面介绍了拓殖地的发展现状。在报告最后，他提出了招募移民的具体要求和土地所有方法。移民资格包括：（一）以农业为本、以夫妇为主的家庭；（二）身体健康，未患难治恶疾或传染性疾病，移民应接受入住地的所有健康检查，不合格的人可通过公众卫生渠道拒绝其入住拓殖地；（三）移居拓殖地的时候须上缴首次土地租金150密尔雷斯，缴纳了土地保证金的人可以免除；（四）移居拓殖地后到第一次秋收时可支付其生活费，此为生计之保证，即进入拓殖地1个月可得50密尔雷斯，到了秋收时可将资金存入公司，每月会返还50以内密尔雷斯，故此预存金可吃每年4分的公司利息。在土地分配方面：（一）面积大小约为25町步，大的为四五十町步，一个家族被分配到同一地区，道路之间隔250米，内道为1000米。（二）租金为每町步30密尔雷斯，支付时应按约定支付全额，亦可按年赋，第一次支付金额为总额的五分之一（约150密尔雷斯），其余自第二年起每年7月31日支付余额的四分之一，即按5年年赋，剩余未支付金额需要每年6分的利息计算。（三）道路费实际负担费用约为300密尔雷斯，迁入后第二年开始每年7月31日缴纳路费四分之一的利息和路费。（四）迁入拓殖地之后，在接受租借地权书支付的基础上，亦接受私有地产权书。此外，上述拓殖者资格中，因资金不足出现的辅助殖民地组织，其不需要支付迁入拓殖地的土地缴纳金，期望日后将其纳为已有的拓殖者进入该地开垦耕种，在必要情况下公司应提供木板和瓦片等房屋建筑材料，并提供食物，每月50密尔雷斯，且只提供最开始一个月的借贷。在最初的3年间，应将总产量的20%缴纳给公司，从第4年后可像普通拓殖者那样，按年缴纳地租、道路费和建筑材料费用，不久便可成为独立小农。总体上，他认为伊瓜佩拓殖地的发展势头是好的，"将来还要在里贝拉河流域扩大拓殖规模"①。

1920年，海外兴业株式会社又在里贝拉河流域的塞塔巴拉斯（Seta Barras）地区开辟拓殖地。至此，加上1913年设立的桂拓殖地和1916年

---

① 白鸟尭助：「イグアペ植民地」，『伯剌西爾時報』大正八年（1919）3月21、28日。

的雷日斯特鲁拓殖地,伊瓜佩地区的三大拓殖地基本架构成型。为了便利拓殖地与城市中心的通信和商务往来,促使移民安定下来,日本政府大力资助伊瓜佩拓殖地的基础设施和配套工程建设。截至1924年,已经修筑了243公里长的公路连接拓殖地和伊瓜佩市;建立了四所学校,满足318名儿童的教育需求;还建有若干医院和经济作物加工厂。[1]

1925年,海外兴业株式会社社长井上雅二亲赴巴西进行考察,他重点到圣保罗州种植园及周边地区的日本人拓殖地开展调研。据统计,当时日本在巴西购买土地约合4.6万公顷;仍在咖啡种植园中做契约劳工的日本移民家庭有1831个,租借土地的佃农家庭有约3000个,准借地的农民家庭约有2000人,独立拥有土地的小农家庭多达10501个。换句话说,1925年在巴西从事农业的日本移民家庭共有17332个,其中有3/5的家庭成了拥有地产的独立小农。[2]

第四节　日本早期移民活动的特征

一　对日本移民的数据分析

（一）出生地

1908—1923年,日本共向巴西输送了32590名移民（如表5.8所示）。其中,来自冲绳县的移民最多,有5680人,占同期移民总数的17.4%。日本本岛的福冈、熊本、广岛和鹿儿岛位列其后,分别输出了4838人（14.8%）、4375人（13.4%）、2860人（8.8%）和1839人（5.6%）。福冈、熊本、广岛和鹿儿岛都位于日本的西南部,这四个县总共贡献了13912名移民,接近移民总数的一半（42.6%）,西南地区成为移民输出最为集中的区域。原因主要有以下三点:其一,西南地区的日本人擅长渔猎,涉水为生,与风浪搏斗,富于冒险,具有开拓精神和坚韧不拔的性格。他们往往不安于现状,谋求在海外开拓更好更富足的生

---

[1] Daniel M. Masterson, *The Japanese in Latin America*, Urbana: University of Illinois Press, 2004, pp. 78-79.

[2] 入江寅次:『邦人海外発展史』（下）,東京:原書房1981年版,第293頁。

活。这与日本历史和文化发祥地的畿内地区人民注重家庭、温顺、友善的性格形成鲜明反差。所以,西南地区多出武士和海盗,而畿内地区则是诗人、作家和艺术家的故乡。① 其二,西南地区是日本传统的农业区,工业不发达,经济条件差,底层的农业人口众多,生存压力大。尽管西南地区的人口出生率和人口密度并非日本最高的地区,但其人口增长的数量已经远远超出了这一地区资源所能承受的上限,而且这些新增人口往往来自社会底层的农民,"越穷越生、越生越穷"的恶性循环在这里频频上演。以广岛为例。1905 年,广岛人口中小农的比例高达 70%;人均财富仅为 381.895 日元,低于日本平均水平 505.755 美元,属于日本比较贫困的地区。迫于生存压力,人们不得不到海外谋生。其三,西南地区的日本人具有丰富的移民经验。在向拉丁美洲移民之前,西南地区已经有数十年向夏威夷和北美地区移民的历史。在长期的跨太平洋航行和移民生活中,这里的人们积累了充足的知识和经验,西南地区由此成为日本海外移民的传统来源地。日裔学者远藤登明认为,"从这个意义上讲,向拉美移民只是日本既有移民模式的副产品"②。

表 5.8　　1908—1923 年进入巴西的日本移民人数(按出生地划分)　　(单位:人)

出生地	人数	出生地	人数
熊本	4375	群马	110
福冈	4838	岩手	28
冲绳	5680	三重	287
北海道	704	大分	103
广岛	2860	秋田	51
福岛	1537	茨城	125

---

① Yosaburo Yoshida, "Sources and Causes of Japanese Emigration," *The Annals of the Ameircan Academy of Political and Social Science*, Vol. 34, No. 2, Chinese and Japanese in America, Sep., 1909, p. 159.

② Toake Endoh, *Exporting Japan: Politics of Emigration to Latin America*, Urbana: University of Illinois Press, 2009, p. 108.

续表

出生地	人数	出生地	人数
山口	781	新潟	535
鹿儿岛	1839	岐阜	235
冈山	531	石川	285
高知	805	鸟取	198
歌山	801	岛根	85
东京都	665	京都	47
长崎	267	山梨	—
爱媛	379	神奈川	14
大阪	132	青森	4
长野	1366	德岛	98
佐贺	779	富山	80
静冈	163	福井	196
山形	158	奈良	71
宫城	62	栃木	37
爱知	641	滋贺	170
宫崎	8	埼玉	48
香川	274	千叶	36
兵库	102		

数据来源：Teiiti Suzuki, *The Japanese Immigrant in Brazil: Narrative Part*, Tokyo, Japan: University of Tokyo Press, 1964, p.172。

(二) 受教育水平

从表5.9可以看出，这一时期，去往巴西的日本移民中绝大多数是受过教育的，且这个比例在不断上升，这是巴西其他外来移民群体无可比拟的，即便这些移民是来自被巴西视为"文化导师"的欧洲大陆。1908—1912年有96.5%的日本移民上过学，1913—1917年比例升到98.4%，接下来的五年比例进一步增至98.5%。相应地，文盲率越来越低。1908年"笠户丸"载来的第一批日本移民的文盲率约为31.8%，虽然远高于日后的平均水平，却远低于西班牙和葡萄牙这些南欧国家移民的文盲率。1908—1912年日本移民的文盲率仅为3.5%，1918—1922年降至1.5%。日本移民的受教育程度要远远好于目的国巴西的情况。根据巴西1920年人口普查,在巴西约3000万人口中,识字人数还不足25%。①

这些都得益于日本重视教育的传统和明治政府推行的教育改革。江户时代(尤其是江户时代后期)的教育发展,一方面作为封建专制统治的工具,维护了封建制度,并酝酿了20世纪军国主义教育的胚芽;另一方面由于学校形式多样化、教育的相对普及、教学方式方法的进步、教育中新思想萌芽的出现等,为明治政府的教育改革预备了有利条件,为建立日本近代国家教育体制奠定了基础。②1872年8月,明治政府颁布《学制》,这是日本近代史上第一次大的教育改革的开端。具体的教育改革内容包括:第一,大力普及初等义务教育。凡6岁以上的儿童均需读完小学,男女均有受教育的权利。以近代新知识取代"四书五经",强调自然科学知识的学习。政府和社会协力资助兴办小学。第二,改革中等教育,发展实业教育(职业教育)。1883年,文部省颁布《农学校通则》,翌年制定《商业学校通则》。在各教育阶段都专设实业学校,形成初等、中等和高等的庞大实业教育体系。第三,建设重点大学。1877年,日本第一所现代化大学——东京大学建立。此外,各地根据自身的发展需要建立了一批高等教育机构,着重培养技术人才和公职人员。第四,培养"尊皇爱国"的思想。1879年,文部省出台《教育大旨》,强调在学习西方文化知识技能的同时,不能忘记"仁义忠孝""君臣父子之大义",教育应基于祖宗训典。1880年修订后的《教育令》明文规定,从小学起要实行"尊皇爱国"的思想教育。1890年,明治天皇颁布《教育敕语》,宣扬"大和魂"和效忠天皇的理念。日本的小学入学率从1873年的28%迅速提升至1907年的98%。换句话说,日本用了三十多年的时间就在全国范围内普及了初等义务教育,成为世界上最早普及义务教育,

---

① [英]莱斯利·贝瑟尔主编:《剑桥拉丁美洲史》第九卷,当代中国出版社2013年版,第7页。

② 有关日本江户时代的教育情况,可参见杨孔炽《江户时代日本教育研究——近代日本教育历史基础的初步探索》,博士学位论文,北京师范大学,1997年。

英国完成普及用了 70 年，法国则用了 80 年。① 教育内容、教育思想和教育体制等方面的大力改革为日本的近代化建设提供了丰富的人力资源，国民素质大幅度提高。与之相伴，输往海外的日本移民形象有所改善。之前输往夏威夷和北美地区的日本移民仅被当地人视为廉价劳动力，与其他亚洲移民并无二样；而后输入巴西的日本移民则被社会精英看作"欧化""文明"和"进步"的象征，是受过良好教育的高素质移民，能够为巴西的现代化注入活力。

表 5.9　1908—1922 年巴西的日本移民受教育水平（15 岁及以上移民）　（单位：%）

年　份	初等教育	中等及以上教育	从未接受过教育
1908—1912	80.5	16	3.5
1913—1917	85.1	13.3	1.6
1918—1922	80.8	17.7	1.5

数据来源：Teiiti Suzuki, *The Japanese Immigrant in Brazil: Narrative Part*, Tokyo, Japan: University of Tokyo Press, 1964, p. 175。

日本重视教育的思想在巴西落地生根，在异国土壤里开花结果。除了前述在农村或边远的拓殖地开办学校进行儿童教育，日本移民还在城市办学。1915 年，宫崎新藏（Miyazaki Shinzō）在圣保罗市康德地区建立大正小学（Taishō Primary School）。宫崎新藏是 1907 年来到巴西的，先在圣保罗领事馆做厨师，之后还做过翻译、经过商。成立之初，大正小学只有 3 名学生，两年后生源达 20 名。同一年，在冲绳移民组织的资助下，桑托斯日本人小学（Santos Japanese Primary School）成立。神田荣太郎（Kanda Eitarō）是学校的顾问之一，他曾在当地开了一家豆酱加工厂，由此赢得了不少日本移民的好感。此外，加藤准之助在康德街 87 号建立了一所语言培训学校，专门教授葡萄牙语。加藤准之助是第一批移民中的

---

① 肖兴安、熊家国：《日本明治维新时期的教育改革及其启示》，《国家教育行政学院》2007 年第 1 期。

一员,来到巴西后被安排到杜蒙种植园当翻译。大正小学也在 1919 年 12 月开设葡萄牙语课,由一位巴西女教师讲授。上葡萄牙语培训课的学生基本都是在城市生活的成人移民,他们为了提高语言水平和交际能力,以便于找到更好的工作。①

(三) 性别比例

最初,"笠户丸"上日本移民的男女比例高达 3.315∶1,但随后女性移民人数日益增多,性别比例趋于合理。根据表 5.10 所示,1908—1912 年巴西日本移民的男女性别比例已经降至 1.524∶1;1918—1922 年进一步降为 1.413∶1,但这一数值仍然高于巴西国内的性别比 1.220∶1,更高于西班牙移民的 1.018∶1。尽管如此,这种男女搭配移民方式的固化也是以往日本海外移民活动中不曾出现的,对于巴西人而言可能并不陌生,但对于日本人而言足够新颖,使他们受益良多,除了不必再忍受亲人分离之苦,还增强了在异国他乡的归属感,帮助其在巴西站稳了脚跟。

表 5.10   1908—1922 年巴西的日本移民性别比   (单位:人)

年 份	每 100 位女性移民对应的男性人数
1908—1912	152.4
1913—1917	139.0
1918—1922	141.3

数据来源:Teiiti Suzuki, *The Japanese Immigrant in Brazil*: *Narrative Part*, Tokyo, Japan: University of Tokyo Press, 1964, p. 184.

(四) 家庭结构

从下面四张表提供的数据,我们可以看出 1908—1922 年巴西的日本移民在家庭规模、家庭构成、成员比例、年龄和性别方面的特征。根据表 5.11 和表 5.12,在家庭规模上,这一时期日本移民家庭通常有 3—4 人组成,其中 3 人家庭占比最高,接近一半的比例。还有一个趋势值得

---

① Stewart Lone, *The Japanese Community in Brazil*, *1908 - 1940*: *Between Samurai and Carnival*, New York: Palgrave Mcmillian, 2002, p. 49.

注意，5人及以上的大家庭的比例都有升高的趋势，如5人家庭从1908—1917年的4.7%升到1918—1922年的7.2%；6人家庭由1.1%升至2.5%，9人家庭从没有升至0.8%，10人家庭也由0.3%升至0.7%。这说明日本移民的家庭规模在逐渐扩大。此外，户主是30岁及以下男子的家庭比例高达60%以上，表明这一时期日本的移民家庭普遍比较年轻。

表5.11　　　　　1908—1922年巴西日本移民家庭年龄和规模

年　份	30岁及以下户主家庭占比（%）	家庭人数（人）
1908—1912	61.7	3.58
1913—1917	63.3	3.53
1918—1922	62.3	4.01

数据来源：Teiiti Suzuki, *The Japanese Immigrant in Brazil: Narrative Part*, Tokyo, Japan: University of Tokyo Press, 1964, pp.190-191。

表5.12　　　　1908—1922年巴西日本移民家庭人数占比情况　　　（单位：%）

年　份	1人	2人	3人	4人	5人	6人	7人	8人	9人	10人及以上
1908—1917	21.1	4.0	47.8	20.2	4.7	1.1	0.6	0.2	—	0.3
1918—1922	18.6	7.8	44.4	16.8	7.2	2.5	0.7	0.5	0.8	0.7

数据来源：Teiiti Suzuki, *The Japanese Immigrant in Brazil: Narrative Part*, Tokyo, Japan: University of Tokyo Press, 1964, p.192。

在家庭构成方面（表5.13），丈夫（户主）、妻子和孩子仍是核心成员，所占比例也最高。妻子的比例维持在33%—38%之间；孩子在家庭中的占比在不断升高，1918—1922年达到30.1%，比最初五年高出8.3个百分点。在众多家庭成员中，几乎看不到户主的父母和祖父母的身影，这也从侧面印证了移民家庭的年轻化特征。此外，还有两个群体值得注意。一是户主的兄弟姐妹，他们的占比相对较高，十五年间的数值基本都在10%左右，这些人都是在日本国内没有土地等财产继承权的人，向海外移民成为他们谋生的主要选项。二是户主的养子或养女，这部分人占的比例也比较大,特别是最初的十年,高达 11.3% 和 13.4%,一度成为家庭成员中仅次于妻子和孩子的人员,但随着孩子占比的提升,养子或养女的比例在 1918—1922 年锐减至 4.5%。

表 5.13　　1908—1922 年巴西日本移民的家庭成员比例　　（单位:%）

成　员	1908—1912	1913—1917	1918—1922
妻子	34.6	37.3	33.3
祖父母	—	—	0.0
父母	0.3	0.3	1.3
子女	21.8	22.6	30.1
养子（女）	11.3	13.4	4.5
孩子的配偶	0.1	—	0.1
孙子（女）	—	0.0	0.1
（亲）兄弟姐妹	9.4	10.1	10.2
（亲）兄弟姐妹的配偶	0.5	—	0.2
叔舅姑姨	0.5	0.0	0.3
侄子（女）、外甥（女）	5.3	4.8	4.0
（堂、表）兄弟姐妹	5.6	2.3	5.1
（户主）其他家庭成员	0.2	0.3	0.8
妻子的（亲）兄弟姐妹	6.3	6.4	5.5
妻子的其他亲属	4.1	2.6	4.5

数据来源：Teiiti Suzuki, *The Japanese Immigrant in Brazil*: *Narrative Part*, Tokyo, Japan: University of Tokyo Press, 1964, p.189. 表格中体现的是户主以外家庭成员所占的比例。

在家庭成员的性别比例方面（表 5.14），无论是户主的孩子和养子（女），还是兄弟姐妹和妻子的亲戚，抑或其他的家庭成员，男性都在其中占据绝大多数。这与表 5.10 反映出的男性移民多于女性移民的事实相吻合。毕竟巴西招募日本移民的初衷是补充青壮年男性劳动力。

表 5.14　　1908—1922 年巴西日本移民中男性在家庭成员中的占比　　（单位:%）

年　份	孩子	养子（女）	（亲）兄弟姐妹	妻子的亲属	其他家庭人员
1908—1912	53.1	74.4	67.1	78.9	85.9
1913—1917	55.3	58.5	68.2	69.4	78.7
1918—1922	55.0	49.9	71.6	77.6	81.2

数据来源：Teiiti Suzuki, *The Japanese Immigrant in Brazil: Narrative Part*, Tokyo, Japan: University of Tokyo Press, 1964, p.190. 表格中体现的是户主和妻子以外的其他家庭成员中男性的比例。

（五）地理分布

根据表 5.15，在最初来到巴西时，90%以上的日本移民都被安置在圣保罗州。在随后的日子里，其他州在日本移民初次就业中的占比略微有所上升，由 1908—1912 年的 4.7%增至 1918—1922 年的 8.4%。即便如此，圣保罗州仍然是日本移民前往巴西最主要的目的地。具体来说，圣保罗州的老咖啡产区是吸纳日本劳工最多的地区。由于一战期间欧洲移民的锐减，为了补充劳动力空缺，1913—1917 年日本劳工在咖啡种植园做工的比例跃升至 70.4%。战争结束后，巴西的欧洲移民人数大幅增加，与此同时，日本人开始在巴西建设拓殖地，所以 1918—1922 年老咖啡产区在日本移民初次就业中的比例下降了近 20 个百分点，不过也仍有半数以上（51.6%）的日本移民被安排到这里做工。这反映出 1908—1923 年来巴西的日本移民身份是以契约劳工为主的。

表 5.15　　　1908—1922 年日本移民在巴西的最初安置地情况　　（单位:%）

地　区	1908—1912	1913—1917	1918—1922
圣保罗市中心	6.0	2.2	1.5
圣保罗市郊	3.0	0.8	2.3
沿海地区	4.7	3.9	15.5
老咖啡产区	64.9	70.4	51.6
巴雷图斯（Barretos）、阿拉拉夸拉（Araraquara）	2.6	3.8	5.3
西北（Noroeste）铁路沿线	7.7	4.4	5.1
阿尔塔保利斯塔（Alta Paulista）	—	0.8	0.8

续表

地　区	1908—1912	1913—1917	1918—1922
索罗卡巴纳	1.7	1.5	2.5
圣保罗州其他地方	4.7	6.1	7.0
其他州	4.7	6.1	8.4

数据来源：Teiiti Suzuki, *The Japanese Immigrant in Brazil: Narrative Part*, Tokyo, Japan: University of Tokyo Press, 1964, p.193。

表5.16分别从时间和农民类型两个维度反映了日本移民在巴西的重置情况。从时间上讲，日本移民来巴西最初的10年间，几乎没有人（1.6%）在初次安置的地方生活下去，而后的5年间，这一比例有所上升，有4.8%的人从未更换过工作地点。重置6次及以上的人所占的比例，前一时段高达24.8%，后一时段较低，为18.8%。这说明越早移民巴西的日本人重置的次数越多，后来的移民生活的稳定性相对略高一些。这两个时段日本移民的人均重置次数也印证了这种判断，1908—1917年人均重置4.2次，1918—1922年降至3.7次。不同类型的农民，重置的频次差别也很大。1908—1922年这15年间，在初次安置后从未离开劳动地点的农民按照占比从大到小依次是自耕农（14.9%）、佃农（7.3%）、收益分成农（2.7%）和种植园农工（0.8%），也就是说，几乎没有种植园农工一辈子都在同一种植园劳动。重置1次的顺序与从未重置的顺序完全一致。但是，随着重置次数的升高，从重置3次开始，情况完全颠倒过来，种植园农工占比最高（24.2%），而后是收益分成农（23.5%）、佃农（19.7%）和自耕农（14.2%）。重置4次及以上的排序与其保持一致。由此可以得出，农民的流动性与其农业经济地位正相关，地位越高的人重置频次越少，地位越低的人重置频次越高。重置情况也从一个侧面说明了：自耕农的待遇较高，对于现状比较满意，无须或很少离开原来的垦殖地区；而种植园农工这样的底层农民的待遇最差，对工作和生活非常不满，导致他们频繁更换劳作和居住的地方。

表 5.16　1908—1922 年日本移民在巴西的重置次数占比情况　　（单位：%）

年份/身份	0 次	1 次	2 次	3 次	4 次	5 次	6 次及更多	平均重置次数
1908—1917	1.6	7.4	14.5	21.0	16.4	14.3	24.8	4.2
1918—1922	4.8	8.8	16.4	22.8	16.1	12.3	18.8	3
自耕农	14.9	32.6	21.4	14.2	8.4	4.7	3.8	—
佃农	7.3	21.7	27.7	19.7	11.4	6.0	6.2	—
收益分成农	2.7	14.5	26.9	23.5	13.5	9.5	9.4	—
种植园农工	0.8	8.4	19.5	24.2	19.2	12.6	15.3	—

数据来源：Teiiti Suzuki, *The Japanese Immigrant in Brazil: Narrative Part*, Tokyo, Japan: University of Tokyo Press, 1964, p.216。

经过数次重置，日本移民在巴西的地理分布发生了一些改变（表 5.17）。其一，在圣保罗州居住的移民占比有所下降。与表 5.15 最初安置时的情况相比，三个时段分别下降了 12.7%、4.3% 和 4.3%，总体上日本移民在圣保罗州的居住率跌破了 90%。尽管如此，仍有 80% 多的日本移民居住在圣保罗州。其二，在咖啡种植园劳作的移民占比大幅下降。其中，1908—1912 年的降幅最大，高达 30.4%，1913—1917 年为 19.5%，1918—1922 年为 22.7%，这说明第一时段逃离种植园的情况最为严重。其三，圣保罗市的移民居住占比虽然在总量上保持增长，却逐年相对减少。具体来说，相同时段内重置后的比例要比初次安置时多，第一时段仅有 6% 的日本移民在刚来时居住在圣保罗市，经过重置后增至 21.1%，增幅高达 15.1%；第二时段的增幅为 8.4%；第三时段的增幅为 3.9%。这说明在日本移民来巴西的最初 5 年间约有一半离开咖啡种植园的劳工进入城市务工。但如果将重置后的三个时段放在一起进行比较，则可看出，在圣保罗市居住的日本移民占比不断下降，由第一时段的 21.1% 降至第三时段的 5.4%。这又与第四个变化密切相关，即日本移民在圣保罗州西北铁路沿线的居住占比明显上升，从第一时段的 6.3% 跃升至 20.5%，体现出这一区域内日本人拓殖地正在蓬勃发展。

表 5.17　　1908—1922 年日本移民在巴西的居住分布情况　　（单位:%）

地　区	1908—1912	1913—1917	1918—1922
圣保罗州	82.6	89.6	87.3
圣保罗市中心	21.1	10.6	5.4
圣保罗市郊	3.4	1.3	2.3
沿海地区（Littoral）	11.6	6.0	13.5
帕拉伊巴河谷	—	0.2	0.3
曼蒂凯拉（Mantiqueira）山脉	0.5	1.1	0.2
皮拉苏农加—皮拉西卡巴	1.4	2.5	1.8
老咖啡产区	34.5	50.9	28.9
巴雷图斯	0.6	2.6	2.0
阿拉拉夸拉	1.0	4.1	7.6
西北铁路沿线	6.3	8.5	20.5
阿尔塔保利斯塔	0.3	0.4	0.8
索罗卡巴纳	1.3	1.3	3.9
圣保罗州南部地区	0.6	0.1	0.1
巴拉那州	0.2	1.1	2.7
老北部地区	0.2	1.0	2.4
新北部地区	—	—	0.0
南部地区	—	0.1	0.3
马托格罗索州（Mato Grosso）	8.4	3.9	4.3
戈亚斯州（Goiás）	0.5	0.2	0.1
米纳斯吉拉斯州	0.3	2.9	4.0
里约热内卢州和瓜纳巴拉市（Guanabara）	6.8	2.0	1.3
亚马孙地区	0.5	0.1	0.1
东北部地区	—	—	0.0
巴伊亚州、圣埃斯皮里图州（Espírito Santo）	—	0.0	0.1
南部地区	0.8	0.2	0.1

数据来源：Teiiti Suzuki, *The Japanese Immigrant in Brazil: Narrative Part*, Tokyo, Japan: University of Tokyo Press, 1964, p. 200。

(六) 职业构成

从表5.18显示的数据,我们可以看出日本移民在巴西的最初十五年间,绝大多数都从事农业劳动,职业构成与他们的地理分布密切相关。这一时期,日本移民中农民的占比越来越高,从1908—1912年的85.9%上升到1918—1922年的94.4%;与此相对应,不从事农业生产的日本移民比例则越来越低,从1908—1912年最高的14.1%跌至1918—1922年的5.6%。这表明,在移民初期种植园工作不理想、生活不稳定的状态下,较多的日本移民选择逃离种植园,从农村来到城市就业,而后当日本移民政策逐渐清晰规范、巴西种植园主劳动条件改善的情况下,更多的日本人选择扎根田间。

表5.18　　　　　1908—1922年巴西日本移民职业比例　　　（单位:%）

年　份	农民	非农民
1908—1912	85.9	14.1
1913—1917	92.0	8.0
1918—1922	94.4	5.6

数据来源:Teiiti Suzuki, *The Japanese Immigrant in Brazil: Narrative Part*, Tokyo, Japan: University of Tokyo Press, 1964, p.194。

前文提到,在巴西从事农业劳动的日本移民大致分为种植园农工、收益分成农、佃农和自耕农,后三种类型的农民是从第一种中分离出来的,表5.19为我们展现了完成这种身份转换所需要的时间长度。不难发现,日本契约农工移民摆脱种植园劳动的时间在不断缩短。1908—1917年,只有27.6%的契约农工能在两年内脱离咖啡种植园劳动,45.3%的人则需要花费四年或更长的时间改变身份。之后的五年间,将近一半(49%)的契约农工能在两年内成功摆脱契约的束缚,通过购地或租地的方式变身为小农。

表 5.19　　　1908—1922 年巴西日本移民摆脱契约农工身份的年限　　（单位:%）

年　限	1908—1917	1918—1922
2 年内	27.6	49.0
2—4 年	27.1	18.0
4—10 年	32.8	22.9
10 年以上	12.5	10.1

数据来源：Teiiti Suzuki, *The Japanese Immigrant in Brazil: Narrative Part*, Tokyo, Japan: University of Tokyo Press, 1964, p.247。

　　表 5.20 列出了 1908—1922 年从事农业生产活动的日本移民在巴西耕种的主要作物，及其在不同时段和不同农民间的占比情况。从时间上看，最初来到巴西的日本农民是高度融入圣保罗州的咖啡经济的，90% 以上的人从事咖啡的种植和收割。之后，随着越来越多的日本移民脱离咖啡种植园，加入拓殖地的建设队伍中，耕种的农作物种类越来越多样化，其中关系海外日本人生存大计的稻米种植面积迅速增加。大米是日本饮食文化的根基，被誉为"日本料理之源"，日本人对于稻米有着近乎苛刻的评鉴和要求，这背后隐含的是文化和宗教的力量。[①] 在种族、语言和饮食文化迥异的巴西，日本移民往往会陷入浓浓的思乡情绪中，其中饮食是唤起乡愁的主要诱因。吃上一碗可口的大米饭、喝上一碗热乎的酱汤，成为日本移民寄托思念、化解乡愁最直接的方式。在日本人尤其在海外日本移民的眼中，大米早已不再只是舌尖上的美味，而是联系他们和祖国的心灵桥梁。因此，在巴西肥沃的土地上播撒水稻种子就成为日本移民最迫切的农事之一，他们会在尽可能的条件下种植水稻。这也是为什么在最初也是条件最艰苦的五年间，稻米生产仍占有一席之地，虽然占比只有 2.5%，但稻米也是仅次于咖啡的第二大农作物。而后巴西政府不断向日本移民个人或移民公司开放土地，在这种背景下，1918—1922 年咖啡种植比例掉至 77.3%，稻米种植比例则猛增至 11.2%，大豆、甘蔗、

　　[①] 有关日本人的稻米文化以及在此基础上构建起来的民族和国家形象，可参见 Emiko Ohnuki-Tierney, *Rice as Self: Japanese Identities through Time*, Princeton: Princeton University Press, 1994。

玉米等其他作物的种植比例也提升至9.4%。

表5.20　　　　1908—1922年巴西日本移民耕种的农作物比例　　　（单位:%）

年份/身份	咖啡	棉花	稻米	市郊农业	其他作物
1908—1912	96.5	0.5	2.5	—	0.5
1913—1917	91.5	1.3	3.3	1.1	2.8
1918—1922	77.3	2.0	11.2	3.6	5.8
自耕农	31.2	26.6	19.8	5.5	16.9
佃农	1.4	37.1	23.8	27.8	9.9
收益分成农	66.3	19.4	6.3	2.6	5.5
种植园农工	89.8	3.1	2.1	3.0	2.0

数据来源: Teiiti Suzuki, *The Japanese Immigrant in Brazil: Narrative Part*, Tokyo, Japan: University of Tokyo Press, 1964, p.197。

具体来看,自耕农耕种最多的作物是咖啡(31.2%)、棉花(26.6%)和稻米(19.8%),可以看出前三位的农作物占比相差基本在10%左右,经济地位次之的佃农也呈现出相似的情况。收益分成农和种植园农工则集中从事咖啡种植业,咖啡占比具有绝对优势,且与第二位农作物的占比差距很大,收益分成农的咖啡和棉花占比相差46.9%,种植园农工的则高达86.7%。这说明,农业经济地位较高的自耕农和佃农耕种的农作物比较多元化,各作物之间相对均衡,而经济地位较低的收益分成农和种植园农工耕种的农作物相对单一。

表5.21　　　　1908—1922年巴西日本移民在城市的就业状况　　　（单位:%）

雇主	管理人员	雇员	个体户
8.2	2.2	72	17.6

数据来源: Teiiti Suzuki, *The Japanese Immigrant in Brazil: Narrative Part*, Tokyo, Japan: University of Tokyo Press, 1964, p.198。

除了在咖啡种植园、西北铁路沿线的拓殖地和市郊小块土地上干农活,还有一小部分日本移民在巴西的城市生活,比如圣保罗市和桑托斯市等。其中，72%的日本移民应聘为企业的雇员，17.6%的人成了个体户，以开杂货店、服装店、餐馆等为生，只有10.4%的人跻身管理层。工匠是日本人从事最多的职业，约有1/3的人投身于此；没有一技之长的人占14.8%；服务员、专业人员和销售员紧随其后，占比大体相当，都在12%左右；物流、文职人员、管理人员等其他职业加一起占比18%。

表5.22　　　　1908—1922年巴西日本移民非农职业占比　　　（单位：%）

职业	占比	职业	占比
专业人员	12.2	矿工	8.8
管理人员	0.5	物流	0.5
文职人员	4.9	工匠	31.4
销售员	11.0	无技术劳工	14.8
渔夫	3.3	服务员	12.6

数据来源：Teiiti Suzuki, *The Japanese Immigrant in Brazil: Narrative Part*, Tokyo, Japan: University of Tokyo Press, 1964, p. 198。

二　早期日本移民活动的特征

1908—1925年，日本共向巴西输送移民39454人，在巴西出生的二代移民有14873人，但同期移民死亡人数为4677人，离开巴西回国或移民他国的人数约3000人，再加上自行前往巴西或从其他国家再移民到巴西的人数，总之，1925年约有5万日本人在巴西定居。① 通过回顾这一时期日本移民巴西的历史，并与明治中后期日本移民夏威夷和北美地区以及19世纪末巴西接收的欧洲移民进行比对，我们可以发现在日本向巴西移民初期呈现出以下一些特征。

第一，在移民活动的资金来源方面，巴西政府提供了主要的经费支持。换句话说，绝大多数日本移民都是享受巴西政府资助的补贴移民。需要指出的是，由于长期缺乏劳动力，巴西政府一直秉持积极的移民输入政策，提供交通补贴也是其吸引外来移民的惯有政策，并非单独针对

---

① 入江寅次：『邦人海外発展史』（下），東京：原書房1981年版，第292頁。

日本移民而推出的。独立后，为了解决与阿根廷的边界纠纷、开拓南部疆土，佩德罗一世敦促巴西政府出台了吸引德语国家移民的政策，在诸多优惠措施中就包括承担旅费这一项。奴隶制废除后，大部分意大利和西班牙移民也是在圣保罗州的资助下来到巴西的。然而，20世纪初意大利、德国、葡萄牙和西班牙相继出台禁令，暂停向巴西输出补贴移民，这无异于给巴西的咖啡经济和种植园主当头一棒，迫使他们寻求劳工移民来源地的多元化。在此背景下，日巴移民计划迅速提上议事日程，圣保罗州和米纳斯吉拉斯州政府纷纷向日本移民抛出橄榄枝，承诺支付他们的旅行费用，这便促成了1908年"笠户丸"的首航。1914年，圣保罗州政府曾一度因财政问题暂停向外来移民提供补贴。不过第一次世界大战期间欧洲移民人数再度锐减，为1916年日巴重启补贴移民计划提供了契机。据统计，1908—1922年间，日本向巴西输送的移民中有约94%的人是移民公司招募、享受巴西政府补贴的，由亲属资助或自掏腰包的自由移民仅占6%。[①]

第二，在移民的招募、运输和安置方面，日本向巴西的移民是"大公司、小政府"的运行模式。一方面，日本民营移民公司在整个移民活动中发挥着主要作用。1894年，日本的海外移民活动由官约移民时代转向私约移民时代，民营移民公司取代政府成为推动移民事业的主体，日本的移民市场也由官方垄断转变为民营公司间的自由竞争。随后，民营移民公司进入大发展时期，大小不一、实力不等的移民公司粉墨登场，都想从移民事业中分一杯羹，谋取利润。拉美是日本移民公司开发较晚的市场。熊本移民会社、东洋移民会社和大陆殖民合资会社引领了早期输送至墨西哥的移民活动；森冈移民会社和明治殖民会社促进了早期前往秘鲁的移民活动；皇国殖民会社、竹村殖民商馆和东洋移民会社则推进了早期开赴巴西的移民商船。除了确保招募、运输和安置工作合法、

---

① Teiiti Suzuki, *The Japanese Immigrant in Brazil: Narrative Part*, Tokyo, Japan: University of Tokyo Press, 1964, p. 182, table 188. 按照移民资金来源，作者把巴西的日本移民分为受巴西政府资助的招募移民和亲属资助的自由移民，在表格188中分别呈现了1908—1917年和1918—1922年这两类移民的占比情况。在前一时段，招募移民占92.9%，自由移民占7.1%；在后一时段，招募移民占95.3%，自由移民占4.6%。本书的数据是基于这两组数据的一个平均值。

安全和有序之外，在处理具体的移民事务时，移民公司还扮演着政府的角色。为了维持种植园生活的秩序、提高移民的定居率，移民公司需要在劳工契约中做出各种承诺，如节假日天数、禁止逃跑、骚乱、赌博等。当劳资纠纷发生时，移民公司还要充当"临时代办"（chargé d'affaires），调和种植园主和劳工移民间的矛盾，为本国劳工争取权益，改善他们的工作和生活条件。另一方面，日本政府在早期向巴西移民的进程中，仅仅依照国内法（1894年的《移民保护规则》和1896年的《移民保护法》）审批和监管移民公司的经营活动，并不直接参与移民的招募、运输和安置等事项。1916年是日本民营移民公司发展的转折点，东洋移民会社、南美殖民会社和森冈移民会社合并组建了巴西移民组合，标志着日本移民公司单打独斗各自为营的自由竞争状态结束，这种趋势在1918年海外兴业株式会社成立时达到顶峰。1920年，海外兴业株式会社兼并了森冈移民会社后，成为日本唯一经营移民业务的公司，宣告日本的移民市场再度回归垄断。不可否认，优胜劣汰的市场经济规律是导致这一变化出现的根本原因，彰显了"无形的手"的力量；但同时我们也应注意到，日本政府的引导在其中发挥着举足轻重的作用，正是这只"有形的手"加速了移民公司间的整合过程。葡萄牙学者丹妮拉·德卡瓦略甚至将海外兴业株式会社的成立视为"日本政府推行国策移民的第一步"[①]，为下一阶段补贴移民政策的出台打下基础。

第三，在移民构成方面，主体是以家庭为单位的契约农工移民。对于巴西而言，为了保持稳定的劳动力来源，巴西政府在近代推行的移民政策都特别强调男女搭配的家庭迁移模式，这也是继补贴移民之外又一政策特征。之前的意大利和西班牙移民都遵循了这一移民原则，尤其是西班牙，该国移民的男女性别比是外来移民中最均衡的，甚至比巴西国内的数值还要低。所以，日本家庭移民的出现只是巴西这一传统移民政策的延续。对于日本而言，不同于之前的海外移民活动，规模化的家庭移民是日本向巴西输送移民最具特色的地方之一。早期日本向夏威夷、

---

① Daniela de Carvalho, *Migrants and Identity in Japan and Brazil: The Nikkeijin*, New York: Routledge, 2002, p. 4.

美国、加拿大、墨西哥、秘鲁等国输出的移民，几乎是清一色的单身青壮年男性，女性移民寥寥无几，家庭移民更是闻所未闻，所以"照片新娘"（picture bride）在这些地区非常盛行。1913 年，男性占日本向墨西哥和秘鲁移民总数的 95%，而在巴西这一数值仅为 60%。[1] 后来，为了解决单身男青年的婚姻问题和满足目的国对轻劳力的需求，日本移民公司开始有意识地输送一些女性移民，1894—1908 年移民公司共组织了约 1000 名日本女性赴夏威夷，在去秘鲁的第二批日本移民团中也有百余名女性的身影，但是其数量和规模都与后来去巴西的不可同日而语，1923 年墨西哥的日本女性移民仅有不足千人，而同期仅从桑托斯港入境巴西的日本女性移民就达 11822 名。[2] 此外，早前日本向其他地区输出女性移民大多带有随机性，而输往巴西的女性移民多是伴随家庭而来的，家庭移民（女性移民）是日巴移民活动一开始就设计好的。在 1907 年圣保罗州与皇国殖民会社签订的《移民契约》中，明确要求招募家庭移民。日本移民公司虽然刚开始对此还持有异议，并与圣保罗州政府进行交涉，但后来还是认真履行了移民协议中的相关规定，此后也最终受益于这种移民形式。大多数日本移民都是来自西南地区的拥有丰富农事经验的农民，契约农工的移民身份是早期日本海外移民最具共性的地方，尤其存在于夏威夷、拉丁美洲等种植园经济发达的地区。

第四，在地理分布方面，日本移民高度聚居在圣保罗州的农村地区。截至 1920 年，日本共向巴西输出移民 27976 人，其中圣保罗州有 24435 人，米纳斯吉拉斯州 1923 人，巴拉那州 701 人，联邦区 244 人，里约热内卢州 69 人，亚马孙州 32 人，其余 58 人散布在巴伊亚州、塞阿拉州、圣埃斯皮里图州、帕拉州、伯南布哥州、阿克里州和南部地区。由此可见，87.3% 的日本移民聚居在圣保罗州。这一点与意大利和西班牙移民颇为相似，甚至比他们表现得更加集中。同期，巴西国内有意大利移民 558405 人，其中 398797 人（71.4%）位于圣保罗州；有西班牙移民

---

[1] J. F. Normano, "Japanese Emigration to Brazil," *Pacific Affairs*, Vol. 7, No. 1 (Mar., 1934), p. 57.

[2] Daniel M. Masterson, *The Japanese in Latin America*, Urbana: University of Illinois Press, 2004, p. 74.

219142人，其中171289人（78.1%）住在圣保罗州。① 事实上，三者基本都是受圣保罗州政府资助，并都是以家庭移民的模式招募而来的契约农工。从这个意义上讲，巴西的补贴移民和家庭移民政策还是比较成功的，能够把大部分移民凝聚在圣保罗州，从而为该州的经济发展提供稳定的劳动力。另外，日本移民在圣保罗州的高度集中一方面反映出日本移民的家庭型特征，重置往往是以整个家族为单位，携家带子，举族而迁，聚集效果就比单身男性的个人迁移更为明显；另一方面体现出日本移民具有极强的集团意识，使得他们在异国他乡努力寻找各种共同因素（如同族、同乡、同船、同一种植园等）与同胞聚居，构建归属感的同时提高自身的影响力。日本人的集团主义思想根植于他们的稻作文化。水稻的耕作从选种、灌溉、插秧、除草、收割、脱壳等各环节都需要全村人们的共同协作，个体劳动是无法胜任水利灌溉、田埂等作业的，长期生活在这种共同体中，人与人之间产生了团结和依赖的心理，个人完全归属于集团，集团意志是唯一的行为基础。此外，恶劣的岛国环境、单一的民族构成、传统的家族制度、忠诚的武家政治和中国的儒家思想等都是促成日本民族形成强烈集团主义思想的因素。虽然绝大多数日本契约农工在后来改变了身份，或是通过购地成为独立小农，或是租种土地成为佃农，抑或在种植园中成为收益分成农民，但他们依然没有脱离农业和农村，而是把稻作文化嫁接在巴西的土地上，这既是集团主义的体现，又是集团主义的结果。

第五，在经济生活方面，购买土地、开垦荒地、创建拓殖地是巴西日本移民的一大亮点。土地是农民的生存之本，出让土地所有权便成为近代多国争抢农业劳动力移民的主要方式，巴西也不例外。早在19世纪20年代，巴西政府就作出承诺，给每一位移居这里的德国农民一块土地"皮卡达"，并辅以10年免税的优惠措施。而当圣保罗州遭遇欧洲移民危机时，1906年出台的《土地所有权法》就作出规定：种植园农工可在完成契约义务后购买土地成为独立小农。这一点与秘鲁形成了鲜明对比，

---

① Maria Stella Ferreira Levy, "O Papel da Migração Internacional na Evolução da População Brasileira (1872 a 1972)," *Revista de Saúde Pública*, supplement, Vol. 8, No. 3, 1974, p. 79.

因为秘鲁法律严格禁止外国人取得土地所有权，继而失去了对农业移民的吸引力。其实，日本移民脱离契约劳工身份后购买土地的行为并非只存在于巴西，也常出现在其他移居国，比如美国的加利福尼亚州。① 但这些购地行为大多是零散的、随意的个体行为，移民们通常是迫于生计而自发结合在一起的。这里尤为值得一提的是，带有官方色彩的日本人拓殖地，最典型的就是伊瓜佩地区的拓殖地。这种拓殖地往往经日本政府运作，由国内实业家投资、规模大、人员多，且经过严密的筹划和精心的组织，开拓那些被当地人"遗弃"的荒地或边远地区，继而形成了以家族为单位、由生存利益联结起来的"协作劳动社会共同体"。这一拓殖模式是巴西日本移民社会特有的经济活动，由于经营得比较成功，后来在墨西哥、巴拉圭和玻利维亚得到复制。② 譬如，1926 年，日本人铃木玉之助在美墨边界墨西哥一侧的恩塞纳达（Ensenada）附近购入 36 万坪（约合 118.936 公顷）的土地，建立马内阿迪罗拓殖地，并成立日墨兄弟协会。1931 年，该拓殖地已经拥有两个直营农场和四个独立农场，总持有土地面积达到 48 万坪（约合 158.581 公顷），大规模种植辣椒等作物出口美国。③

第六，在居住状况方面，日本移民的定居率非常高。由于巴西是日本移民较晚涉足的国家，没有之前的移民路径可循，更缺乏在当地生活的各种经验，所以最早来到这里的日本移民难免会度过一段艰难的适应期，他们面对陌生的国家和环境、未知的语言、稀疏的人际关系、迥异的文化，再加上种植园艰苦的生活条件和低廉的工资待遇，表现出了排斥和不安，选择离开最初被安置的地方。数据显示，1908—1917 年，98.4% 的日本移民通过重置的方式改善生活，使自己尽快地适应新环境。即便如此，绝大多数日本移民并没有选择回国或离开巴西，而只是在巴

---

① Robert J. Smith, "The Ethnic Japanese in Brazil," *Journal of Japanese Studies*, Vol. 5, No. 1, Winter 1979, p. 57.

② Daniel M. Masterson, *The Japanese in Latin America*, Urbana: University of Illinois Press, 2004, p. 77.

③ 马藤：《近代墨西哥日本移民研究（1897—1941）》，硕士学位论文，苏州科技大学，2017 年，第 73 页。

西境内再迁移。根据日本学者入江寅次的统计，第一阶段日本移民在巴西的定居率约为 92.3%①，远远高于同期欧洲移民的定居率。根据桑托斯港的出入境记录，西班牙移民的定居率为 51.05%，德国移民为 24.49%，意大利移民仅为 12.82%。② 导致日本移民定居率高的原因主要有四点：1. 日本到巴西的地理距离太过遥远。日本移民沿西行经印度洋和大西洋到巴西，需要跋涉 1.8 万公里；而如果去夏威夷，则仅需要航行 6200 公里；如若从夏威夷中转去美国西海岸，全程也不过 1 万公里左右。所以，异常遥远的路途阻隔了日本移民返乡的脚步。2. 没有足够的财力支持回国。工资待遇相对低廉，家庭生活日常开销大，积蓄有限，不足以支付远洋航行的返程旅费，更别提"衣锦还乡"了。3. 家庭移民模式确保了日本移民社会关系的稳固性。单身男性移民完全可以凭借个人喜好随意改变居住地甚至跨国迁移，寻找更易于赚钱的地方，流动性强；而拖家带口的男性移民则需要顾虑到妻子、孩子和亲属，牵一发而动全身，他们不会轻易变更居住地，更别说回国或跨国迁徙了，流动性弱。4. 日本政府和移民公司不鼓励本国移民回国。为了改变之前在夏威夷和北美地区日本移民留下的不稳定的"寄居客"印象，提升国民的海外形象，日本政府在向巴西移民时比较注重定居率。1908 年在"笠户丸"离港前，一位日本政府官员对移民发表行前演讲，他提醒道："你们即将去海外发展，请记住日本与你们每一个人同在。你们不能玷污国家声誉。在遇到问题甚至是面对死亡时，要想尽办法克服困难，而不是回国，除非作为胜利者归来。"③ 另外，当第一批移民在巴西暴露出来诸多问题后，日本外务省敦促移民公司优化移民服务、提高移民待遇，力争让更多的日本移民留在巴西，此后拓殖地的建设也是出于此番考虑。

---

① 入江寅次：『邦人海外発展史』（下），東京：原書房 1981 年版，第 292 頁。

② Daniel M. Masterson, *The Japanese in Latin America*, Urbana: University of Illinois Press, 2004, p. 52.

③ Stewart Lone, *The Japanese Community in Brazil, 1908 – 1940: Between Samurai and Carnival*, New York: Palgrave Mcmillian, 2002, p. 27.

表 5.23　　　　1908—1923 年入境巴西的外来移民人数　　　　（单位：人）

年　份	葡萄牙	意大利	西班牙	德国	日本	其他国家	总　数
1908	37628	13873	14862	2931	830	20412	90536
1909	30577	13668	16219	5413	31	18182	84090
1910	30857	14163	20843	3902	948	16038	86751
1911	47493	22914	27141	4251	28	31748	133575
1912	76530	31785	35492	5733	2909	25438	177887
1913	76701	30886	41064	8004	7122	26556	190333
1914	27935	15542	18945	2811	3675	10324	79232
1915	15118	5779	5895	169	65	3307	30333
1916	11981	5340	10306	364	165	3089	31245
1917	6817	5478	11113	201	3899	2769	30277
1918	7981	1050	4225	1	5599	937	19793
1919	17068	5231	6627	466	3022	3613	36027
1920	33883	10005	9136	4120	1013	10885	69042
1921	19981	10779	9523	7915	840	9438	58476
1922	28622	11277	8869	5038	1225	9976	65007
1923	31866	15839	10140	8254	895	17555	84549
总数	501038	213609	250400	59574	32266	210266	1267153

数据来源：Maria Stella Ferreira Levy，"O Papel da Migração Internacional na Evolução da População Brasileira（1872 a 1972），" *Revista de Saúde Pública*，supplement，Vol. 8，No. 3，1974，pp. 71 – 72。

第七，在移民规模方面，巴西仍非日本移民的主要目的国，而日本也仅是巴西的一个移民来源小国。如果我们从全球的视野观察 20 世纪前二十年日本和巴西的移民数据，就会清晰地看到这两个国家在彼此移民政策中的地位。日本方面。1901—1920 年，其共向海外输出移民 314562 人。其中，去往夏威夷的人数最多，有 128124 人；美国本土有 61018 人，位列第二；整个拉丁美洲有 60731 人，位列第三，巴西、秘鲁和墨西哥分别占47%、32%和19%。① 这说明，进入20世纪，日本移民公司的业务重心逐渐转向了拉丁美洲，拉美在日本海外移民政策中的重要性日益突出，拉美地区的移民人数占比由19世纪中后期的0.5%迅速飙升至1920年的19.3%，逼近第二位美国的19.4%；如果单看巴西一国的数据，也突破了19世纪的0增至1920年的9%；与此同时，夏威夷的首要地位不断削弱，从53.6%跌至40.7%。尽管如此，夏威夷和美国仍然是这一时期日本移民的主要目的地。巴西方面（表5.23）。1908—1923年，其共接收外来移民1267153人。其中，来自葡萄牙的移民最多，有501038人；其次是西班牙移民，有250400人；再次是意大利移民，有213609人。也就是说，这一时期巴西76.1%的外来移民出于这三个南欧国家。如果再加上德国的59574人，整个欧洲为巴西贡献了80%以上的移民。虽然日本移民中有将近1/10的人去了巴西，但这32266人也仅占巴西外来移民总数的2.5%。所以，这一时期日本仍然是巴西诸多移民来源国中不起眼的小角色。

表5.24　　　　　　1868—1941年日本海外移民人数　　　　（单位：人）

目的地	1868—1900	1901—1920	1921—1930	1931—1941	总计
拉丁美洲	911	60731	85342	97962	244946
美国	30130	61018	16105	0	107253
夏威夷	90572	128124	12484	0	231180
加拿大	8891	17556	8603	727	35777
亚洲/南太平洋	5202	32369	26333	28463	92367
其他国家	33069	14764	11182	5786	64801
总计	168775	314562	160049	132938	776324

数据来源：Toake Endoh, *Exporting Japan: Politics of Emigration to Latin America*, Urbana: University of Illinois Press, 2009, p. 18. 表格中"亚洲/南太平洋"一栏的数据不包含日本在朝鲜、中国台湾、中国东北等地的殖民侵略人数。

---

① Toake Endoh, *Exporting Japan: Politics of Emigration to Latin America*, Urbana: University of Illinois Press, 2009, p. 18.

尽管如此，随着传统移民目的地北美地区的"排日风潮"愈演愈烈，日本移民公司的业务重心逐渐由北美转向了拉丁美洲。根据表5.24中1868—1941年日本海外移民人数的统计数据，可以梳理出如下特征。其一，从时间段来看，1901—1920年是日本海外移民的高峰期，此后移民人数不断减少。其二，从发展趋势来看，拉美地区的日本移民呈直线上升，展现出后来者居上的态势，而北美地区经由20世纪前二十年的高峰期后日本的移民人数不断减少。整个19世纪，拉美的日本移民还不足千人，仅占同期日本海外移民总数的0.5%，这一时期首要目的地是夏威夷，占比53.6%；1901—1920年，拉美接收日本移民60731人，占同期总额的19.3%，成为其第三大目的地，尽管夏威夷仍是首选地，但占比已经降至40.7%；20世纪20年代，拉美接收日本移民85342人，占同期总额的53.3%，跃居成为日本海外移民的首要目的地；30年代，移往拉美的日本移民升至97962人，占同期总额的73.6%。其三，从地区分布来看，1868—1941年排在日本海外移民目的地前三位的分别是拉美（31.5%）、夏威夷（29.7%）和美国本土（13.8%），可以说，拉美是二战前日本海外移民最多的地区，而其中巴西逐渐成为日本人移民海外的首选目的国。

结　　语

一　巴西国内围绕外来移民问题争论的社会肌理

近代巴西的劳动力问题、废奴问题与移民问题是相互交织、共同推进的。随着种族主义、社会达尔文主义和实证主义思想的传入，移民对于巴西而言不再只是经济符号，也是社会、文化和政治制度的符号。这一时期巴西国内关于华工和欧洲移民间的争论，归根结底是新旧两种社会力量之间的较量。

一方面，种植园主及其政治代理人主要是从经济角度看待移民问题，他们最看重的是移民的劳动力成本价值。在他们看来无论是华工还是欧洲白人移民，都只是奴隶的替代品。为了应对"黄祸论"，他们辩称华工是巴西通往"完全工资劳动"（full wage labor）的桥梁。巴西近代工业先驱毛阿子爵曾在他的"沙角工厂"（Ponta de Areia）使用40名华工。他持有强烈的种族主义思想，认为"中国人比黑人更坏，贪心，有恶习，天生盗贼"。尽管如此，他还是希望巴西每年输入10万中国苦力，他坦言"我从未想过依靠此种族垦殖巴西，而是为了解决《新生儿自由法》通过后、我多年忧心的且日益严重的劳动力危机问题"①。德门东萨在《亚洲劳工》一书中曾直言不讳地写道，华工是巴西劳动制度从奴隶制到自由劳工之间的过渡劳动力，他们"从非洲人那里接手我们的农业和工业工作，再将之传递到欧洲人手上"；中国人只是巴西成为伟大国家的工具，我们可以利用他们的劳动而不给他们永久居住的条件；引进华工是

---

① 陈太荣、刘正勤：《19世纪中国人移民巴西史》，中国华侨出版社2017年版，第28页。

非常重要的一步，它既可以解决我们的燃眉之急，同时也可以为缔造巴西辉煌的未来做准备。① 巴斯托斯认为，黑人奴隶蠢笨堕落，而欧洲移民又太过聪明，华工恰是介于两者之间很好的劳动力。在政客金蒂诺·博卡尤瓦（Quintino Bocayuva）看来，华工的暂居特征也成为优势，因为"他们除了完成工作、提高巴西经济以外，什么都不会留下"②。从中我们不难看出，种植园主的移民政策主张如同其废奴立场一样都是渐进的，这体现了既得利益集团的保守立场，其根本目的都是尽力拖住历史前进的步伐、力主维护自己传统的政治、经济和社会地位与权力。

另一方面，种族主义者和知识精英们则更为关注移民的文化、社会和经济价值。他们希望借助引进欧洲白人和种族通婚开启巴西的"白化"进程，用"强壮"的白色血液制服和拯救"孱弱"的非白种人，在生物学意义上"消灭"黑人和印第安人。在这个过程中，他们不仅要改变巴西的人口结构，更要对国民的思想文化和国家的经济体系进行全方位"换血"。换句话说，在"提升"巴西人自然基因的同时，彻底改造巴西的社会基因。作为新生的社会力量，他们的移民政策和废奴立场都是激进而彻底的，本质上就是要突破既得利益集团构筑的经济和政治樊篱，为自己赢得更多的话语权。

正是在这场围绕移民问题的全国大辩论中，巴西的民族认同在不断地塑造"他者"和固化"我们"的过程中逐渐清晰。若泽·里卡多·莫尼兹（José Ricardo Moniz）在"国家工业辅助协会"上演讲称："'苦力'不仅仅是人口问题的一部分，更是关乎国家和民族的重大问题。"在农业大会上，一些反对华工的代表将巴西民族认同的构建过程看成一个活的有机体，把引进华工视为给这个有机体"注入贫穷、堕落的血液，是对

---

① Salvador de Mendonça, *Trabalhadores Asaticos*, pp. vi, 25, cited in Robert Conrad, "The Planter Class and the Debate over Chinese Immigration to Brazil, 1850 – 1893," *International Migration Review*, Vol. 9, No. 1, Spring, 1975, p. 54.

② Jeffrey Lesser, *Negotiating National Identity: Immigrants, Minorities, and the Struggle for Ethnicity in Brazil*, Durham [N. C.]: Duke University Press, 1999, pp. 20, 21.

种族融合政策的毒害",而"孱弱的巴西就像在民族认同崩塌的边缘摇曳"①。"黄祸论"的出现也在一定程度上反映了萌生中的巴西民族认同在文化上的不安全感。如果仅从数据上看,巴西精英的"白化"政策在19世纪末取得了显著成效。巴西黑人人口的比例从独立之初的48.5%降到1872年的19.8%,到1890年再度降至14.7%;相应地,白人人口的比例则不断攀升,由1824年的23.8%升至1872年的38.1%和1890年的43.9%。②但需要指出的是,正如巴西独立运动的不彻底性和经济发展的依附地位,这种萌生中的"巴西人"民族认同也缺少独立性,它是依附于欧洲文化的,是一种欧式巴西认同,在一定程度上反映了19世纪巴西人在文化上的自卑心理。

19世纪末,大批欧洲移民尤其是南欧移民的到来,填补了巴西巨大的劳动力缺口,促进了巴西咖啡经济的繁荣,助力该国的早期工业化。但他们也存在定居率低、与本土劳工矛盾丛生、罢工起义频发等问题。这损害了种植园主及其政府代理人的经济利益和政治权威。种植园主们追求的是经济利益最大化,需要的是温顺老实不惹事的、能忍耐恶劣工作条件的、能接受最低工资水平的廉价劳动力,以及持续可靠的劳动力供应来源;政府管理者则最在意稳定的统治秩序和繁荣的经济生产。在这种情况下,巴西再次将目光投向了东亚。

二 巴西东亚移民政策转变的深层次原因

通过前文的梳理不难发现,巴西的东亚移民政策经历了"弃中取日"的转变过程。不可否认,一系列历史偶然性因素在一定程度上导致中巴劳工协议无法达成。比如,在1883年中巴建交初期,唐廷枢到访巴西后的不辞而别,致使巴西"中国贸易与移民公司"与轮船招商局的中巴贸易航线计划不了了之。1893年中巴官方就招工问题达成初步协议后,等待巴西驻华公使赴任签约,而先后派驻的两位公使一位恰巧在此时病故,

---

① Jeffrey Lesser, *Negotiating National Identity: Immigrants, Minorities, and the Struggle for Ethnicity in Brazil*, Durham [N. C.]: Duke University Press, 1999, pp. 22, 25.
② [美] E. 布拉德福德·伯恩斯:《巴西史》,王龙晓译,商务印书馆2013年版,第266页。

一位弃职回国，同时巴西国内又发生政变，公使人选悬而未决，延误了签约的时机。大都会公司在澳门非法私募招工一事彻底激怒了清政府，致使中巴劳工协议胎死腹中。至此，无论是私下招募还是官方交涉，不管是间接输入还是直接引进，巴西几乎所有大批招募华工的尝试都陷于失败。

然而，历史表象背后还有一些深层次原因推动着近代巴西的东亚移民政策最终发生转变。一是中日两国国力对比及国际地位的变化，导致巴西逐渐倾向日本。长期以来，在巴西欲引进的东亚劳工名单中，华工一直是他们的主选项，而日本劳工只是作为备选项列出的。这一方面是由于中国是亚洲的传统大国，是东亚文明的中心，人口众多；另一方面是因为巴西、澳门和葡萄牙之间存在着特殊的历史关系。所以，无论是缔约建交，还是招募劳工，中国总是巴西特使亚洲行的第一站，日本则是与中国捆绑在一起的顺访对象，扮演着替补的角色。然而，19世纪90年代中后期，东亚形势发生了剧变。明治政府以学习的开放心态对待外来文化，遵循"精神""制度""器物"的路径，推行了一系列大刀阔斧的改革。西方列强对中国的侵略和瓜分，在客观上为日本赢得了相对宽松和平的国际环境。经过数十年的发展，日本已经在政治结构、经济结构、社会结构、价值取向等方面脱胎换骨，成为资本主义新兴强国。而反观清政府，以"天朝上国"自居，对外来文化采取抵制的保守态度，尽管在洋务派的推动下也进行了一定程度的革新，但只限于"器物"上的模仿，并未触及更深层次的"制度"和"精神"改革，致使中国缺乏现代化启动所需的实业家和高素质的人力资本。在西方列强的坚船利炮之下，中国一步步沦为半殖民地半封建国家。甲午战争既是中日国力巨大差距的表现，也是差距进一步拉大的原因。这场"千古未有之大变局"是中日关系史、东北亚历史乃至世界历史的一个转折点。它彻底摧毁了以中国为中心的东亚朝贡体系，在很大程度上改变了西方列强在东方瓜分豆剖的局面。日本从背负不平等条约的被压迫者和被掠夺者转变为压迫者和掠夺者，从《马关条约》获得的巨额战争赔偿助力其产业革命步入高潮。"三国干涉还辽"事件为十年后的日俄战争埋下伏笔，军国主义思想不断膨胀推动着战争机器高速运转，日本在这种狂热中踏上了对外扩张之路。而中国则在极为孱弱的情况下再遭当头一棒，被逼近亡国灭种的边缘。在这种情况下，巴西开始用不同的眼光看待中国和日本，也不再用"亚洲劳工"这一个名号把华工和日本劳工捆绑在一起，日本人逐渐取代中国人成为巴西在东亚招募劳工的首选目标。以吉马良斯为代表的巴西官员转变了之前反对引进日本移民的立场，疾呼"日本移民可以改进巴西，而中国人只会对进步和文明等启蒙运动的理念产生消极的和退化的作用，致使巴西走向落后和野蛮"①。

二是中日两国海外移民政策的不同走向。19 世纪，中日两国都经历了从闭关锁国到被西方列强坚船利炮打开国门的过程，但此后两国政府对海外移民的政策大相径庭，清政府从冷漠无视到消极保护，明治政府则是积极保护和主动推出。在中国封建王朝的传统观念中，海外移民是"盗、匪、汉奸和弃民"，移民活动不仅不被鼓励，也得不到政府任何形式的保护。第一次鸦片战争后，华夷秩序的世界观被打破，中国被动步入西方国家主导的、以民族国家为主要行为体的国际秩序中。第二次鸦片战争使西方侵略者在中国招工合法化，列强公开掠贩华工的权利从东南沿海扩大到全国，海外华工数量急剧增长。迫于国际社会对苦力贸易的舆论压力和维护地方统治秩序的现实需要，再加上海外华人的经济实力及所处的地理环境所具有的战略地位也逐渐为朝野所认识，清政府开始尝试保护海外华侨。《总理衙门致英法两国公使的照会》和 1866 年《北京章程》的签订，标志着清政府开始区分苦力贸易和自由移民，并尝试管理和禁止苦力贸易，护侨意识萌生。② 但无论是古巴、秘鲁还是美国的华工交涉案，清政府所为都是在虐待、排斥华工事件发生后的被动反应。清政府在外国设馆遣使，名义上是保护侨民，实际背后有着强烈的经济利用和政治控制的动机。③ 1874 年，清政府查禁苦力贸易，只允许与缔结商贸协定的国家输送自由移民。为了免生事端，清政府对于外国招

---

① Ana Paulina Lee, *Mandarin Brazil: Race, Representation, and Memory*, Stanford, California: Stanford University Press, 2018, p. 130.
② ［澳］颜清湟:《出国华工与清朝官员：晚清时期中国对海外华人的保护（1851—1911年）》，粟明鲜、贺跃夫译，中国友谊出版公司1990年版，第81、102—120 页。
③ 庄国土:《中国封建政府的华侨政策》，厦门大学出版社1989年版，第154—157 页。

工事宜格外敏感，对以建交为名行招工之实的外国政府基本都拒之门外。这也是为何1881年中巴建交的公文中没有招工条款的原因。在1893年中巴就遣使设馆和招工问题再度会谈时，清政府不再像建交时那样对招工问题避而不谈，而是有条件地谈，条件就是自愿原则和平等相待，但由于历史的阴差阳错，双方最终未能迈出实质性的一步。可以看出，积贫积弱的晚清政府对于海外移民事务非常小心谨慎，没有万全之策就不主张输出华工，更不用说主动向外移民了。究其根源，还在于其没有强大的国力做后盾来保护侨民。总的来说，晚清政府的海外移民政策呈现出"收"的姿态。与此相比，日本则完全呈现出"放"的姿态。早在1868年，明治天皇在《国威宣布之宸翰》中就宣称"开拓万里波涛，布国威于四方"，其追求强权政治和争霸世界的野心初现。但在执政早期，日本坚持"内治优先"的发展思路，经济和军事实力还比较孱弱，与其雄大的政治野心尚不匹配。而到了明治中后期，经过"殖产兴业"的积累，日本初步完成了早期工业化，开始将目光投向海外，有计划地实施对外扩张，追求像西方列强那样开拓海外市场和建立殖民地。军国主义思想不断膨胀推动着战争机器高速运转，日本在这种狂热中踏上了对外扩张之路。取得了日俄战争胜利的日本，不仅提高了国际地位，更进一步刺激其海外移民拓殖事业。如果说甲午战争之后日本基本实现了"脱亚入欧"的目标，赢得了与西方资本主义国家平起平坐的资格，那么日俄战争的胜利则宣告日本正式加入西方列强体系。"日本人战胜俄国人，是亚洲民族在最近几百年中头一次战胜欧洲人。"[1] 在此情况下，日本政府开始鼓励扎根于海外、具有长期视野的拓殖移民，海外移民由此成为日本殖民扩张战略中的重要一环。在西方人看来，日本人既是可敬的，又是可怕的。基于此，巴西驻日外交官吉马良斯谈道，日本移民富有政治色彩、带有侵略性。亚马孙州玛瑙斯的媒体连发多篇文章报道日俄战争，刻画日本军官的"坚韧"形象，同时倡导引进日本移民。[2] 巴西联邦政府

---

[1] 《孙中山全集》第11卷，中华书局2006年版，第402页。

[2] Stewart Lone, *The Japanese Community in Brazil, 1908 – 1940: Between Samurai and Carnival*, New York: Palgrave Mcmillian, 2002, pp. 24 – 25.

代表涅斯托尔·阿斯科利（Nestor Ascoli）将1905年日本对俄国的军事胜利与巴西的现代化相联系。他说："矮小、丑陋的日本人把高大、威猛的俄国人打败了。现在，日本人比俄国人和其他欧洲人更能推动进步"，"把日本人而非黑人或其他非白种人的血液引进巴西民族中，对我们的国家人口更为有利"，定能助力巴西尽早达到像日本那样的工业生产水平。①

三是巴日两国在建设现代民族国家的过程中都追随欧洲文明。在引进外来移民问题上，巴西的种植园主及其政治代理人等既得利益集团最看重的是移民的劳动力成本价值。在他们眼中，无论是亚洲劳工还是欧洲移民，都只是奴隶的替代品。激进废奴派、种族主义者和知识精英们等新生的社会力量，更加看重移民的文化、社会和经济价值。他们希望借助输入欧洲移民和鼓励种族通婚的政策，启动巴西的"白化"和现代化进程。这反映出，一方面，巴西要努力融入资本主义全球市场，建设成现代民族国家；另一方面，这个现代民族国家又是一个以西方为中心的、以西方价值观为最高取舍标准的国家。巴西和日本都崇拜和追随欧洲，部分日本人甚至标榜已经摆脱"亚洲人"的身份，成功跻身"欧洲人"的行列。在巴西特使眼中，日本劳工有见识、有活力、代表着资本主义的先进生产力，他们具有华工身上所缺乏的知识、文化和能力等品质。日本外交官根本正在考察巴西期间，也赞扬了本国劳工具备欧洲人所不具有的"安静、努力、渴望成为巴西人"②的优点。与此同时，日本的成功也给了巴西发展资本主义工业化的信心，"如果日本这样一个拥有奇怪宗教信仰的传统东方国家，都能脱掉和服、穿上西服、系上领带成为欧洲人，那么巴西又有什么理由做不到呢？"③ 从这个意义上讲，日本劳工似乎能满足巴西不同阶层、不同立场的群体对于外来移民劳动力的

---

① Nestor Ascoli, *A Immigração Japoneza na Baixada do Estado do Rio de Janeiro*, Rio de Janeiro: Edição da "Revista de Lingua portuguesa," 1924, p. 22, Jeffrey Lesser, *Immigration, Ethnicity, and National Identity in Brazil, 1808 to the Present*, New York: Cambridge University Press, 2013, p. 155.

② *Correio Paulistano*, 20 October 1894, p. 1, cited in Jeffrey Lesser, "Japanese, Brazilians, Nikkei: A Short History of Identity Building and Homemaking," in Jeffrey Lesser, ed., *Searching for Home Abroad: Japanese Brazilians and Transnationalism*, Durham [N.C.]: Duke University Press, 2003, p. 5.

③ Jeffrey Lesser, *Negotiating National Identity: Immigrants, Minorities, and the Struggle for Ethnicity in Brazil*, Durham [N.C.]: Duke University Press, 1999, p. 154.

一切要求——勤劳、顺从、廉价、吸收欧洲文化的亚洲"白种人",兼具经济价值、文化价值和社会价值,从而能有效弥合巴西社会因移民劳工问题产生的裂隙。简言之,在巴西社会精英看来,日本已经成为"资本主义""现代化""文明"和"进步"在亚洲的代名词,两者在文化认同和价值观方面都倾向于"西化"或"欧化",更容易达成一致。在此背景下,巴西建交招工特使的到来恰逢时机,日本"人多地少",亟须向外输出人口、获取资源,巴西"人少地多",亟待吸引劳动力开垦大片土地,两国的现代化发展战略遥相呼应,一拍即合。

参考文献

一 档案文献

陈翰笙主编：《华工出国史料汇编》[第一辑（三）：中国官文书选集]，中华书局 1985 年版。

陈翰笙主编：《华工出国史料汇编》（第二辑：英国议会文件选译），中华书局 1980 年版。

陈翰笙主编：《华工出国史料汇编》（第六辑：拉丁美洲华工），中华书局 1984 年版。

福建师范大学历史系华侨史资料选辑组：《晚清海外笔记选》，海洋出版社 1983 年版。

《孙中山全集》第 11 卷，中华书局 2006 年版。

《曾纪泽遗集》，岳麓书社 1983 年版。

傅云龙：《游历巴西图经》，朝华出版社 2019 年版。

傅云龙：《游历古巴图经》，朝华出版社 2019 年版。

傅云龙：《游历秘鲁图经》，朝华出版社 2019 年版。

傅云龙：《游历美利加图经》，朝华出版社 2019 年版。

傅云龙：《游历日本图经》，朝华出版社 2019 年版。

傅云龙：《游历图经余记》，朝华出版社 2019 年版。

顾廷龙、叶亚廉主编：《李鸿章全集·电稿二》，上海人民出版社 1986 年版。

全国政协文史资料委员会编：《中华文史资料文库》（第十九卷：华侨华人编），中国文史出版社 1996 年版。

伍杰主编:《中外旧约辞典》,青岛出版社 1992 年版。

日本外務省通商局:『移民調査報告』第 1 册。

日本外務省通商局:『移民調査報告』第 5 册。

日本外務省通商局:『移民調査報告』第 9 回。

日本外務省文書:「大正四年在伯本邦移民概況」。

日本外務省文書:「大正五年ニ於ケル本邦移民概況報告ノ件」。

日本憲政資料室:『新宅隆一関係資料』[移(三)-アルゼンチン-3-8]。

『海外興業株式會社小史』。

『上野景範關係文書』。

『移民保護法(明治二十九年 4 月 8 日法律第 70 号)』。

『伯剌西爾開拓事業論見書』,大正元年(1912)9 月。

『伯剌西爾時報』。

『報知新聞』。

『大阪朝日新聞』。

『福岡日日新聞』。

『廣島藝備日日新聞』。

『商工世界太平洋』。

『朝野新聞』。

『海外発展に関する勝田大蔵大臣講演、全国中小農の分布及其経済状態』,海外興業 1918 年。

『南米伯剌西爾・中米尼加拉瓦・瓦地馬拉・西印度ゴアデロプ探検報告』,日本外務省通商局明治二十八年(1895)5 月。

『平野廿五周年史』,平野植民地日本人会 1941 年。

橋田正男宛、藤田克己:『橋田正男関係資料』。

水野龍:「海外移民事業ト私」,憲政資料室所蔵マイクロフィルム:移(一)-D3、紙:移(一)-ブラジル-110, https://www.ndl.go.jp/brasil/text/t016.html#SECTION_5.

水野龙:『皇国殖民会社の第一回移民情況具申書』,明治四十一年(1908)12 月 3 日。

小西直治郎編:『布哇国風土略記』,兌晶堂 1884 年。

永田稠：『ブラジルに於ける日本人発展史』，ブラジルに於ける日本人発展史刊行会 1953 年。

"Correspondence Respecting the Slave Trade of Brazil, 1850 – 1851", Foreign Office Files: *Confidential Print*: *Latin America*, FO 420/11, CINFO 数据库。

"跨大西洋奴隶贸易数据库" (The Trans – Atlantic Slave Trade Database): http://slavevoyages.org/assessment/estimates。

Hull, Cordell, *The Memoirs of Cordell Hull*, Vol. 1, New York: Macmillan, 1948.

Odo, Franklin, ed., *The Columbia Documentary History of the Asian American Experience*, New York: Columbia University Press, 2002.

United States Bureau of the Census, *Historical Statistics of the United States, Colonial Times to* 1970, part Ⅰ, Washington, D. C.: U. S. Government Printing Office, 1975.

二　中文专著

巴西《美洲华报》编：《巴西华人耕耘录》，《美洲华报》1998 年版。

陈太荣、刘正勤：《19 世纪中国人移民巴西史》，中国华侨出版社 2017 年版。

高伟浓：《拉丁美洲华侨华人移民史、社团与文化活动远眺（上、下册）》，暨南大学出版社 2012 年版。

高伟浓：《委内瑞拉华侨史略》，马来西亚学林书局 2011 年版。

国务院侨办侨务干部学校编著：《华侨华人概述》，九州出版社 2005 年版。

郝名玮、徐世澄：《拉丁美洲文明》，中国社会科学出版社 1999 年版。

洪育沂：《拉美国际关系史纲》，外语教学与研究出版社 1996 年版。

李春辉、杨生茂主编：《美洲华侨华人史》，东方出版社 1990 年版。

李明德主编：《拉丁美洲和中拉关系——现在与未来》，时事出版社 2001 年版。

林广志：《澳门之魂：晚清澳门华商与华人社会研究》，广东人民出版社 2017 年版。

罗荣渠:《美洲史论》,商务印书馆 2009 年版。

沙丁、杨典求、焦震衡、孙桂荣:《中国和拉丁美洲关系简史》,河南人民出版社 1986 年版。

苏振兴:《拉美国家现代化进程研究》,社会科学文献出版社 2006 年版。

汪敬虞:《唐廷枢研究》,中国社会科学出版社 1983 年版。

吴廷璆主编:《日本史》,南开大学出版社 1994 年版。

徐世澄:《拉丁美洲与华人》,炎林主编:《世界华人精英传略:南美洲与加拿大卷》,百花洲文艺出版社 1995 年版。

元邦建、袁桂秀编著:《澳门史略》,中流出版社 1988 年版。

袁艳:《融入与疏离:华侨华人在古巴》,暨南大学出版社 2013 年版。

张宝宇:《巴西现代化研究》,世界知识出版社 2002 年版。

张建、王金林:《日本两次跨世纪的变革》,天津社会科学出版社 2000 年版。

庄国土:《中国封建政府的华侨政策》,厦门大学出版社 1989 年版。

三 中文译著(文)

[澳] 颜清湟:《出国华工与清朝官员:晚清时期中国对海外华人的保护(1851—1911 年)》,粟明鲜、贺跃夫译,中国友谊出版公司 1990 年版。

[巴西] 赛尔索·富尔塔多:《巴西经济的形成》,徐亦行、张维琪译,社会科学文献出版社 2002 年版。

[美] E. 布拉德福德·伯恩斯:《巴西史》,王龙晓译,商务印书馆 2013 年版。

[美] 安德鲁·戈登:《日本的起起落落:从德川幕府到现代》,李朝津译,广西师范大学出版社 2008 年版。

[美] 安德鲁·戈登:《现代日本史:从德川时代到 21 世纪》,李朝津译,中信出版社 2017 年版。

[美] 克里斯蒂娜·胡恩菲尔特:《秘鲁史》,左晓园译,东方出版中心 2011 年版。

[美] 马里乌斯·B. 詹森主编:《剑桥日本史》第 5 卷,王翔译,浙江大学出版社 2014 年版。

［美］迈克尔·C. 迈耶、威廉·H. 毕兹利编：《墨西哥史》（下册），复旦人译，东方出版中心2012年版。

［美］泰勒·丹涅特：《美国人在东亚》，姚曾廙译，商务印书馆1959年版。

［美］维尔纳·贝尔：《巴西经济增长与发展》，罗飞飞译，石油工业出版社2014年版。

［日］坂本太郎：《日本史》，汪向荣、武寅、韩铁英译，中国社会科学出版社2014年版。

［日］坂口满宏：《论日本向巴西移民的性质与形式》，吴占军译，《日本研究》2016年第2期。

［日］日本国立教育研究所编：《日本教育的现代化》，张谓城、徐禾夫等译，教育科学出版社1980年版。

［苏］苏联科学院历史研究所编著：《巴西史纲》，辽宁大学外语系翻译组译，辽宁人民出版社1975年版。

［英］莱斯利·贝瑟尔主编：《剑桥拉丁美洲史》第九卷，当代中国出版社2013年版。

［英］莱斯利·贝瑟尔主编：《剑桥拉丁美洲史》第三卷，社会科学文献出版社1994年版。

［英］莱斯利·贝瑟尔主编：《剑桥拉丁美洲史》第五卷，社会科学文献出版社1992年版。

四　中文论文

鲍宇：《在巴西的日本移民》，《拉丁美洲丛刊》1980年第1期。

柴金璐、陈景彦：《19世纪末20世纪初美国对日本移民政策的演变》，《人口学刊》2014年第1期。

车维汉：《日本明治政府处理官营企业述论》，《日本研究》1995年第4期。

陈杰珍：《试析1820年至1930年阿根廷的欧洲移民运动》，硕士学位论文，河北大学，2012年。

陈泽宪：《十九世纪盛行的契约华工制》，《历史研究》1963年第1期。

程晶：《华侨华人与中国软实力在巴西的提升》，《湖北大学学报》（哲学社会科学版）2012年第6期。

程晶：《试析巴西华侨华人与中国武术的传播》，《八桂侨刊》2017年第2期。

崔丕：《日本〈帝国国防方针〉的中国观》，《东北师大学报》（哲学社会科学版）1989年第1期。

董经胜：《拉美民众主义的特点及其演变》，《山东师大学报》（社会科学版）2000年第3期。

杜伟：《日本明治时期的海外移民潮》，《世界民族》2011年第1期。

段亚南：《何处为家：巴西的"日侨日裔"与日本的"巴西日裔"》，《东南学术》2005年第4期。

冯波：《日本人口及计划生育概况》，《人口与经济》1982年第1期。

冯绍雷：《关于日俄战争历史地位的再认识》，《史学集刊》2011年第5期。

高伟浓、徐珊珊：《巴西华人社团的类型及发展特色——以20世纪80年代之后成立的社团为主》，《八桂侨刊》2013年第2期。

官文娜：《日本历史上的养子制及其文化特征》，《历史研究》2003年第2期。

管彦忠：《中国人移居巴拿马的历史进程》，《拉丁美洲研究》2002年第2期。

郝名玮：《欧洲移民与阿根廷》，《世界历史》1980年第6期。

胡新苏、韩涛：《二战前秘鲁的日本移民研究》，《黑龙江史志》2013年第21期。

贾东荣：《试论1857—1930年的阿根廷移民运动》，《山东师大学报》（社会科学版）1993年第1期。

李春辉：《近代拉丁美洲的华工问题》，《近代史研究》1981年第4期。

李凡：《近代日本的人口状况与人口政策》，《日本研究》2011年第4期。

刘文龙：《近代拉丁美洲华人商业活动初探》，《拉丁美洲研究》1996年第5期。

刘云刚、谭宇文：《全球化背景下的日本移民动态研究》，《世界地理研究》2010 年第 3 期。

刘兆华：《二战前拉美日裔同化与融合的制约因素——以二战前秘鲁和巴西的日裔群体为例》，硕士学位论文，苏州科技学院，2007 年。

路阳：《近代以来日本政府的海外移民政策》，《党政干部学刊》2016 年第 6 期。

罗荣渠：《十九世纪拉丁美洲的华工述略》，《世界历史》1980 年第 4 期。

马藤：《近代墨西哥日本移民研究（1897—1941）》，硕士学位论文，苏州科技大学，2017 年。

茅海建：《巴西招募华工与康有为移民巴西计划之初步考证》，《史林》2007 年第 5 期。

密素敏：《试析巴西华侨华人的社会融入特点与挑战》，《南洋问题研究》2015 年第 2 期。

丘立本：《拉丁美洲与加勒比地区的国际移民——兼论中国移民的生存发展空间》，《华人华侨历史研究》2007 年第 1 期。

萨那、张玉玲：《论墨西哥华侨社会的变迁》，《华人华侨历史研究》1989 年第 1 期。

束长生：《巴西华侨华人研究文献综述与人口统计》，《华侨华人历史研究》2018 年第 1 期。

孙承：《试论松方正义财政改革》，《世界历史》1985 年第 1 期。

汤锋旺：《全球化与本土化：阿根廷华人超市经济研究》，《阴山学刊》2012 年第 6 期。

万笑：《近代日本民营移民公司研究》，硕士学位论文，苏州科技大学，2016 年。

王铁军：《玛利亚·路斯号事件与中日关系》，《日本研究》2006 年第 2 期。

吴占军：《国际关系视角下的近代日本海外移民——以近代日本的美国移民与日美关系为中心》，《日本研究》2014 年第 4 期。

吴占军：《日本学术界近代移民政策研究综述》，《日本研究》2016 年第 2 期。

肖兴安、熊家国：《日本明治维新时期的教育改革及其启示》，《国家教育行政学院》2007 年第 1 期。

徐文永、谢林森：《华侨华人社团与中国侨务公共外交——以巴西华人文化交流协会为例》，《八桂侨刊》2012 年第 3 期。

杨安尧：《秘鲁华侨华人经济的变化与发展》，《八桂侨史》1994 年第 1 期。

杨安尧：《华工与秘鲁华人社会》，《华侨华人历史研究》2000 年第 3 期。

杨发金：《拉美华侨华人的历史变迁与现状初探》，《华侨华人历史研究》2015 年第 4 期。

杨宏云：《从巴西浙商谈华侨华人促进中国对巴西公共外交的优势与对策》，《西南科技大学学报》（哲学社会科学版）2018 年第 3 期。

杨孔炽：《江户时代日本教育研究——近代日本教育历史基础的初步探索》，博士学位论文，北京师范大学，1997 年。

伊文成、马家骏等编：《明治维新史》，辽宁教育出版社 1987 年版。

于兆兴：《论近代巴西奴隶制长期延续的原因》，《郑州大学学报》（哲学社会科学版）2006 年第 5 期。

袁东振：《拉美民众主义的基本特性及思想文化根源》，《拉丁美洲研究》2017 年第 4 期。

张凡：《略谈拉丁美洲的移民问题》，《拉丁美洲研究》1997 年第 6 期。

张华贞：《斗争与融合：契约华工与秘鲁华人社会的形成》，《西南科技大学学报》（哲学社会科学版）2014 年第 1 期。

张瑾：《玻利维亚日本移民研究（20 世纪 50—80 年代）》，硕士学位论文，苏州科技学院，2014 年。

张经纬：《甲午战争是日本扩张战略的质变点》，《人民论坛》2015 年第 25 期。

张铠：《十九世纪华工与华人对拉丁美洲的历史贡献》，《近代史研究》1984 年第 6 期。

张世春：《日本移民在拉美》，《中共中央党校学报》1991 年第 20 期。

张崧：《阿根廷日本移民研究（1886—1966）》，硕士学位论文，苏州科技学院，2011 年。

张宜伟：《巴西日本移民研究（1908—1945）》，硕士学位论文，苏州科技学院，2014年。

周启乾：《近代初期日本对北海道的殖民开发》，《日本学刊》2002年第3期。

周世秀：《巴西奴隶制长期延续和最终废除的原因》，《拉丁美洲丛刊》1984年第6期。

祝曙光、张建伟：《1883—1924年美国排日运动析论》，《江汉论坛》2011年第7期。

祝曙光、张建伟：《19世纪末至20世纪20年代的移民问题与日美关系》，《世界历史》2011年第6期。

五　外文专著

日本移民八十年史編纂委員会：『ブラジル日本移民八十年史』，東京：ブラジル日本文化協会1991年版。

入江寅次：『邦人海外発展史』（上、下册），東京：原書房1981年版。

山田迪生：『船にみる日本人移民史：笠戸丸からクルーズ客船へ』，東京：中央公論社1998年版。

丸山浩明編著：『ブラジル日本移民：百年の軌跡』，東京：明石書店2010年版。

Adames, Hector Y., and Chavez-Dueñas, Nayeli Y., *Cultural Foundations and Interventions in Latino/a Mental Health: History, Theory and within Group Differences*, New York: Routledge, 2018.

Akakpo, Crispino E. G. and Lenard, Patti Tamara, *New Challenges in Immigration Theory*, New York: Routledge, 2017.

Alvarado, Karina Oliva, and Estrada, Alicia Ivonne and Hernández, Ester E., eds., *U. S. Central Americans: Reconstructing Memories, Struggles, and Communities of Resistance*, Tucson: University of Arizona Press, 2017.

Andrew, George Reid, *Afro-Latin America, 1800-2000*, Oxford; New York: Oxford University Press, 2004.

Baily, Samuel L. and Miguez, Eduardo José, *Mass Migration to Modern Latin America*, Wilmington, DE: Scholarly Resources, 2003.

Baily, Samuel L., *Immigrants in the Lands of Promise: Italians in Buenos Aires and New York City, 1870 – 1914*, Ithaca: Cornell University Press, 2004.

Barbosa, Rosana, *Immigration and Xenophobia: Portuguese Immigrants in Early 19th Century Rio de Janeiro*, Lanham, Maryland: UP of America, 2008.

Bassanezi, Maria Silvia C. Beozzo, *Atlas Da Imigracao Internacional Em Sao Paulo 1850 – 1950*, Universidade Estadual Paulista, 2008.

Baxter, James C., andShūhei, Hosokawa and Ota, Junko, eds., *Cultural Exchange between Brazil and Japan: Immigration, History, and Language*, Kyoto: International Research Center for Japanese Studies, 2009.

Beechert, Edward D., *Working in Haiwaii: A Labor History*, Honolulu: University of Hawaii Press, 1985.

Berninger, Dieter George, *La Inmigración en México*, Ciudad de México: Sep-Setentas, 1974.

Bernstein, Marvin, *The Mexican Mining Industry, 1890 – 1950*, Albany: State of New York Press, 1965.

Bletz, May E., *Immigration and Acculturation in Brazil and Argentina, 1890 – 1929*, New York: Palgrave Macmillan, 2010.

Blumenbach, Johann Friedrich, *On the Natural Varieties of Mankind: De Generis Humani Varietate Native*, Bergman Publishers [1776], 1969.

Bodvarsson, Örn B. and Berg, Hendrik Van den, *The Economics of Immigration: Theory and Policy*, Dordrecht; London; New York: Springer, 2009.

Brettell, Caroline B. and Hollifield, James F., *Migration Theory: Talking across Disciplines*, New York: Routledge, 2015.

Camacho, Julia María Schiavone, *Chinese Mexicans: Transpacific Migration and the Search for a Homeland, 1910 – 1960*, Chapel Hill: The University of North Carolina Press, 2012.

Carens, Joseph, *The Ethics of Immigration*, New York: Oxford University Press, 2015.

Carneiro, Maria Luiza Tucci, *Imigrantes Japoneses no Brasil: Trajetória, Imaginário e Memória*, São Paulo: Universidade de São Paulo, 2010.

Carvalho, Daniela de, *Migrants and Identity in Japan and Brazil: The Nikkeijin*, New York: Routledge, 2002.

Casey, Matthew, *Empire's Guestworkers: Haitian Migrants in Cuba during the Age of US Occupation*, Cambridge: Cambridge University Press, 2019.

Castro, Donald Steven, *The Development of Argentine Immigration Policy, 1852–1914*, Ann Arbor, Mich.: UMI, 1971.

Cava, Gloria La, *Italians in Brazil: The Post–World War Ⅱ Experience*, New York: Peter Lang, 1999.

Chambers, Glenn A., *From the Banana Zones to the Big Easy: West Indian and Central American Immigration to New Orleans, 1910–1940*, Baton Rouge: Louisiana State University Press, 2019.

Chang, Jason Oliver, *Chino: Anti–Chinese Racism in Mexico, 1880–1940*, Champaign–Urbana, Illinois: University of Illinois Press, 2017.

Chomsky, Aviva, *Central America's Forgotten History: Revolution, Violence, and the Roots of Migration*, Boston: Beacon Press, 2021.

Coleman, Jeffrey K., *The Necropolitical Theater: Race and Immigration on the Contemporary Spanish Stage*, Evanston, Illinois: Northwestern University Press, 2020.

Coutin, Susan Bibler, *Exiled Home: Salvadoran Transnational Youth in the Aftermath of Violence*, Durham: Duke University Press Books, 2016.

Daniels, Roger, *Asian America: Chinese and Japanese in the United States since 1850*, Seattle: University of Washington Press, 1989.

Daniels, Roger, *Coming to America: A History of Immigration and Ethnicity in American Life*, New York: Harper Perennial, 2002.

Daniels, Roger, *Guarding the Golden Door: American Immigration Policy and Immigrants since 1882*, New York: Hill and Wang, 2005.

Devoto, Fernando, *Historia de la Inmigración en la Argentina*, Buenos Aires: Editorial Sudamericana, 2003.

Duleep, Harriet and Regets, Mark C. and Sanders, Seth, and Wunnava, Phanindra V., *Human Capital Investment: A History of Asian Immigrants and*

Their Family Ties, Cham: Palgrave Macmillan, 2021.

Duus, Peter, *The Abacus and the Sword: The Japanese Penetration of Korea, 1895 – 1910*, Berkeley: University of California Press, 1995.

Endoh, Toake, *Exporting Japan: Politics of Emigration to Latin America*, Urbana: University of Illinois Press, 2009.

Filomeno, Felipe Amin, *Theories of Local Immigration Policy*, Cham, Switzerland: Palgrave Macmillan, 2017.

Foote, Nicola and Goebel, Michael, *Immigration and National Identities in Latin America*, Gainsville, FL: University Press of Florida, 2014.

Forester, Robert F., *The Italian Immigration of Our Times*, New York: Arno Press, 1969.

Ganster, Paul and Collins, Kimberly, *The U. S. – Mexican Border Today: Conflict and Cooperation in Historical Perspective*, Lanham: Rowman & Littlefield Publishers, 2021.

Garza, Melita M., *They Came to Toil: Newspaper Representations of Mexicans and Immigrants in the Great Depression*, Austin: University of Texas Press, 2018.

Gates, Jr., Henry Louis, *Black in Latin America*, New York: New York University Press, 2012.

George Reid Andrews, *Blacks and Whites in São Paulo Brazil, 1888 – 1988*, Madison, Wis.: University of Wisconsin Press, 1991.

Giovannetti – Torres, Jorge L., *Black British Migrants in Cuba: Race, Labor, and Empire in the Twentieth – Century Caribbean, 1898 – 1948*, Cambridge, United Kingdom; New York, NY: Cambridge University Press, 2020.

González, Humberto Monteón, *Chinos y Antichino en Mexico: Documentos para su Estudio*, Gobierno de Jalisco, Secretaria General, Unidad Editorial, 1988.

Guglielmo, Jennifer, and Salerno, Salvatore, *Are Italians White?: How Race is Made in America*, New York: Routledge, 2003.

Hagan, Jacqueline Maria, *Migration Miracle: Faith, Hope, and Meaning on the Undocumented Journey*, Cambridge, Mass.: Harvard University

Press, 2009.

Herzog, Tamar, *Defining Nations: Immigrants and Citizens in Early Modern Spain and Spanish America*, New Haven: Yale University Press, 2003.

Hirabayashi, Lane, and Kikumura - Yano, Akemi and Hirabayashi, James, eds. , *New Worlds, New Lives: Globalization and People of Japanese Descent in the Americas and from Latin America in Japan*, Stanford, California: Stanford University Press, 2002.

Holloway, Thomas, *Immigrants on the Land: Coffee and Society in São Paulo, 1886 - 1934*, Chapel Hill: University of North Carolina Press, 1980.

Ichioka, Yuji, *The Issei: The World of the First Generation Japanese Immigrants, 1885 - 1924*, New York: The Free Press, 1988.

Izquierdo, José Jorge Gómez, *El Movimiento Antichino en México 1871 - 1934: Problemas del Racismo y del Nacionalismo durante la Revolución Mexicana*, Instituto Nacional de Antropologia e Historia, 1991.

Kikumura - Yano, Akemi, *Encyclopedia of Japanese Descendants in the Americas: An Illustrated History of the Nikkei*, Walnut Creek, CA: Altamira Pr, 2015.

Kirkwood, Burton, *The History of Mexico*, Santa Barbara, Calif. : Greenwood Press, 2000.

Klich, Iqnacio and Lesser, Jeffrey, eds. , *Arab and Jewish Immigrants in Latin America: Images and Realities*, New York: Routledge, 1998.

Kuykendall, Ralph S. and Day, A. Grove, *Hawaii: A History, from Polynesian Kingdom to American State*, New York: Prentice - Hall, Inc, Englewood Cliffs, 1961.

Lai, Walton Look, *The Chinese in the West Indies, 1806 - 1995: A Documentary History*, Kingston, Jamaica: University Press of the West Indies, 2000.

Lai, Walton Look, *Indentured Labor, Caribbean Sugar: Chinese and Indian Migrants to the British West Indies, 1838 - 1918*, Baltimore: Johns Hopkins University Press, 2004.

Lai, Walton Look and Tan Chee - Beng, eds. , *The Chinese in Latin America and the Caribbean*, Leiden, The Netherlands; Boston: Brill, 2010.

Lee, Ana Paulina, *Mandarin Brazil: Race, Representation, and Memory*, Stanford, California: Stanford University Press, 2018.

Leite, José Roberto Teixeira, *A China no Brasil: Influências, Marcas, Ecos e Sobrevivências Chinesas na Sociedade e na Arte Brasileiras*, Universidade Estadual de Campinas, 1999.

Lesser, Jeffrey, *Negotiating National Identity: Immigrants, Minorities, and the Struggle for Ethnicity in Brazil*, Durham [N. C.]: Duke University Press, 1999.

Lesser, Jeffrey, ed., *Searching for Home Abroad: Japanese Brazilians and Transnationalism*, Durham [N. C.]: Duke University Press, 2003.

Lesser, Jeffrey, *Immigration, Ethnicity, and National Identity in Brazil, 1808 to the Present*, New York: Cambridge University Press, 2013.

Lindskoog, Carl, *Detain and Punish: Haitian Refugees and the Rise of the World's Largest Immigration Detention System*, Gainesville: University of Florida Press, 2019.

Lone, Stewart, *The Japanese Community in Brazil, 1908 – 1940: Between Samurai and Carnival*, New York: Palgrave Mcmillian, 2002.

López, Kathleen M., *Chinese Cubans: A Transnational History*, Chapel Hill: The University of North Carolina Press, 2013.

Loveman, Mara, *National Colors: Racial Classification and the State in Latin America*, New York: Oxford University Press, 2014.

Marshall, Oliver, *English, Irish and Irish – American Pioneer Settlers in Nineteenth – Century Brazil*, Oxford: Centre for Brazilian Studies, University of Oxford, 2005.

Martinez, Isabel, *Becoming Transnational Youth Workers: Independent Mexican Teenage Migrants and Pathways of Survival and Social Mobility*, New Brunswick, N. J.: Rutgers University Press, 2019.

Martinez, Luz Maria Montiel, *Inmigración Y Diversidad Cultural En Mexico*, Ciudad de México: Universidad Nacional Autunoma, 2005.

Masterson, Daniel M. , *The Japanese in Latin America*, Urbana: University of Illinois Press, 2004.

Mattoso, Katia M. De Queiros, *To Be a Slave in Brazil: 1550 – 1888*, trans. Arthur Goldhammer, New Brunswick, N. J. : Rutgers University Press, 1987.

McKeown, Adam, *Chinese Migrant Networks and Cultural Change: Peru, Chicago, and Hawaii 1900 – 1936*, Chicago: University of Chicago Press, 2001.

Merrick, Thomas W. and Graham, Douglas H. , *Population and Economic Development in Brazil: 1800 to the Present*, Baltimore: Johns Hopkins University Press, 1979.

Meyer, Michael C. and Sherman, William L. , *The Course of Mexican History*, New York: Oxford University Press, 1995.

Miraftab, Faranak, *Global Heartland: Displaced Labor, Transnational Lives, and Local Placemaking*, Bloomington: Indiana University Press, 2016.

Mishima, María Elena Ota, *Siete Migraciones Japonesas en Mexico, 1890 – 1978*, México, D. F. : El Colegio de Mexico, 1982.

Moya, Jose C. , *Cousins and Strangers: Spanish Immigrants in Buenos Aires, 1850 – 1930*, Berkeley: University of California Press, 1998.

Ngai, Mae M. andGjerde, Jon, eds. , *Major Problems in American Immigration History: Documents and Essays*, Boston, MA: Wadsworth Cengage Learning, 2011.

Ohnuki – Tierney, Emiko, *Rice as Self: Japanese Identities through Time*, Princeton: Princeton University Press, 1994.

Parker, Kunal M. , *Making Foreigners: Immigration and Citizenship Law in America, 1600 – 2000*, New York: Cambridge University Press, 2015.

Peloso, Vincent C. , *Race and Ethnicity in Latin American History*, New York: Routledge, 2014.

Rodriguez, José Baltar, *Los Chinos de Cuba: Apuntes Etnográficos*, La Habana: Fundacion Fernado Ortiz, 1997.

Romero, Robert Chao, *The Chinese in Mexico, 1882 – 1940*, Tucson: University of Arizona Press, 2010.

Sant, John E. Van, *Pacific Pioneers: Japanese Journeys to Americas and Hawaii, 1850 – 1880*, Urbana: University of Illinois Press, 2000.

Skidmore, Thomas E. , *Black into White: Race and Nationality in Brazilian Thought*, Durham: Duke University Press, 1993.

Speed, Shannon, *Incarcerated Stories: Indigenous Women Migrants and Violence in the Settler – Capitalist State*, Chapel Hill: University of North Carolina Press, 2019.

Suzuki, Teiiti, *The Japanese Immigrant in Brazil: Narrative Part*, Tokyo, Japan: University of Tokyo Press, 1964.

Takaki, Ronald, *Strangers from a Different Shore: A History of Asian Americans*, Boston: Little, Brown, 1998.

Telles, Edward, *Pigmentocracies: Ethnicity, Race, and Color in Latin America*, Chapel Hill: The University of North Carolina Press, 2014.

Tobar, Hector, *Translation Nation: Defining a New American Identity in the Spanish – Speaking United States*, New York: Riverhead Books, 2006.

Triana, Mauro García and Herrera, Pedro Eng, *The Chinese in Cuba, 1847 – Now*, trans. Gregor Benton, Lanham: Lexington Books, 2009.

Vargas, Zaragosa, *Proletarians of the North: Mexican Industrial Workers in Detroit and the Midwest, 1917 – 1933*, Berkeley, Calif. : University of California Press, 1999.

Wade, Peter, *Race and Ethnicity in Latin America*, New York: Pluto Press, 1997 (1st edition) and 2010 (2nd edition) .

Weber, John, *From South Texas to the Nation: The Exploitation of Mexican Labor in the Twentieth Century*, Chapel Hill: University of North Carolina Press, 2018.

Young, Elliott, *Alien Nation: Chinese Migration in the Americas from the Coolie Era through World War II*, Chapel Hill: The University of North Carolina Press, 2014.

六 外文论文

Aliaga‐Buchenau, Ana‐Isabel, "German Immigrants in Blumenau, Brazil: National Identity in Gertrud Gross‐Hering's Novels," *The Latin Americanist*, Vol. 50, No. 2, 2007.

Andrews, George Reid, "Black and White Workers: Sao Paulo, Brazil, 1888–1928," *The Hispanic American Historical Review*, Vol. 68, No. 3, Aug., 1988.

Azuma, Eiichiro, "Japanese Immigrant Settler Colonialism in the U. S.‐Mexican Borderlands and the U. S. Racial‐Imperialist Politics of the Hemispheric 'Yellow Peril'," *Pacific Historical Review*, Vol. 83, No. 2, Special Issue: Conversations on Transpacific History, May 2014.

Conrad, Robert, "The Planter Class and the Debate over Chinese Immigration to Brazil, 1850–1893," *International Migration Review*, Vol. 9, No. 1, Spring 1975.

Cumberland, Charles C., "The Sonora Chinese and the Mexican Revolution," *The Hispanic American Historical Review*, Vol. 40, No. 2, May 1960.

Dambourges, Leo M. D. Jaques, "Have Quick More Money than Mandarins: The Chinese in Sonora," *The Journal of Arizona History*, Vol. 17, No. 2, Summer 1976.

Dambourges, Leo M. D. Jaques, "The Chinese Massacre in Torren (Coahuila) in 1911," *Arizona and the West*, Vol. 16, No. 3, Autumn 1974.

Dean, Warren, "The Planter as Entrepreneur: The Case of São Paulo," *The Hispanic American Historical Review*, Vol. 46, No. 2, May 1966.

Dennis, Phillip A., "The Anti‐Chinese Campaigns in Sonora, Mexico," *Ethnohistory*, Vol. 26, No. 1, Winter 1979.

Dong Jingsheng, "Chinese Emigration to Mexico and the Sino‐Mexico Relations Before 1910," *Estudios Internacionales*, Aňo 38, No. 152, Número especial: Chile y China (ENERO‐MARZO) 2006.

Dwyer, Jeffrey W., and Lovell, Peggy, "Earnings Differentials between Whites and Japanese: The Case of Brazil," *Sociological Perspectives*,

Vol. 33, No. 2, Summer 1990.

Esteves, Rui and Khoudour – Castéras, David, "A Fantastic Rain of Gold: European Migrants' Remittances and Balance of Payments Adjustent During the Gold Standard Period," *The Journal of Economic History*, Vol. 69, No. 4, December 2009.

Fernandes, Florestan, "Immigration and Race Relations in Sao Paulo," *Présence Africaine*, Nouvelle série, No. 61, 1er TRIMESTRE 1967.

Gomez, R. A., "Spanish Immigration to the United States," *The Americas*, Vol. 19, No. 1, July 1962.

Graham, Richard, "Causes for the Abolition of Negro Slavery in Brazil: An Interpretive Essay," *The Hispanic American Historical Review*, Vol. 46, No. 2, May 1966.

Hahner, June E., "Jacobinos versus Galegos: Urban Radicals versus Portuguese Immigrants in Rio de Janeiro in the 1890s," *Journal of Internamerican Studies and World Affairs*, Vol. 18, No. 2, May 1976.

Hastings, Donald, "Japanese Emigration and Assimilation in Brazil," International Migration Review, Vol. 3, No. 2, Spring 1969.

Holloway, Thomas H., "Creating the Reserve Army? The Immigration Program of São Paulo, 1886 – 1930," *The International Migration Review*, Vol. 12, No. 2, Summer 1978.

Irie, Toraji and Himel, William, "History of Japanese Migration to Peru (part I)," *The Hispanic American Historical Review*, Vol. 31, No. 3, Aug., 1951.

Irie, Toraji and Himel, William, "History of Japanese Migration to Peru (part II)," *The Hispanic American Historical Review*, Vol. 31, No. 4, Nov., 1951.

James, Preston E., "The Changing Patterns of Population in São Paulo State, Brazil," *Geographical Review*, Vol. 28, No. 3, Jul., 1938.

Klein, Herbert S., "The Social and Economic Integration of Spanish Immigrants in Brazil," *Journal of Socical History*, Vol. 25, No. 3, Spring 1992.

Lee, Erika, "The 'Yellow Peril' and Asian Exclusion in the Americas," Pacific Historical Review, Vol. 76, No. 4, November 2007.

Levine, Robert M., "Some Views on Race and Immigration during the Old Republic," *The Americas*, Vol. 27, No. 4, Apr., 1971.

Levy, Maria Stella Ferreira, "O Papel da Migração Internacional na Evolução da População Brasileira (1872 a 1972)," *Revista de Saúde Pública*, supplement, Vol. 8, No. 3, 1974.

Maeyama, Takashi, "Ancestor, Emperor, and Immigrant: Religion and Group Identification of the Japanese in Rural Brazil (1908 – 1950)," *Journal of Interamerican Studies and World Affairs*, Vol. 14, No. 2, May, 1972.

Makabe, Tomoko, "The Theory of the Split Labor Market: A Comparison of the Japanese Experience in Brazil and Canada," *Social Forces*, Vol. 59, No. 3, March 1981.

Maram, Sheldon L., "Labor and the Left in Brazil, 1890 – 1921: A Movement Aborted," *The Hispanic American Historical Review*, Vol. 57, No. 2, May 1977.

Meade, Teresa and Pirio, Gregory Alonso, "In Search of the Afro – American 'Eldorado': Attempts by North American Blacks to Enter Brazil in the 1920s," *Luso – Brazilian Review*, Vol. 25, No. 1, Summer 1988.

Monsma, Karl, "Symbolic Conflicts, Deadly Consequences: Fights between Italians and Blacks in Western São Paulo, 1888 – 1914," *Journal of Social History*, Vol. 39, No. 4, Summer 2006.

Morse, Richard M., "The Negro in Sao Paulo, Brazil," *The Journal of Negro History*, Vol. 38, No. 3, July 1953.

Normano, J. F., "Japanese Emigration to Brazil," *Pacific Affairs*, Vol. 7, No. 1, March 1934.

Price, Paul H., and Marcondes, J. V. Freitas, "A Demographic Analysis of the Population of the State of São Paulo, Brazil," *Social Forces*, Vol. 27, No. 4, May 1949.

Raat, William D., "Ideas and Society in Don Porfirio's Mexico," *Americas*, Vol. 30, No. 1, 1973.

Rager F. A., "Japanese Emigration and Japan's 'Population Pressure'," *Pacific Affairs, Vol. 14, No. 3, Sep., 1941.

Reichl, Christopher A., "Stages in the Historical Process of Ethnicity: The Japanese in Brazil, 1908 – 1988," *Ethnohistory*, Vol. 42, No. 1, Winter 1995.

Santos, Sales Augusto dos, and Hallewell, Laurence, "Historical Roots of the 'Whitening' of Brazil," *Latin American Perspectives*, Vol. 29, No. 1, Brazil: The Hegemonic Process in Political and Cultural Formation, Jan., 2002.

Schmidt – Nowara, Christopher, "Empires against Emancipation: Spain, Brazil, and the Abolition of Slavery," *Review (Fernand Braudel Center)*, Vol. 31, No. 2, 2008.

Smith, Robert J., "The Ethnic Japanese in Brazil," *Journal of Japanese Studies*, Vol. 5, No. 1, Winter 1979.

Stabb, Martin S., "Indigenism and Racism in Mexican Thought, 1857 – 1911," *Journal of Inter – American Studies*, Vol. 1, No. 4, Oct., 1959.

Suzuki, Teiiti, "Japanese Immigrants in Brazil," *Population Index*, Vol. 31, No. 2, Apr., 1965.

Takenaka, Ayumi, "The Japanese in Peru: History of Immigration, Settlement, and Racialization," *Latin American Perspectives*, Vol. 31, No. 3, East Asian Migration to Latin America, May 2004.

Tigner, James Lawrence, "Japanese Immigration into Latin America: A Survey," *Journal of Interamerican Studies and World Affairs*, Vol. 23, No. 4, Nov., 1981.

Tigner, James Lawrence, "Shindō Remmei: Japanese Nationalism in Brazil," *The Hispanic American Historical Review*, Vol. 41, No. 4, Nov., 1961.

Yoshida, Yosaburo, "Sources and Causes of Japanese Emigration," *The Annals of the Ameircan Academy of Political and Social Science*, Vol. 34, No. 2, Chinese and Japanese in America, Sep., 1909.